计算机技能大赛实战丛书

电子商务技术

丛书主编　何文生　丛书副主编　史宪美
丛书主审　朱志辉
本书主编　刘彦洁　张呈江

電子工業出版社
Publishing House of Electronics Industry
北京・BEIJING

内 容 简 介

本书分为电子商务理论知识、商品图片处理实战、电子商务平台操作实战、网络营销操作实战、综合实战五部分。其中第一部分共7章，分别介绍了电子商务基础知识、网络营销基础知识、物流基础知识、电子商务安全基础知识、电子商务法律法规基本知识、电子商务支付基础知识、计算机与网络基础知识；第二、三、四部分为实战操作环节，采用项目的方式，通过任务的形式进行讲解，第五部分为综合实战部分，提供了两套模拟题并进行了解析。另外加入了应试指南，这样使读者在短时间内掌握更多有用的技术和方法，快速提高技能竞赛水平。

本书既可作为职业院校及培训机构的实训教材及参考书，也可作为参加"计算机技能大赛"的学员的辅导教材。

图书在版编目（CIP）数据

电子商务技术 / 刘彦洁，张呈江主编. —北京：电子工业出版社，2013.5
（计算机技能大赛实战丛书）

ISBN 978-7-121-19999-8

Ⅰ. ①电… Ⅱ. ①刘… ②张… Ⅲ. ①电子商务—中等专业学校—教学参考资料 Ⅳ. ①F713.36

中国版本图书馆 CIP 数据核字（2013）第 056793 号

策划编辑：肖博爱
责任编辑：郝黎明　　文字编辑：裴　杰
印　　刷：北京虎彩文化传播有限公司
装　　订：北京虎彩文化传播有限公司
出版发行：电子工业出版社
　　　　　北京市海淀区万寿路 173 信箱　邮编　100036
开　　本：787×1 092　1/16　印张：14.5　字数：371.2 千字
版　　次：2013 年 5 月第 1 版
印　　次：2019 年 8 月第 4 次印刷
定　　价：49.80 元（含光盘 1 张）

凡所购买电子工业出版社图书有缺损问题，请向购买书店调换。若书店售缺，请与本社发行部联系，联系及邮购电话：（010）88254888，88258888。

质量投诉请发邮件至 zlts@phei.com.cn，盗版侵权举报请发邮件至 dbqq@phei.com.cn。

本书咨询联系方式：（010）88254617，luomn@phei.com.cn。

前　言

随着职业教育的进一步发展，全国中等职业学校计算机技能大赛开展得如火如荼，比赛赛场成为了深化职业教育改革，引导全国职业教育发展、增强职业教育技能水平，宣传职业教育的地位和作用，展示中职学生技能风采的舞台。电子工业出版社和广东省职业技术教育学会电子信息技术专业指导委员会积极响应教育部的号召，在 2010 年推出了《计算机技能大赛实战丛书》，满足了广大中职学校参加大赛的实际需求，受到了广大备赛师生的热烈欢迎，在 2010 年推出的技能大赛实战丛书的基础之上，并根据 2011、2012 年技能大赛比赛的变化，电子工业出版社打造 2013 年最新版《计算机技能大赛实战丛书》，本计算机技能大赛实战丛书的编委会由企业工程技术人员、高校教授、职业学校有经验的指导教练，以及各地参赛队伍的带队人员组成。该丛书的编写特色如下：

本书定位：

- 中职院校的教师和有一定基础的学生
- 培训机构的教师和有一定基础的学生

编委会组成人员：

- 由广州大学的教授及专家组为丛书审定
- 由神州数码网络集团，锐捷网络公司、AutoDesk 迪赛信联、广州唯康通信技术公司、福禄克公司、北京天行健君国际教育科技有限公司提供设备、素材及相关建议
- 由在历届全国计算机技能大赛中获一等奖学生的教练主笔
- 全国省市技能大赛参赛队带队人员

内容安排：

该套丛书从应用实战出发，首先将所需内容以各个项目实训的形式表现出来，其次对技能大赛的试题进行详细的分析和讲解，最后给出相应的模拟试题供读者练习，使读者在短时间内掌握更多有用的技术和方法，快速提高技能竞赛水平。

编写特点：

在实例讲解上，本书采用了统一、新颖的编排方式，每个项目都包含“项目分析”、“任务名称”、“任务描述”、“任务实现”、“知识链接”、“项目小结”、“实训”、“备赛经验”、“比赛要求、评分标准与细则”这九个部分，循序渐进，环环相扣。其中部分项目由多个任务组成，部分关键的知识点还设置了“小贴士”，并作简单的介绍。这九个部分说明如下：

- 项目分析：针对该项目的设计思路、制作方法进行分析，让读者对本项目的学习内容有个整体的了解。
- 任务名称：列出该项目的任务名称
- 任务描述：对即将要制作的任务进行知识性的描述。

- 任务实现：详细写出项目的实现过程。
- 知识链接：针对项目中出现的一些疑难、重点知识点进行讲解。
- 项目小结：针对该项目的总结。
- 实训：针对本项目的知识点而给出的一些实战练习题目。
- 备赛经验谈：编者把自己在训练和比赛中的一些心得体会和经验教训通过文字毫无保留的贡献出来，让广大的读者能少走一些弯路，能快速吸收实战经验，迅速提高自身的竞技水平。
- 比赛要求、评分标准：书中最后还给出了该比赛项目的规程及评分标准，使广大备赛人员对比赛的规程有一个更深入地了解，为参赛者提供全面、翔实的备赛指导。

配套立体化教学资源：

光盘提供了配套的立体化教学资源，包括教学指南、电子教案以及素材库等必需的文件。

本书内容：

本书分为电子商务理论知识、商品图片处理实战、电子商务平台操作实战、网络营销操作实战、综合实战五部分。其中第一部分共7章，分别介绍了电子商务基础知识、网络营销基础知识、物流基础知识、电子商务安全基础知识、电子商务法律法规基本知识、电子商务支付基础知识、计算机与网络基础知识；二、三、四部分为实战操作环节，采用项目的方式，通过任务的形式讲解，第五部分综合实战，提供了两套模拟题并进行了解析。另外加入了应试指南，这样使读者在短时间内掌握更多有用的技术和方法，快速提高技能竞赛水平。

本书既可作为职业院校及培训机构的实训教材及参考书，又可作为参加“计算机技能大赛”的学员的辅导教材。

本套丛书由何文生担任丛书主编，史宪美担任丛书副主编，朱志辉教授担任丛书主审。本书由刘彦洁、张呈江担任主编，尤洋任副主编，参加编写的成员还有张志鑫、樊明睿、孟繁民、冯雪燕、王平、田园、高展雄等。由于作者水平有限，错漏之处在所难免，请广大读者批评指正。

鸣谢：

真挚所有为该书提出中肯意见及提供帮助的人士。

编 者

2013年3月

目　　录

第一部分　电子商务理论知识

第二部分　商品图片处理实战

第三部分　电子商务平台操作实战

第四部分　网络营销操作实战

第五部分　综 合 实 战

第一部分

电子商务理论知识

第一章　电子商务基础知识

第一节　电子商务的基本概念和分类

一、电子商务的概念及特点

（一）电子商务的概念及内涵
1. 电子商务的概念。
2. 电子商务的相关概念：优化内部信息管理系统 MIS、企业资源计划 ERP 等。
3. 电子商务的发展。
4. 电子商务与传统商务的差异。
（1）从经营者角度上体现的差异。
（2）从消费者角度上体现的差异。
（3）在缔约方式上体现的差异。
（4）在交易执行中体现的差异。
（二）电子商务的特点

二、电子商务的分类

（一）按照商务活动的内容分类
1. 直接电子商务。
2. 间接电子商务。
（二）按照使用网络的类型来分类
1．基于 EDI 网络的电子商务。
2．基于 Internet 网络的电子商务。
3．基于 Intranet 网络的电子商务。
（三）按照开展电子交易的范围分类
1．本地电子商务。
2．远程国内电子商务。
3．全球电子商务。
（四）按照交易对象分类
1．B to B 电子商务（Business to Business）。
（1）非特定企业间的电子商务。
（2）特定企业间的电子商务。
2．B to C 电子商务（Business to Consumer）。
3．B to G 电子商务（Business to Government）。
4．C to C 电子商务（Consumer to Consumer）。

第二节　电子商务的基本组成和框架

一、电子商务的基本组成

1. 网络：包括 Internet、Intranet、Extranet。
2. 用户：个人用户和企业用户。
3. 认证中心。
4. 物流配送。
5. 网上银行。
6. 政府部门。
7. 商家。

二、电子商务的基本框架

1. 经济活动的方式：一种是提供产品，一种是提供服务。
2. 电子商务的四种基本“流”：信息流、商流、资金流和物流。
3. 电子商务的四种基本“流”的相互关系。
4. 企业电子商务的一般框架。

电子商务的技术支持分为 4 个层次和 2 个支柱。自底向上的 4 个层次是：网络层、多媒体信息发布层、报文和信息传播层和贸易服务层；两个支柱是政策法规和相关技术标准。

5. 电子商务的概念模型。

（1）组成：电子商务实体、电子市场、交易事务，信息流、资金流、物流等基本要素。

（2）相互关系。

6. 网络商店的基本架构。

三、电子商务系统

1. 电子商务系统的框架结构。
2. 电子商务系统的技术需求。
3. 电子商务系统和网络营销。
4. 电子商务系统的运行环境。

四、电子商务安全

1. 电子商务面临的安全问题。
2. 电子商务的安全要素。
3. 电子商务安全的技术保障与法律保障。

第三节　电子商务的基本应用模式

一、企业与消费者之间的电子商务

1. B to C 电子商务的基本组成。
（1）网上商城。
① 经营着离线商店的零售商。
② 没有离线商店的虚拟零售企业和商品制造商。
（2）物流配送。
（3）支付结算。
① 货到付款。
② 汇款方式。
③ 电子支付。
（4）安全认证。
2. B to C 电子商务的购物流程。
3. B to C 电子商务的业务类型。
4. 网上商城的构成要件。
（1）网上商城前台展示内容。
（2）网上商城后台技术及相关协作。

二、企业间的电子商务

1. 水平 B to B 电子商务。
2. 垂直 B to B 电子商务。

三、个人与个人的电子商务

1. 交易方式的多变性。
2. C to C 的竞拍模式。
3. 网站经营者提供的服务。

四、电子商务与经济发展

第四节　EDI 与电子商务

一、EDI 的产生与概念

（一）EDI（Electronic Data Interchange）的含义
（1）EDI 的定义。
（2）EDI 的工作原理。

（二）EDI 构成要素

1. 数据标准化。

2. EDI 软件及硬件。

（1）EDI 软件。

① 转换软件。

② 翻译软件。

③ 通信软件。

（2）EDI 的硬件组成。

3. EDI 的网络技术

（1）EDI 的网络拓扑结构分为：集中式、分布式和分布集中式。

（2）VAN：VAN 不是一种新型的通信网，而是在现有通信网络的基础上，增加 EDI 服务功能的计算机网络。

（3）EDI 服务中心：最重要的任务是网络管理，包括故障管理、配置管理、计费管理、性能管理和安全管理等。

（三）EDI 的特点

二、EDI 的应用与发展

（一）EDI 在国际贸易中的应用

1. 国际贸易基础知识。

2. EDI 在国际贸易中的应用。

（二）EDI 的发展

1. 限制 EDI 普及的原因。

2. 经济发展对 EDI 的需求。

3. EDI 的发展历程。

（1）Internet Mail 方式。

（2）Standard IC （Implementation Conventions）。

（3）Web-EDI。

（4）XML/EDI 方式。

单元检测题

一、判断题

1. 电子商务的概念模型由电子商务实体、电子市场、交易事务和信息流、商流、资金流和物流等基本要素构成。 （ ）

2. EDI 是企业和企业之间，通过电子方式，按照标准格式，从应用系统到应用系统的商业单证的传输。 （ ）

3. 电子商务的任何一笔交易都由信息流、商流、资金流、物流这四个基本部分组成。 （ ）

4. 在电子商务的概念模型中，强调信息流、商流、资金流和物流的整合，而物流作为连接的纽带贯穿于电子商务交易的整个过程中，并起着串联和监控的作用。（　　）

5. 商流在电子商务交易的中起到了后续者和服务者的作用。（　　）

6. 政府在电子商务的发展中有两重角色：既是电子商务的使用者，又是电子商务的宏观管理者。（　　）

7. 在电子商务概念模型中广告宣传属于信息流的范围。（　　）

8. 真正的电子商务绝不仅仅是企业后台的商务电子化，更重要的是包括前台在内的整个运作体系的全面信息化，以及企业整体经营流程的优化和重组。（　　）

9. 传统企业要进行电子商务运作，重要的是优化内部信息管理系统 MRP。（　　）

10. 电子商务的应用将间接拉动信息产品制造业、信息服务业、现代服务业以及现代物流业的快速发展，成为新经济的增长动力。（　　）

11. 交易各方将自己的各类供求意愿按照自由格式输入电子商务网络（网络交易中心），电子商务网络便会根据用户的要求，寻找相关信息并提供给用户多种买卖选择。（　　）

12. 建立在企业全面信息化基础上，通过电子手段对企业的生产、销售、库存、服务以及人力资源等环节实行全方位控制的电子商务才是真正意义上的电子商务。（　　）

13. 广义的电子商务仅仅将通过 Internet 网络进行的商业活动归属于电子商务。（　　）

14. 企业与消费者之间的电子商务，这种形式基本等同于电子化的零售，它随着内联网的出现迅速地发展起来。（　　）

15. 非特定企业间的电子商务是在过去一直有交易关系或者今后一定要继续进行交易的企业间，为了相同的经济利益，共同进行的设计、开发或全面进行市场及库存管理的商务交易。（　　）

16. EDI 增值网络（VAN）是需要专门搭建独立的通信网络，增加 EDI 服务功能而实现的计算机网络。（　　）

17. 企业用户通过建立企业内联网、外部网和企业管理信息系统，对人、财、物、供、销、存进行科学管理。（　　）

18. 电子商务框架的技术标准定义了用户接口、传输协议、信息发布标准等法律法规细节。（　　）

19. EDI 标准的数据格式需定义三个要素：数据元、复合数据元、数据段。（　　）

20. C to C 电子商务指消费者与销售者之间的电子商务。（　　）

二、单项选择题

1. 下列对电子商务的理解不正确的是（　　）。
   A. 电子商务的目标就是商务
   B. 电子商务是为了实现商务活动而采用先进的电子手段
   C. 电子商务不是为了电子化而电子化
   D. 电子商务是虚假的商务

2. （　　）电子商务活动即有形货物的电子订货。
   A. 直接　　B. 间接　　C. 本地　　D. 远程

3. （　　）电子商务能使双方越过地理界线直接进行交易，充分挖掘全球市场的潜力。

A．直接　　B．间接　　C．本地　　D．远程

4. 相对于互联网，EDI 较好地解决了（　　）问题。

A．时间　　B．费用　　C．安全保障　　D．信息发布

5. 在国际贸易中，（　　）是指出口商通过与国外经销商订立协议，建立一种长期稳定的购销关系，利用其销售渠道在国外市场推销自己的商品。

A．经销方式　　B．代理方式　　C．寄售方式　　D．拍卖方式

6. 近年来，随着计算机降价、Internet 网络的迅速普及，基于互联网、使用（　　）的 EDI 正在逐步取代传统的 EDI。

A．XML　B．XNL C．XMI D．XNI

7. Intranet 商务是在 Internet 基础上发展起来的企业内部网，或称（　　）。

A．内联网　　B．外联网　　C．广域网　　D．专用网

8. Intranet 与互联网之间的最主要的区别在于 Intranet 内的敏感或享有产权的信息受到企业（　　）安全网点的保护。

A．路由器　　B．防火墙　　C．支付网关　　D．包过滤器

9. 在电子商务概念模型中，商店属于（　　）。

A．电子商务实体　B．电子市场　　C．交易事物　　D．商流

10. EDI 的核心是（　　）。

A．硬件　　B．软件　　C．标准　　D．专用网络

11. 商检单证作为外贸出口的重要环节之一，利用 EDI 技术，可以提高单证的（　　）效率，加强统一管理，与国际惯例接轨，为各外贸公司提供方便、快捷的服务。

A．审核签发　　B．审核备案　　C．申报备案　　D．分拣备案

12. 在电子商务框架中，网上银行应位于（　　）。

A．多媒体信息发布层　　B．报文和信息传播层

C．贸易服务层　　D．电子商务应用层

13. 买主叫价拍卖也称为（　　）。

A．增价拍卖　　B．减价拍卖　　C．招标式拍卖　　D．收标式拍卖

14. （　　）在原有的局域网上附加一些特定的软件，将局域网与互联网连接起来，从而形成企业内部的虚拟网络。

A．EDI　　B．Intranet　　C．Internet　　D．Extranet

15. HTTP 是 Internet 上通用的消息传播工具，它以统一的显示方式，在多种环境下显示（　　）的多媒体信息。

A．格式化　　B．非格式化　　C．已审核　　D．未审核

16. 水平网站可以将买方和卖方集中到一个市场上来进行信息交流、广告、拍卖竞标、交易、库存管理等。下列哪个属于此类网站（　　）。

A．阿里巴巴　　B．DELL 网站　　C．海尔网站　　D．以上都不是

17. 在电子商务系统中，（　　）可以把客户的问题及时传送到不同的部门，并和现有的客户信息系统相集成。

A．订货系统　　B．数据库系统

C．联机客户服务程序　　D．联机支付系统

18. （　　）是电子单证的基本单元。

A．数据元　B．数据段　C．标准报文格式　D．格式化报文

19. 在电子商务的付款方式中，受物流限制比较大的付款方式是（　　）。

A．邮政汇款　B．银行汇款　C．网银转账　D．货到付款

20. 在电子商务的付款方式中，比较适合偶然购买用户使用的付款方式是（　　）。

A．邮政汇款　B．银行汇款　C．网银转账　D．货到付款

三、多项选择题

1. EDI 主要应用于（　　）之间的批发业务。

A．企业与消费者　B．企业与企业

C．企业与批发商　D．批发商与零售商

2. 由于互联网络技术发展的成熟以及联网成本的低廉，互联网络如同一种“万能胶”，将（　　）跨时空联接在一起，使得相互之间信息的交换变得“唾手可得”。

A．企业　B．团体　C．组织　D．个人

3. 电子商务的基本组成要素有网络、网上银行、（　　）等。

A．用户　B．认证中心　C．物流配送　D．商家

4. 从交易流程来看，网上购物包括两个基本环节，即（　　）。

A．信息发布环节　B．交易环节

C．支付结算环节　D．售后服务环节

5. B2C 电子商务由下列（　　）基本部分组成。

A．为顾客提供在线购物场所的网上商场

B．负责为客户所购商品进行商品配送的物流配送系统

C．货款结算的银行

D．认证系统

6. EDI 的标准应该遵循以下（　　）基本原则。

A．提供一种发送数据及接收数据的各方都可以使用的语言，这种语言所使用的语句是可多角度考虑的

B．提供一种发送数据及接收数据的各方都可以使用的语言，这种语言所使用的语句是无二义性的

C．这种标准不受计算机机型的影响，既适用于计算机间的数据交流，又独立于计算机之外

D．这种标准不受计算机机型的影响，既适用于计算机间的数据交流，又不能独立于计算机之外

7. 在电子商务框架中，网络层是实现电子商务的底层硬件基础设施，包括（　　）。

A．远程通信网　B．有线电视网　C．无线通信网　D．互联网

8. 电子商务中任何一个贸易服务都包括 3 个基本部分，即（　　）。

A．电子销售支付系统　B．供货体系服务

C．使用范围　D．客户关系解决方案

9. 电子商务在以下（　　）方面提高了生产企业的商业效率。

A．供货体系　B．库存　C．安全　D．运输

10. 下列可以提供非实时沟通的是（ ）。

A. 传真 B. EDI C. 电子邮件 D. 电话

试题解答

一、判断题

1	2	3	4	5	6	7	8	9	10
√	√	√	×	×	√	×	×	×	×
11	12	13	14	15	16	17	18	19	20
×	√	×	×	×	×	√	×	×	×

【试题解析】

4. 在电子商务“信息流、商流、资金流和物流”的关系中，信息流作为连接的纽带贯穿于电子商务交易的整个过程中，起着串联和监控的作用。

5. “物流”在整个电子商务交易过程中是处于后续者和服务者的地位。

7. 交易事务是指EC实体之间所从事的具体商务活动的内容，例如询价、报价、转账支付、广告宣传、商品运输等。

8. 真正的电子商务绝不仅仅是企业前台的商务电子化，更重要的是包括后台在内的整个运作体系的全面信息化，以及企业整体经营流程的优化和重组。

9. 传统企业要进行电子商务运作，重要的是优化内部信息管理系统 MIS（Management Information System）。

10. 电子商务的应用将直接拉动……

13. 广义的电子商务则包括利用 Internet、Intranet、LAN 等各种不同形式的网络在内的一切计算机网络进行的所有商贸活动。

14. 企业与消费者之间的电子商务，这种形式基本等同于电子化的零售，它随着外联网的出现迅速地发展起来。

16. 小企业不可以，因为其可能没有足够的资金投入。

19. EDI的标准的数据格式包括三个要素：数据元、数据段、标准报文格式。

二、单项选择题

1	2	3	4	5	6	7	8	9	10
D	B	D	C	A	A	A	B	A	C
11	12	13	14	15	16	17	18	19	20
A	D	A	B	B	A	C	A	D	D

【试题解析】

2. 直接电子商务即无形货物和服务的联机订购、付款和交付；间接电子商务即有形货物的交易。

4. 相对于互联网，EDI 的优点是安全性高，缺点是费用较高。

5. 在国际贸易中，经销方式是指出口商通过与国外经销商订立协议，建立一种长期稳定的购销关系，利用其销售渠道在国外市场推销自己的商品。

6. 这里只有 XML 是正确的，其含义是可扩展标识语言。

11. 商检单证作为外贸出口的重要环节之一，利用 EDI 技术，可以提高单证的审核签发效率，加强统一管理，与国际惯例接轨，为各外贸公司提供方便、快捷的服务。

12. 供货链管理、视频点播、网上银行、电子市场及电子广告、网上娱乐、有偿信息服务、家庭购物等都位于四个层次之上属于电子商务应用的范围。

13. 买主叫价拍卖也称为增价拍卖。

15. HTTP 是 Internet 上通用的消息传播工具，它以统一的显示方式，在多种环境下显示非格式化的多媒体信息。

16. 阿里巴巴属于水平类型的，DELL 和海尔都是垂直类型的。

18. 数据元是最小的 EDI 要素，所以也是电子单证的基本单元。

19. 货到付款方式需要物流的全程配合，所以比较受限。

20. 偶然购买用户使用的付款方式可以采用货到付款，省去了申请支付账号的程序。

三、多项选择题

1	2	3	4	5	6	7	8	9	10
BCD	ABCD	ABCD	BC	ABCD	BC	ABCD	ABD	ABCD	BC

【试题解析】

1. EDI 主要应用企业与企业之间的业务，从这点上考虑来选择正确答案。

3. 电子商务的基本组成要素有网络、网上银行、用户、认证中心、物流配送、商家等。

4. 从交易流程来看，网上购物可以分为两个基本环节——交易环节和支付结算环节，而支付结算环节是在包括支付网关、发卡行、收单行在内的金融专用网上完成的。

7. 在电子商务框架中，网络层是实现电子商务的底层硬件基础设施，包括远程通信网（telecom）、有线电视网（cable TV）、无线通信网（wireless）和互联网（Internet）。

8. 电子商务中任何一个贸易服务都包括 3 个基本部分，即电子销售支付系统、供货体系服务、客户关系解决方案。

9. 电子商务在以下几个方面提高了生产企业的商业效率、供货体系，库存、安全、运输，信息流通等。

10. 传真目前大多为实时通信，EDI 和电子信箱都具有存储转发功能。

第二章　网络营销基础知识

第一节　网络营销的概述

一、网络营销的定义及其特点

1. 网络营销的定义。

2. 网络营销的特点：

跨时空、多媒体、交互式、拟人化、成长性、整合性、超前性、高效性、经济性、技术性。

3. 网络营销的基本职能：

网络品牌、网址推广、信息发布、销售促进、销售渠道、互联网广告、客户服务、客户关系、网上调研、营销管理等。

二、网络营销与传统营销的区别

1. 营销理念的转变。

2. 沟通方式的转变。

3. 营销策略的改变：

（1）传统营销的 4P 组合。

（2）现代营销的 4C 组合。

4. 营销的方便性。

三、网络营销对传统营销的冲击

1. 对营销渠道的冲击。

2. 对定价策略的冲击。

3. 对广告策略的冲击。

4. 对标准化产品的冲击。

5. 对顾客关系的冲击。

第二节　网络营销常用方法

一、网络营销的基本方式

（一）无站点网络营销

1. 无站点网络营销的特点。

2. 无站点网络营销的应用。

3. 无站点网络营销的种类：信息发布、网络社区营销、网上商店等。

（二）企业站点网络营销

1. 企业站点网络营销的含义。

2. 企业网站按功能的分类：信息发布型、产品销售型、综合电子商务型三种类型。

3. 企业建立站点方案的选择。

4. 基于企业站点的网络营销方法：搜索引擎营销、许可 E-mail 营销、病毒性营销、会员制营销、网络广告、交换链接、博客营销等。

（1）自己建立网站。

（2）外购整体网络服务。

二、网络广告技术

1. 网络广告的概念和特点

2. 网络广告的类型

（1）网幅广告的格式和类型。

（2）文本链接广告的优点。

（3）电子邮件广告的格式和发送原则。

（4）企业网站的广告。

（5）赞助型广告的含义。

（6）插播式广告的方法和特点。

（7）Rich Media 的相关技术和原理。

3. 网络广告的收费模式：

CPM，CPC，CPA，包月方式，按发布位置、广告形式的综合计费等。

第三节　网络商务信息和目标市场

一、网络商务信息

（一）网络商务信息的基础知识

1. 信息的含义。

2. 网络商务信息的含义。

3. 网络商务信息的特点：实效性、准确性、便于储存、信息量大等特点。

（二）网络商务信息的类型

1. 网上直接信息。

2. 网上间接信息。

（三）网络商务信息搜集的基本要求

及时、准确、适度、经济。

（四）网络商务信息搜集的方法

1. 网上直接信息的搜集方法：

（1）按照搜集具体方法不同，可以分为在线文件调查法、网上实验法和网上观察法等。

（2）按照搜集者行为方式不同，可以分为主动调查法和被动调查法。

（3）按照网上搜集采用的技术不同，可以分为站点法、电子邮件法、随机 IP 法和视讯会议法等。

2. 网上间接信息搜集的方法：

搜索引擎法、新闻组法、BBS（公告栏）法，E-mail（电子邮件法）等。

（1）网上间接信息搜集方法的类型。

① 按照信息搜集方法分类，搜索引擎系统可以分为：目录式搜索引擎、机器人搜索引擎、元搜索引擎。

② 按照检索软件分类，检索软件可以分为：全文数据库检索软件、非全文数据库检索软件、主题指南类检索软件。

③ 按照检索语言分类。

（2）利用搜索引擎搜集信息的方法。

搜索引擎按照其工作原理的不同，可以分为全文搜索引擎和分类目录搜索两类。

（五）网络信息中介商

1. 网络信息中介商对消费者的作用：隐私保护、信息获取、使客户档案价值最大化。

2. 网络信息中介商为消费者提供的服务内容：过滤器服务、代理服务、数据管理和分析服务。

3. 网络信息中介商对经销商的作用。

（1）客户获取服务。

（2）有针对性的营销服务。

（3）市场调查服务。

4. 客户和经销商之间的关系发展。

（1）经销商行为的转变。

（2）消费者态度的转变。

（3）良性循环的形成。

（六）网络商务信息的发布

1. 发布的网络商务信息类型：产品信息、供求信息、企业信息。

2. 网络商务信息发布的方法：

（1）利用 BBS 搜集商务信息；

（2）利用 BBS 发布商务信息；

（3）QQ、CQ 等工具。

（七）网络商务信息的处理

二、网络目标市场

（一）网络目标市场概述

1. 市场的概念：市场=人口+购买力+购买欲望。

2. 目标市场的概念。

3. 网络目标市场的概念。

（二）网络市场的细分

1. 网络市场细分的含义和作用。

2. 网络市场细分的标准。

（1）网民地理细分市场。

（2）网民人口细分市场：性别、年龄、收入、职业与教育、家庭生命周期

（3）网民心理细分市场。

（4）网民行为细分市场。

① 网络与网民。

② 网络购物必须具备的基本条件。

③ 网民的心理因素分析：兴趣、聚集、交流。

（三）网络市场细分的方法

单一因素法、多因素法、完全细分法。

（四）网络目标市场的定位

网络目标市场营销由三个步骤组成：①网络市场细分；②网络目标市场选择；③网络目标市场定位。

1. 网络目标市场选择战略：①市场集中化战略；②产品专业化战略；③市场专业化战略；④选择专业化战略；⑤全面覆盖战略。

2. 网络目标市场定位策略：①针锋相对式定位策略；②填空补缺式定位策略；③另辟蹊径式定位策略；④比附定位策略；⑤属性定位策略；⑥利益定位策略。

（五）网络产品定位

1. 产品/服务是否适合在网上进行营销。

2. 分析网上竞争对手。

3. 目标市场客户应用互联网的比率。

4. 确定具体的营销目标。

5. 准确的网络目标市场定位。

第四节　网络营销策略

一、产品策略

（一）产品选择策略

1. 产品的整体概念可分为五个层次：核心产品层次，有形产品层次，期望产品层次，延伸产品层次，潜在产品层次。

2. 网络营销产品形态：有形产品和无形产品。

（二）产品定位策略

1. 功能定位策略的特征。

2. 包装定位策略的特征。

3. 外形定位策略的特征。

4. 品牌定位策略的特征。

5. 对比定位策略的特征。

（三）产品组合策略

1. 扩大产品组合策略的特征和适用。

2. 缩减产品组合策略。

3. 产品延伸策略。

（四）信息服务策略

1．建立“虚拟展厅”。

2．设立“虚拟组装室”。

3．建立自动的信息传递系统。

二、定价策略

（一）影响定价的主要因素：成本因素、供求关系、竞争因素等。

1. 网络营销产品的价格特点：价格水平趋于一致，非垄断化，价格趋低化，弹性化，智能化等。

2. 网络营销产品价格的构成：使用时间成本，购买精力成本，生活方式成本，心理成本等。

（二）网络定价的主要策略

1．个性化定价策略。

2．声誉定价策略。

3．自动调价、议价策略。

4．网络促销定价策略。

（1）使用免费的定价策略。

（2）运用“折扣”方法：价格折扣和数量优惠。

三、分销策略

1. 分销策略（Placing Strategy）的含义。

2. 网络分销渠道的类型。

（1）网络直接销售。

① 网络直销的特点。

② 网络直销的形式：自建网站和利用网络中介服务商。

（2）网络间接销售。

① 网络商品交易中介。

② 选择网络商品交易中介商的原则。

3. 分销渠道整合的策略。

四、促销策略

1. 网络促销的特点和含义。

2. 网络促销与传统促销的异同。

3. 网络促销的方式：推战略和拉战略。

（1）网络广告促销的特征。

（2）站点推广促销的方法。

（3）网络营业推广促销的不同种类。

（4）网络关系营销促销的方法。

4. 旗帜广告促销。

旗帜广告的优点包括：经济性、广泛性、交互性、易统计性、主动性、实时性等。

第五节　客户关系管理

一、客户服务

1. 什么是客户服务？

（1）客户：外部客户和内部客户。

（2）客户服务。

2. 在线客户服务？

（1）什么是在线客户服务的定义。

（2）在线客户服务与传统客户服务的区别：传统的客户服务可以理解为“被动式”的服务，互联网是“互动式”的服务。

3. 在线客户服务的方法：①电子邮件咨询服务；②网上互动文字交谈服务；③网络论坛BBS；④应用免费网络电话；⑤改善网站FAQ和自助式查询。

4. 在线客户服务的两个重要特点：一是非实时在线，二是可以让多人共同参与话题。

二、FAQ在客户服务中的应用

（一）FAQ（常见问题解答）的设计

1. FAQ的分类：产品的FAQ；企业情况的FAQ；订货、运输的FAQ；单独获得帮助的FAQ等。

2. 在企业网站上建立FAQ：一套针对老顾客，一套针对潜在顾客。

3. FAQ页面设计的原则：①保证FAQ的效用；②使FAQ简单易寻；③选择合理的FAQ格式；④控制信息暴露度。

（二）FAQ的搜索

1. 搜索功能应与站点规模相适应。

2. 搜索工具的设计要考虑顾客的需要。

三、E-mail在客户服务中的应用

（一）E-mail营销的分类

（二）利用E-mail进行主动客户服务

（三）邮件列表营销

1. 建立邮件列表的目的和表现形式。

网站经营邮件列表有几种主要目的：①作为公司产品或服务的促销工具；②方便和用户交流；③获得赞助或者通过出售广告空间获利；④提供收费信息服务。

2. 邮件列表内容的一般要素：①邮件主题；②邮件列表名称；③目录或内容提要；④邮

件内容 WEB 阅读方式说明（URL）；⑤邮件正文；⑥退出列表方法；⑦其他信息和声明。

3. 确定邮件列表内容的基本原则：①目标一致性；②内容系统性；③内容来源稳定性；④内容精简性；⑤内容灵活性；⑥最佳邮件格式。

四、客户关系管理

（一）关系营销的含义和特征

1. 关系营销的含义。

2. 关系营销的特点：双向沟通、合作、双赢、亲密、控制等特征。

（二）客户关系管理

1. 客户关系管理（CRM）的含义。

关键词：市场营销、客户服务、销售。

2. 客户关系管理的功能。

客户管理、联系人管理、时间管理、潜在客户管理、销售管理、电话销售、营销管理、客户服务等。

3. 客户关系管理的内容：①客户信息管理；②客户体验管理；③客户满意管理；④客户忠诚管理；⑤客户投诉管理。

（三）呼叫中心（Call Center）在客户关系管理中的应用

呼叫中心系统组成：职能网络、自动呼叫分配、交互式语音应答、计算机电话综合应用、来话呼叫管理、去话呼叫管理、集成工作站、呼叫管理、呼叫计费等。

单元检测题

一、判断题

1. 在旗帜广告中有“免费”就意味着要提供免费的产品、服务和应用工具软件等。（　　）

2. 在线黄页服务具有方便、直接、全面、抗干扰等优点。（　　）

3. 网络会员制营销是把具有共同兴趣的访问者集中到一个虚拟空间，促进成员相互沟通，从而达到商品的营销目的。（　　）

4. 邮件列表营销是在用户事先许可的前提下，通过电子邮件的方式直接向用户发送促销信息的一种网络营销方法。（　　）

5. 病毒性营销是通过提供有价值的信息和服务，利用用户之间的被动传播来实现网络营销信息传递的目的。（　　）

6. 传统营销的营销者必须以各种产品，包括有形的和无形的产品，来实现企业的营销目标，而网络营销不需要考虑这么多因素。（　　）

7. 呼叫中心是通信与计算机技术的集成，以计算机技术为核心，支持多种通信手段，为各种组织和个人提供交互式服务的集成系统。（　　）

8. 在线客户服务中企业的主管人员应经常主动参与讨论，目的是直接引导客户对当前产品多下订单购买产品。（　　）

9. 网络营销是以互联网络为媒体，以新的方式、方法和理念实施营销活动，更有效促成个人与组织交易活动的实现。（ ）

10. 网络营销的拟人化特征是指互联网络上的促销是多对一的、理性的、销售方主导的、非强迫性的、循序渐进式的，而且是一种低成本与个性化的促销，避免推销员强势推销的干扰。（ ）

11. 传统的促销手段，如媒体广告、公关等能够提供单向和双向的信息传输。（ ）

12. 文本链接广告的每一行就是一个广告，点击每一行都可以进入相应的广告页面。（ ）

13. 任何一种营销观念都必须基于这样一个前提：企业必须实现全程营销，即必须由产品的设计阶段就开始充分考虑消费者的需求与意愿。（ ）

14. 网络营销中传统中间人（零售商、批发商、分销商或经纪人）沟通生产与消费联系的必要性与传统营销没有差别，所以流通中种种中介渠道的重要性也因此大打折扣。（ ）

15. 网络营销会使变化不定且存在差异的价格水平趋于一致。（ ）

16. 在信息的获取与利用方面，顾客与卖主相比总是处于相对有利的地位。（ ）

17. 网络信息中介商实质上是销售者的代理人，它使销售者在与买主讨价还价时处于主动的地位。（ ）

18. 网络是网络商务信息依附的载体，只有通过计算机网络传递的商务信息，才属于网络商务信息的范畴。（ ）

19. 与传统的信息载体相比，网络商务信息更便于存储。（ ）

20. 网上间接信息针对性强，但相对来说费用高，时间长。（ ）

二、单项选择题

1. 网上商店是指建立在（ ）提供的电子商务平台上、由商家自行经营的专卖店。

A. 企业自建　B. 第三方　C. 企业客户方建立　D. 企业供应方建立

2. （ ）是以人工方式或半自动方式搜集信息，由编辑员查看信息之后，人工形成信息摘要，并将信息置于事先确定的分类框架中。

A. 目录式搜索引擎　B. 机器人搜索引擎

C. 元搜索引擎　D. 源搜索引擎

3. 一般来说，下列（ ）产品易于在大规模网络营销中获得成功。

A. 可鉴别性　B. 经验性　C. 个性化　D. 受限制的

4. 下列属于搜索引擎营销服务方式的是（ ）。

A. 产品形象设计　B. 搜索引擎优化

C. 产品促销　D. 搜索引擎下载

5. 下列哪一项属于无站点营销的范围（ ）。

A. 搜索引擎营销　B. 病毒性营销

C. 网络广告营销　D. 网络社区营销

6. 客户，就是需要服务的对象，可分为外部客户和内部客户，其中（ ）是指工作流程的下一道工序。

A. 内部客户　B. 外部客户　C. 个人客户　D. 企业客户

7. 市场营销中最重要也最本质的是组织与个人之间进行（　　）的交换。

A．商品　　B．服务　　C．信息　　D．资金

8. 互联网络上的营销可由商品信息至收款、售后服务一气呵成，因此也是一种全程的营销渠道。这体现了电子商务的（　　）特征。

A．成长性　　B．整合性　　C．高效性　　D．超前性

9. 下列网上直接信息搜集的方法中，（　　）属于被动调查法。

A．站点法　　B．电子邮件法　　C．随机 IP 法　　D．视讯会议法

10. 搜索引擎按照其工作原理的不同，可以分为全文搜索引擎和分类目录搜索目录两类，（　　）属于全文搜索引擎方式。

A．百度　　B．搜狐　　C．网易　　D．新浪

11. 诸如“中国服装网”、“中国鞋网”之类的网站在市场选择战略中属于（　　）一类。

A．市场专业化战略　　B．产品专业化战略

C．市场集中化战略　　D．选择专业化战略

12. “大宝护肤美容霜”的战略属于（　　）。

A．市场集中化战略　　B．市场专业化战略

C．选择专业化战略　　D．产品专业化战略

13. “格力空调”的战略属于（　　）。

A．市场集中化战略　　B．产品专业化战略

C．市场专业化战略　　D．选择专业化战略

14. 耐克公司生产十几种体育运动专用的运动鞋，同时为多个细分市场提供各有特色的运动服，这属于（　　）。

A．市场集中化战略　　B．产品专业化战略

C．市场专业化战略　　D．选择专业化战略

15. 用户主动上网搜索所需要的信息，这属于（　　）的过程。

A．推　　B．拉　　C．互动　　D．多媒体

16. 苹果公司在推出 iPhone4 智能手机销售的时候采用了限制销售数量的方式，这就是我们常说的（　　）。

A．捆绑式销售　　B．饥饿式营销　　C．病毒性营销　　D．选择式营销

17. 某一企业加入“中国花边网”推销自己的产品，这种营销方法属于（　　）。

A．网上拍卖　　B．在线黄页服务

C．加入行业信息网　　D．网络广告营销

18. 下列不属于网上间接信息的是（　　）。

A．政府机构网站信息　　B．商业银行信息

C．商情调研机构信息　　D．网上问卷信息

19. 在马斯洛的“需求层次理论”中，属于人的生存的需求的是（　　）。

A．自我实现需求　　B．尊重的需求

C．社交的需求　　D．安全的需求

20. 下列属于影响网络消费者购买行为的外在因素的是（　　）。

A．消费者的经济状况　　B．消费者的家庭成员

C．消费者的性格和观念　　D．消费者的职业和地位

三、多项选择题

1. 许可 E-mail 营销的基本要素有（　　）。
   A．基于用户许可　　B．通过电子邮件传递信息
   C．信息对用户是有价值的　　D．用户没有选择权，只是收取信息
2. 市场定位需要解决的三个问题是（　　）。
   A．满足所有需要　　B．满足谁的需要
   C．满足谁的什么需要　　D．如何满足这些需要
3. 一般说来，下列（　　）产品易于在大规模网络营销中获得成功。
   A．可鉴别性　　B．经验性　　C．个性化　　D．受限制的
4. 关系营销可分为（　　）层次。
   A．反应营销　　B．主动营销　　C．积极营销　　D．伙伴营销
5. 客户关系管理的运作框架应该至少具备如下（　　）三个特征。
   A．面向顾客　　B．延时性　　C．整合性　　D．战略性
6. 互联网络被设计成可以传输多种媒体的信息，如（　　）等信息，使得为达成交易进行的信息交换可以多种形式进行，可以充分发挥营销人员的创造性和能动性。
   A．文字　　B．声音　　C．图像　　D．3D 影像
7. 网络商务信息的传递模式包括（　　）。
   A．网络商务信息源　　B．网络商务信息传递渠道
   C．网络商务信息接受者　　D．信息的噪声和屏障
8. 发布的网络商务信息可以分为（　　）。
   A．设计信息　　B．产品信息　　C．供求信息　　D．企业信息
9. 市场所包含的三个主要因素是（　　）。
   A．人　　B．购买力　　C．商品吸引力　　D．购买欲望
10. 网络市场细分的方法包括（　　）。
   A．单一因素法　　B．多因素法　　C．部分细分法　　D．完全细分法

试题解答

一、判断题

1	2	3	4	5	6	7	8	9	10
×	√	×	×	×	×	×	×	√	×
11	12	13	14	15	16	17	18	19	20
×	√	√	×	√	×	×	√	√	×

【试题解析】

1. 在旗帜广告中，“免费”并不意味着要免费赠予物品或所有的服务，而是蕴涵着另一层意思，即浏览者可以自由点击旗帜广告、免费浏览网页内容，不必支付任何费用。在站点促销中，“免费”则意味着提供免费的产品、服务和应用工具软件等。

3. 网络社区营销把具有共同兴趣的访问者集中到一个虚拟空间，促进成员相互沟通，从

而达到商品的营销目的。

4. 许可 E-mail 营销是在用户事先许可的前提下，通过电子邮件的方式直接向用户发送促销信息的一种网络营销方法。

5. 病毒性营销是通过提供有价值的信息和服务，利用用户之间的主动传播来实现网络营销信息传递的目的。

6. 网络营销与传统营销一样，在虚拟的网络市场上，营销者必须以各种产品，包括有形的和无形的产品，来实现企业的营销目标。

7. 呼叫中心是通信与计算机技术的集成，以信息技术为核心，支持多种通信手段，为各种组织和个人提供交互式服务的集成系统。

8. 在线客户服务的方法：①电子邮件咨询服务；②网上互动文字交谈服务；③网络论坛BBS。它的两个重要特点：一是非实时在线，二是可以让多人共同参与话题，因此企业的主管人员应经常主动参与讨论，引导客户对核心业务发表意见和建议。

10. 网络营销是消费者主导的。

11. 传统营销中信息传输是单方向的。

16. 在信息的获取与利用方面，顾客与卖主相比总是处于相对不利的地位。

17. 网络信息中介商实质上是顾客（买主）的代理人，它使顾客在与卖主讨价还价时处于主动的地位，帮助消费者向卖主索取更多的价值。

20. 网上直接信息针对性强，但相对来说费用高、时间长。

二、单项选择题

1	2	3	4	5	6	7	8	9	10
B	A	A	B	D	A	C	B	A	A
11	12	13	14	15	16	17	18	19	20
C	D	C	D	B	B	C	D	D	B

【试题解析】

1. 网上商店是指建立在第三方提供的电子商务平台上、由商家自行经营的专卖店。

2. 目录式搜索引擎是以人工方式或半自动方式搜集信息。

3. 一般来说，可鉴别性产品或标准化较高的产品易于在网络营销中获得成功，而经验性产品或个性化产品则难以实现大规模的网络营销。

4. 搜索引擎营销的服务方式包括：竞价排名、购买关键词广告、搜索引擎优化、按照有效通话收费等。

6. 客户，如果分为外部客户和内部客户，内部客户是指工作流程的下一道工序。

7. 市场营销中最重要也最本质的是组织与个人之间进行信息传播和交换，这是开展所有商品交换或服务提供的发端。

15. 推，是把信息或商品展示在客户面前；拉，是客户自己来寻求信息或商品的过程。

17. “中国花边网”属于一个行业性的服务网站。

18. 网上问卷调研得到的原始信息属于直接信息。

19. 马斯洛的“需求层次理论”中人的需求从下到上的五个层次是：生理的需求、安全的需求、社交的需求、尊重的需求、自我实现的需求。其中，前两个属于人的生存需求，后三个属于人的发展需求。

三、多项选择题

1	2	3	4	5	6	7	8	9	10
ABC	BCD	ABC	ABCD	ACD	ABCD	ABCD	BCD	ABD	ABD

【试题解析】

3. 常用的网幅广告大致可以分为三类：静态、动态和交互式。

4. 关系营销可分为四个层次：反应营销、主动营销、积极营销和伙伴营销。

5. 从客户关系维系来说，应该最好是即时解决问题，当然在不能提供即时服务的时候也应该能够提供延时服务，所以如果只选三个选项的话，B选项就不是最恰当的。

第三章　物流基础知识

第一节　物流的概述

一、物流的定义与发展

1. Physical Distribution 与 Logistics 的区别
2. 物流的含义
3. 物流发展的四个阶段
4. 物流的基本构成要素：流体、载体、流向、流量、流程、流速。

二、物流活动要素

1．运输
（1）输送和配送的区别。
（2）运输的方式。
2．储存
（1）基本库存和安全库存。
（2）货物堆存和盘点的方式。
（3）零库存（JIT）管理。
3．包装
包装的种类和作用。
4．装卸搬运
装卸搬运的成本和作用。
5．流通加工
流通加工的定义和分类。
6. 信息
物流信息和物流信息系统的含义。

三、物流、商流和流通的关系

1. 商品生产与消费之间存在的间隔。
2. 商流与物流的关系。
3. 商流、物流、流通的关系。
“商流”与“物流”的关系是相辅相成、互相补充的，是商品流通领域的两大基本要素。

四、物流的发展

“传统物流”→“综合物流”→“现代物流”

（一）传统物流

1．传统物流的作用领域。

2．传统物流的目标。

3．传统物流的功能。

（二）综合物流

1．综合物流的作用领域。

2．综合物流的目标。

3．综合物流的功能。

（三）现代物流

1. 现代物流的特征。

2. 现代物流的分类。

（1）按照物流系统涉及的领域分： 宏观物流、微观物流。

（2）按照物流活动的空间范围分：国际物流、区域物流。

（3）按照物流系统的性质分：社会物流、企业物流。

（4）按照物流所起的作用不同分：供应物流、生产物流、销售物流、回收物流、废弃物物流。

五、物流管理

（一）物流管理的目标

（二）供应链与供应链管理

1. 供应链的含义及其结构。

2. 供应链管理的管理思想。

3. 目前流行的供应链管理系统。

第二节　物流的基本模式

一、企业物流

（一）生产企业物流

1. 生产企业物流的含义。

2. 生产企业物流的内容。

商业企业的采购物流、内部物流、销售物流、退货物流。

3. 生产企业物流活动分析。

（二）商业企业物流

1. 商业企业物流的含义。

2. 商业企业物流的内容。

（1）商业企业采购物流。

（2）商业企业内部物流。
（3）商业企业的销售物流。
（4）商业企业的退货物流。
3. 商业企业物流活动分析。

二、第三方物流

（一）第三方物流的概念
（二）第三方物流与传统的对外委托的异同
（三）第三方物流的经济价值
1．第三方物流的成本价值。
2．第三方物流的服务价值。
3．第三方物流的社会价值。

三、绿色物流

1. 绿色物流的含义。
2. 绿色物流的内容。

四、现代物流系统的5S目标

优质服务（service）、迅速及时（speed）、节约空间（space saving）、规模适当（scale optimization）、合理库存（stock control）。

第三节　现代物流设备与技术

一、现代物流设备

（一）集装单元化设备
1. 集装箱。
（1）集装箱的定义。
（2）集装箱的种类：通用集装箱、开顶集装箱、台架式及平台式集装箱、通风集装箱、冷藏集装箱、散料集装箱、罐式集装箱等。
2. 托盘。
（1）托盘的定义。
（2）托盘的种类：平托盘、柱式托盘、箱式托盘、轮式托盘等。
（二）货架存储设备
1. 货架的功能。
2. 货架的分类：重型托盘货架、中型货架、轻型冲孔货架。
（三）自动分拣设备
1. 自动分拣技术的定义。

2. 自动分拣设备的特点。
3. 自动分拣系统。
（四）装卸搬运设备
1. 装卸搬运的含义。
（1）搬运的含义。
（2）装卸的含义。
2. 常见的装卸搬运设施。
（1）叉车的含义及分类。
（2）吊车的含义及分类。
（3）输送机。
（五）流通加工设备
常见的流通加工设备：贴标机、封箱机、热收缩包装机等。
（六）物流包装设备
常见的包装机械设备：计量充填机、灌装机、裹包机等。

二、物流信息技术

（一）条形码技术
1. 物流条码的标准体系：码制标准和应用标准。
2. 物流条码的分类：EAN-13 码、ITF-14 码、UCC/EAN-128 码、UPC 码、Code39 码、二维条码等。
3. 条形码在物流作业中的应用。
（二）射频识别技术
1. 射频识别技术（RF）的定义与特点
2. 射频识别技术的组成与工作原理
组成：信号发射机、信号接收机、编程器、天线。
3. 射频识别系统的分类。
（1）EAS 系统：是一种设置在需要控制物品出入口处的 RFID 技术。
（2）便携式数据采集系统。
（3）物流控制系统。
（4）定位系统。
（三）GPS 技术
1. GPS 的特点和功能。
2. GPS 技术在物流中的应用。
（四）GIS 技术
1. GIS 的定义。
2. GIS 的构成：计算机硬件、软件、数据、人员和方法。

三、物流管理信息系统

（一）MRPⅡ信息系统

（二）ERP 系统
（三）CRM 信息系统
（四）订单管理系统（OMS）
（五）快速反应系统（QR）
（六）电子数据交换系统

第四节　电子商务与物流

一、电子商务环境下的供应链结构

在电子商务环境下，供应链的整体结构是包容了企业内部运作网络、企业间网络的一种混合形式。其中，企业间网络包括由合作关系稳定的企业组成的静态网络，以及为完成临时任务而组成的临时性的动态网络。

二、电子商务概念模型中物流的地位

1. 电子商务概念模型的组成：电子商务实体、电子市场、交易事物、信息流、商流、资金流、物流。
2. 物流在电子商务概念模型中的地位："4 流"的整合。

三、电子商务的流程体现了物流的重要性

1. 物流是生产过程的保障。
2. 商流的结果由物流完成。

四、电子商务环境下物流业的发展

1. 物流的信息化、全球化、多功能化发展的趋势。
2. 电子商务环境下物流系统与传统企业的比较。
3. 电子商务下物流系统的再构造。
4. 物流合理化要求的新发展。

单元检测题

一、判断题

1. "Physical Distribution"的核心是将战时物资的生产、采购、运输、配给等活动作为一个整体来进行统一布置，以求对战略物资进行补给的费用更低、速度更快、服务更好。（　）

2. 在物流活动的全过程中，包装活动是频繁发生的，因而是产品损坏的重要原因之一。（　）

3. 流通可以保持物资的原有性质但会有形式变化，实现商品所有权的转移和空间形式的

位移。 （ ）

4. 流通就是在物品从生产者向消费者流动的过程中，为了促进销售，维护产品质量，实现物流的高效率所采取的使物品发生物理和化学变化的功能。 （ ）

5. 商品的生产和消费之间存在的场所间隔是指商品的生产日期与商品的消费日期不尽相同，通过商品的保管加以衔接。 （ ）

6. “商流”并不先于“物流”存在，而是在“物流”确定以后的具体行为，但是如果没有“商流”，“物流”也就无法实现。 （ ）

7. 传统物流的作用领域以商品的销售作为主要对象，具体地完成将生产的商品送交消费者的过程中所发生的各种活动，包括公司内部原材料的接收、保管，产品的接收和保管，工厂或物流中心的运输等。 （ ）

8. 现代物流大大拓宽了传统物流的领域和功能，将原材料的采购、商品的生产、传统物流和商品的销售等予以综合的考虑，也就是对从采购原材料开始到最后将产品送交顾客这一物流的全过程进行综合的一体化管理。 （ ）

9. 第三方物流服务的企业，不拥有商品，但参与商品的买卖活动。 （ ）

10. 第三方物流与传统的对外委托的不同之处在于，传统的对外委托形态只是企业物流活动的一部分，主要是库存管理、物流系统设计对外委托。 （ ）

11. 销售方物流可将社会上众多的闲散物流资源有效整合、利用起来。 （ ）

12. 第三方物流有助于缓解城市交通压力。 （ ）

13. 一般来说，整个装运规模越大，运输的距离越长，则每单位运输成本就越低。 （ ）

14. 在物流质量管理上存在这样的事实，即绝大多数的物流工作是在监督者的视线外完成的。 （ ）

15. 供应链管理是一种集成的管理思想和方法，它执行供应链中从供应商到最终顾客的物流的计划和控制等职能。 （ ）

16. 生产企业物流围绕着企业组织商品生产的活动，包括了从产品的生产过程直到所生产的商品销售出厂以及售后服务的一切物流活动。 （ ）

17. 供应链管理涉及制造问题和物流问题两个方面，物流涉及的是企业的制造领域问题。 （ ）

18. 集装箱可长期反复使用。 （ ）

19. 自动分拣技术是指货物从进入分拣系统到指定的分配位置为止，都是由自动装置按照人们的指令来完成的。 （ ）

20. 物体横向或斜向的移动属于装卸。 （ ）

二、单项选择题

1. 承担了改变商品空间状态的重任的是物流要素中的（ ）。
   A. 运输　　B. 储存　　C. 包装　　D. 流通加工
2. 物流的一个重任是改变商品时间状态，它是由（ ）来承担的。
   A. 运输　　B. 储存　　C. 包装　　D. 流通加工
3. 解决商品的生产和消费之间存在的社会间隔需要（ ）。

A．商流　　B．物流　　C．资金流　　D．信息流

4. 射频技术、全球卫星定位系统 GPS 等都是（　　）的表现。

A．传统物流　　B．综合物流　　C．现代物流　　D．以上都是

5. 所谓的第三方物流，是指生产经营企业为集中精力搞好主业，把原来属于自己处理的物流活动，以（　　）委托给专业物流服务企业，同时通过信息系统与物流服务企业保持密切联系，以达到对物流全程的管理和控制的一种物流运作与管理方式。

A．合同方式　　B．合作方式　　C．控股方式　　D．参股方式

6. 库存是和储存既有密切关系又有区别的一个概念，它是储存的（　　）。

A．静态形式　　B．动态形式　　C．对立概念　　D．另一个说法

7. 物流对企业竞争的影响中，最大的难点是（　　）。

A．企业供应物流　　B．企业生产物流

C．企业销售物流　　D．企业回收物流

8. 现代物流的（　　）能力把作业重点从根据预测对存货储备的预期，转移到以从装运到装运的方式对顾客需求做出反应方面上来。

A．快速响应　　B．减少故障　　C．最低库存　　D．整合配送运输

9. 传统的解决物流故障的办法是建立（　　）或使用高成本的溢价运输。

A．入库库存　　B．基本库存　　C．安全库存　　D．出库库存

10. 保持最低库存的目标是要把存货配置减少到与（　　）相一致的最低水平，以实现最低的物流总成本。

A．基本库存　　B．安全库存　　C．顾客消费需求 D．顾客服务目标

11. 配送具有（　　）服务特征，企业物流系统所依赖的高速度、小批量装运的运输，是典型的高成本运输。

A．平价　　B．折价　　C．溢价　　D．免费

12. 生产企业将所采购的原材料和零部件等放入仓库并加以妥善保管，在生产需要时及时出库送到生产现场，这种物流行为属于（　　）的范围。

A．采购物流　　B．厂内物流

C．废弃物回收物流　　D．销售物流

13. 企业产品的生产加工过程所产生的余料和废料是不可避免的，这就需要（　　）来解决。

A．　采购物流　　B．厂内物流

C．废弃物回收物流　　D．销售物流

14. 商业企业的内部物流包括商品出库运输到本店的销售现场上柜或各分店及连锁店进行销售，以及从本店向其他商业企业的调拨运输，这属于（　　）的范畴。

A．商业企业采购物流　　B．商业企业内部物流

C．商业企业的销售物流　　D．商业企业的退货物流

15. 水果、蔬菜在运输过程中，适合使用下列（　　）来运送。

A．通风集装箱　　B．冷藏集装箱　　C．散料集装箱　　D．台架式集装箱

16. 供应链一般由一个（　　）、其上下游企业及其业务伙伴构成。

A．生产企业　　B．商业企业　　C．核心企业　　D．集体企业

17. 下列（　　）方式更容易实现门对门的运输。

A．铁路运输　　B．公路运输　　C．水路运输　　D．航空运输

18. 下列对零库存表述正确的是（　　）。

A．零库存就是库存为零　　B．零库存就是企业不再需要仓库

C．零库存是数量上为零　　D．零库存是一个相对概念

19. 快速反应系统是指通过（　　）和生产厂家建立良好的伙伴关系，利用 EDI 等信息技术，进行销售时点以及订货补充等经营信息的交换。

A．零售商　　B．批发商　　C．中间商　　D．网络

20. 物料需求计划简称（　　），其基本内容是编制零件的生产计划和采购计划。

A．ERP　　B．CRM　　C．MRP　　D．OMS

三、多项选择题

1. 库存主要分为（　　）。

A．入库库存　　B．基本库存　　C．安全库存　　D．出库库存

2. 装卸搬运是随运输和储存而产生的必要物流活动，它是对其他物流活动进行衔接的中间环节，包括（　　）以及连接以上各项动作的短程搬运。

A．装车　　B．卸车　　C．分拣　　D．入库

3. 提供第三方物流服务的企业，其前身一般是（　　）等从事物流活动及相关的行业。

A．运输业　　B．仓储业　　C．银行业　　D．IT 业

4. 第三方物流企业的物流代理服务，包括（　　）等。

A．物流活动的组织、协调和管理　　B．物流系统设计

C．物流全程的信息搜集、管理　　D．物流承运商品的质保

5. 下列属于第三方物流的优点的是（　　）。

A．减少车辆空驶　　B．增加迂回运输

C．加强运输控制　　D．制定合理运输路线

6. 物流具有三种表现形式，即物流的（　　）。

A．流通表现形式　　B．物质表现形式

C．价值表现形式　　D．信息表现形式

7. 国际上通用的和公认的物流条码码制主要有 3 种（　　）。

A．EAN-8 条码　　B．EAN-13 条码

C．ITF-14 条码　　D．UCC/EAN-128 条码

8. 企业采购物流所研究的主要问题包括（　　）等。

A．企业生产工艺设计　　B．企业生产的供应网络

C．供应方式　　D．零库存

9. 自动分拣系统一般由（　　）组成。

A．控制装置　　B．分类装置　　C．输送装置　　D．分拣道口

10. 条形码中隐含着（　　），主要用以表示商品的名称、产地、价格、种类等，是全世界通用的商品代码的表示方法。

A．数字信息　　B．字母信息　　C．标志信息　　D．符号信息

试题解答

一、判断题

1	2	3	4	5	6	7	8	9	10
×	×	×	×	×	×	√	×	×	×
11	12	13	14	15	16	17	18	19	20
×	√	√	√	√	×	×	√	√	×

【试题解析】

1. “Logistics”的核心是将战时物资的生产、采购、运输、配给等活动作为一个整体来进行统一布置，以求对战略物资进行补给的费用更低、速度更快、服务更好。

2. 在物流活动的全过程中，装卸活动是频繁发生的，因而是产品损坏的重要原因之一。

3. 流通可以保持物资的原有形式和性质，实现商品所有权的转移和空间形式的位移。

4. 应该是“流通加工”。

5. 应该是“时间间隔”。

6. “物流”并不先于“商流”存在，而是在“商流”确定以后的具体行为，但是如果没有“物流”，“商流”也就无法实现。

8. 应该是“综合物流”。

9. 第三方物流服务的企业，不拥有商品，不参与商品的买卖活动。

10. 第三方物流与传统的对外委托的不同之处在于，传统的对外委托形态只是企业物流活动的一部分，主要是物流作业活动，而库存管理、物流系统设计等物流管理活动以及一部分企业内物流活动仍然保留在企业。

11. 第三方物流可将社会上众多的闲散物流资源有效整合、利用起来。

16. 应该是从原材料和零部件的采购、进行生产的过程直到所生产的商品销售出厂以及售后服务的一切物流活动。

17. 供应链管理涉及制造问题和物流问题两个方面，物流涉及的是企业的非制造领域问题。

20. 物体横向或斜向的移动属于搬运。

二、单项选择题

1	2	3	4	5	6	7	8	9	10
A	B	A	C	A	A	A	A	C	D
11	12	13	14	15	16	17	18	19	20
C	B	C	B	A	C	B	D	A	C

【试题解析】

1. 运输承担了改变商品空间状态的重任。

2. 储存承担了改变商品时间状态的重任。

3. 商品的生产和消费之间存在的社会间隔实际上是指所有权的问题，所以这里应该是

"商流"。

5. 最明确的关系应该是"合同方式"，其他几个选项都不是很明确。

6. 库存是和储存既有密切关系又有区别的一个概念，它是储存的静态形式。

7. 企业竞争的关键在于如何降低供应物流过程的成本。

8. 快速响应能力可以减少传统上按预期的门店过度储备存货的情况。

9. 传统的解决物流故障的办法是建立安全库存或使用高成本的溢价运输。

10. 保持最低库存的目标是要把存货配置减少到与顾客服务目标相一致的最低水平，以实现最低的物流总成本。

11. 配送具有溢价服务特征，企业物流系统所依赖的高速度、小批量装运的运输，是典型的高成本运输。

12. 厂内物流包括将所采购的原材料和零部件等放入仓库并加以妥善保管，在生产需要时及时出库送到生产现场。

13. 企业产品的生产加工过程所产生的余料和废料是不可避免的，这就需要回收物流来解决。

16. 供应链一般由一个核心企业、其上下游企业及其业务伙伴构成。

18. 零库存是企业追求的目标，是一种经营理念，但并不一定说必须库存为零。

三、多项选择题

1	2	3	4	5	6	7	8	9	10
BC	ABCD	AB	ABC	ACD	BCD	BCD	BCD	ABCD	ABCD

【试题解析】

1. 库存主要分为基本库存和安全库存。

2. 装卸搬运是随运输和储存而产生的必要物流活动，它是对其他物流活动进行衔接的中间环节，包括装车、卸车、分拣、入库以及连接以上各项动作的短程搬运。

3. 提供第三方物流服务的企业，其前身一般是运输业或仓储业等从事物流活动及相关的行业。

5. 第三方物流应该是减少迂回运输。

6. 物流具有三种表现形式，即物流的物质表现形式、价值表现形式和信息表现形式。

7. 国际上通用的和公认的物流条码码制主要有 3 种：EAN-13 条码、ITF-14 条码及 UCC/EAN-128 条码。

8. 企业采购物流所研究的主要问题包括企业生产的供应网络、供应方式和零库存（Just in time）等。

9. 自动分拣系统一般由控制装置、分类装置、输送装置及分拣道口组成。

10. 条形码中隐含着数字信息、字母信息、标志信息、符号信息，主要用以表示商品的名称、产地、价格、种类等，是全世界通用的商品代码的表示方法。

第四章　电子商务安全基础知识

第一节　电子商务安全概述

一、电子商务安全的重要性

1. 保证商务信息的安全是进行电子商务的前提。

2. 保障网上购物、交易、结算等电子商务各环节的安全问题是促进电子商务更快发展的关键。

3. 电子商务的安全问题集中在：信息泄露、篡改、身份识别、信息破坏。

二、电子商务安全的内容

1. 电子商务系统硬件安全。
2. 电子商务系统软件安全。
3. 电子商务系统运行安全。
4. 电子商务安全立法。
5. 电子商务信息的安全。

三、电子商务面临的安全威胁

1. 计算机网络风险（开放性、传输协议、操作系统、信息电子化）。

（1）物理安全问题。

（2）网络安全问题。

（3）网络病毒的威胁。

（4）黑客攻击。

（5）电子商务网站自身的安全问题。

2. 电子商务交易风险。

（1）在线交易主体的市场准入。

（2）信息风险。

（3）信用风险。

（4）网上欺诈犯罪。

（5）电子合同问题。

（6）电子支付问题。

（7）在线消费者保护问题。

（8）电子商务中产品交付问题。

（9）电子商务中虚拟财产的保护问题。

3. 管理风险。
（1）人员管理。
（2）网络交易技术管理。
4. 政策法律风险。

四、电子商务的安全要素

真实性、保密性、有效性、完整性、不可抵赖性。

第二节　计算机安全制度和安全术语

一、计算机安全控制制度

1994年2月18日，我国颁布了《中华人民共和国计算机信息系统安全保护条例》（以下简称《条例》），这是我国的第一个计算机安全法规，是我国计算机安全工作的总体纲领。

（一）计算机信息系统的建设和应用制度

《条例》第8条指出：“计算机信息系统的建设和应用，应当遵守法律、行政法规和国家其他有关规定。”

（二）计算机信息系统安全等级保护制度

《条例》第9条指出：“计算机信息系统实行安全等级保护。安全等级的划分标准和安全等级保护的具体办法，由公安部会同有关部门制定。”

（三）计算机机房安全管理制度

《条例》第10条明确规定：“计算机机房应当符合国家标准和国家有关规定。在计算机机房附近施工，不得危害计算机信息系统的安全。”

（四）计算机信息系统国际联网备案制度

《条例》第11条规定：“进行国际联网的计算机信息系统，单位报省级以上人民政府公安机关备案。”

（五）计算机信息媒体进出境申报制度

《条例》第12条规定：“运输、携带、邮寄计算机信息媒体进出境的，应当如实向海关申报。”

（六）计算机信息系统使用单位安全负责制度

《条例》第13条要求：“计算机信息系统的使用单位应当建立健全安全管理制度，负责本单位计算机信息系统的安全保护工作。”

（七）计算机案件强行报告制度

《条例》第14条规定：“对计算机信息系统中发生的案件，有关使用单位应当在24小时内向当地县级以上人民政府公安机关报告。”

（八）计算机病毒及其有害数据的专管制度

《条例》第15条规定：“对计算机病毒和危害社会公共安全的其他有害数据的防治研究工作，由公安部归口管理。”

（九）计算机信息系统安全专用产品销售许可证制度

《条例》第 16 条规定：“国家对计算机信息系统安全专用产品的销售实行许可证制度。具体办法由公安部会同有关部门制定。”

二、计算机安全术语

常用的计算机安全术语有漏洞、威胁、威胁代理、攻击、对策等。

三、浏览器安全设置

1. 管理 Cookie 的技巧。
2. 禁用或限制使用 Java、Java 小程序脚本、Active X 控件和插件。
3. 调整自动完成功能的设置。

四、计算机病毒

1. 计算机病毒的含义：计算机病毒是一个程序，一段可执行码。
2. 计算机病毒的分类

（1）按攻击的操作系统分：攻击 DOS 系统的病毒，攻击 Windows 系统的病毒，攻击 Unix 或 OS/2 的病毒。

（2）按传播媒介分：单机病毒，网络病毒。

（3）按链接方式分：源码型病毒，入侵型病毒，外壳型病毒，操作系统型病毒。

（4）按表现（破坏）情况分：良性病毒，恶性病毒。

（5）按寄生方式分：引导型病毒，文件型病毒，混合型病毒。

第三节 电子商务安全的技术保障

一、防火墙技术

（一）防火墙技术及访问控制技术

1. 防火墙的概念与分类。

（1）防火墙的概念。

（2）防火墙的安全控制模型：没有被列为允许访问的服务都是被禁止的；没有被列为禁止访问的服务都是被允许的。

（3）防火墙的分类。

① 按防火墙在网络上的物理位置和在 OSI 七层协议中的逻辑位置以及所具备的功能，可分类如下：

- 线路级网关。
- 包过滤路由器。
- 应用网关。
- 双重基地型网关。
- 屏蔽主机防火墙。

- 屏蔽主网防火墙。

② 按防火墙技术的综合分析分为：包过滤型防火墙、代理服务器型防火墙、复合型防火墙。

2. 包过滤型防火墙。

(1) 包过滤型防火墙的工作原理。

(2) 包过滤型防火墙的优缺点。

优点：对于用户来说是透明的。

缺点：没有用户的使用记录；规则集的管理需要耗费大量工作，可能出现不能有效过滤的情况。

3. 代理服务器型防火墙（应用层网关防火墙）

(1) 代理服务器型防火墙的优缺点。

优点：信息隐蔽、保证有效的认证和登录、简化过滤规则。

缺点：如果防火墙系统被攻破，则防火墙所保护的系统将无任何保护；其使网络性能明显下降，尤其是在网络通信负载较高时。

(2) 代理服务器型防火墙的分类

① 电路级网关的原理及其特点

特点：安全性比较高，但不能检查应用层的数据包以消除应用层攻击的威胁。

② 应用级网关的原理及其特点

优点：应用级网关能够让网络管理员对服务进行全面的控制；应用级网关有能力支持可靠的用户认证并提供详细的注册信息；用于应用层的过滤型规则相对于包过滤型防火墙来说更容易配置和测试。

缺点：要求用户改变自己的行为，或者在访问代理服务的每个系统上安装特殊的软件，由此带来了附加的费用，而且由于缺少透明性而导致缺少友好性。

4. 复合型防火墙

(1) 复合型防火墙的系统构成

(2) 复合型防火墙的特点

复合型防火墙本身就是一个操作系统。

（二）物理隔离技术

1. 物理隔离技术的功能。

2. 物理隔离卡。

(1) 物理隔离卡的分类：单硬盘物理隔离卡、双硬盘物理隔离卡。

(2) 物理隔离卡的工作原理。

3. 物理隔离网闸。

(1) 物理隔离网闸的分类：物理隔离网络计算机、物理隔离系统交换机。

(2) 物理隔离网闸的工作原理。

（三）入侵检测技术

（四）安全扫描技术

1. 主机安全扫描技术。

2. 网络安全扫描技术。

二、加密技术

（一）加密技术概述

1. 基于数学的密码理论与技术：包括公钥密码、分组密码、序列密码、认证码、数字签名、Hash 函数、身份识别、密钥管理、PKI 技术等。

2. 非数学的密码理论与技术：包括信息隐形、量子密码、基于生物特征的识别理论与技术等。

（二）对称密码体制

1. 对称密码的概念。

2. 对称密码的工作原理。

3. 对称密码的分类：分组密码（Block Cipher）和序列密码（Stream Cipher）。

（1）分组密码：DES、3-DES、RC2、RC5、RC6 等。

（2）序列密码：RC4。

4. 对称密码的优缺点。

对称密钥加密存在着以下问题：

（1）加密方需经过某种秘密渠道把密钥传给解密方，而密钥在此过程中可能会泄漏。

（2）网络通信时，如果网内用户都使用相同的密钥，就失去了保密的意义；但如果网内任意两个用户通信都使用互不相同的密钥，密钥量太大，难于管理。

（3）无法满足互不相识的人进行私人谈话的保密性需求。

（4）难以解决数字签名验证的问题。

（三）公钥密码体制（非对称密钥加密体制）

1. 非对称密钥加密的工作原理。

2. RSA 算法。

3. 非对称密钥加密的优缺点。

非对称密钥的优点：

① 密钥分配简单；② 密钥的保存量少；③ 可以满足互不相识的人之间进行私人谈话时的保密性需求；④ 可以完成数字签名和数字鉴别。

（四）报文摘要算法

1. 含义：报文摘要算法即采用单向 Hash 算法对需要加密的明文进行摘要，而产生的具有固定长度的单同散列值。

2. 功能：报文摘要算法和非对称密钥加密一起，可以提供数字签名。

3. 分类：安全散列标准和 MD 系列标准。

（五）PKI 加密技术

1. PKI（public key infrastructure）加密技术的组成：公开密钥密码技术、数字证书、认证机构和关于公开密钥的安全策略等基本部分所共同组成的有机系统。

2. PKI 加密技术的功能：支持多种形式的数字认证，例如数字加密、数字签名、不可否认、甄别、密钥管理以及交叉认证等。

（六）数字签名技术

1. 数字签名的基本原理

2. 数字签名的功能：① 接收者能够核实发送者对报文的签名；② 发送者事后不能抵赖

对报文的签名；③ 接收者不能伪造对报文的签名。

3. 数字签名的工作过程

4. 数字签名的类型及其工作原理

（1）秘密密钥的数字签名

（2）公开密钥的数字签名

（3）只需确认的数字签名

（4）数字摘要的数字签名

（七）身份识别技术

1. 口令方式

2. 标记方式

三、认证技术

与认证有关的技术包括数字签名技术、身份识别技术和信息的完整性校验技术等。

1. 客户认证。

2. 身份认证：单因素认证、双要素认证和多要素认证。

3. 通过电子认证服务机构认证。

（1）数字证书。

① 数字证书的概念。

② 数字证书种类：个人数字证书和单位数字证书，SSL 数字证书和 SET 数字证书等。

③ 数字证书组成部分：中请证书主体的信息和发行证书的 CA 签字；证书数据包含版本信息、证书序列号、CA 所使用的签字算法、发行证书 CA 的名称、证书的有效期限、证书主体名称、被证明的公钥信息；发行证书的 CA 签字包括数字签字和用来生成数字签字的签字算法。

（2）电子认证服务提供者。

① 电子认证服务机构（Certificate Authority，CA）。

② 电子认证服务机构主要提供的服务。

（3）电子商务的 CA 认证体系。

① SET CA 认证体系。

② PKI CA 认让体系。

（3）电子商务的 CA 认证体系

① SET CA 认证体系（又叫“金融 CA”体系）：根 CA、品牌 CA、（地域政策 CA）、持卜人 CA、商户 CA、支付网关 CA。

② PKI CA 认证体系（又叫“非金融 CA”体系）：密钥管理子系统（密钥管理中心）、证书受理子系统（注册系统）、证书签发子系统（签发系统）、证书发布子系统（证书发布系统）、目录服务子系统（证书查询验证系统）。

四、WWW 安全技术

1. HTTP 协议的三个版本：HTTP 0.9、HTTP 1.0、HTTP 1.1。

2. HTTP 协议的改进

五、电子商务安全协议

1. SET 协议
2. SSL 协议
3. SET 协议和 SSL 协议的比较

单元检测题

一、判断题

1. 20 世纪 90 年代以来，计算机进入到网络应用阶段，呈现出前所未有的社会化趋势。（ ）

2. 电子商务系统的硬件安全是指保护计算机系统硬件（但不包括外部设备）的安全，保证其自身的可靠性和为系统提供基本安全机制。（ ）

3. 电子商务系统软件安全的目标是使计算机系统物理上安全，主要是使系统中信息的存取、处理和传输满足系统安全策略的要求。（ ）

4. 计算机网络风险中的物理安全是保护计算机网络设备、设施以及其他媒体免遭地震、水灾、火灾等环境事故，以及人为操作失误或错误及各种计算机犯罪行为导致的破坏过程。（ ）

5. 虚假信息包含有与事实不符和夸大事实两个方面。虚假事实可能是政府批文、权威机构的检验证明、荣誉证书和统计资料等。（ ）

6. 电子商务法需要解决由于电子合同与传统合同的差别而引起的诸多问题，突出表现在书面形式、合同收讫、合同证据等方面,但不包括签名有效性、合同成立地点等因素。（ ）

7. 电子商务信息安全的有效性是指贸易数据在确定的时刻、确定的地点是有效的。（ ）

8. 1994 年 2 月 18 日，我国颁布了《中华人民共和国计算机信息系统安全保护条例》，这是我国的第一个计算机安全法规，是我国计算机安全工作的总体纲领。（ ）

9. 《中华人民共和国计算机信息系统安全保护条例》第 10 条明确规定:“计算机机房应当符合国家标准和国家有关规定。在计算机机房内施工，不得危害计算机信息系统的安全。”（ ）

10. 特洛伊木马是指发送给没有防范的收件人的恶意邮件，当收件人打开邮件时，将对计算机执行一些恶意操作。（ ）

11. 防火墙的基本功能中应包括：记录通过防火墙的信息内容和活动。（ ）

12. Intel 公司的奔腾处理器设置了序列号功能，可以帮助提高系统的安全性，不会出现一联网就被迅速识别使用计算机所处的位置和用户身份的问题。（ ）

13. 域名注册服务机构不得代表任何实际或潜在的域名持有人。（ ）

14. 包过滤路由器也允许某些不符合协议和规则的 IP 地址的某些端口号通过路由器，而对其他 IP 地址的端口号加以限制。（ ）

15. 包过滤型防火墙通常只包括对源和目的 IP 地址及端口的检查。（ ）

16. 代理服务器型防火墙（Proxy Service）也叫应用层网关（Application Gateway）防火

墙，其中的代理服务器，是指代表服务器处理客户连接请求的程序。（　　）

17. 入侵检测系统被认为是隔离技术之后的第二道安全闸门，在不影响网络性能的情况下能对网络进行监测，从而提供对内部攻击、外部攻击和误操作的实时保护。（　　）

18. 对称密码技术即在加密和解密过程中使用的密钥是同一个。（　　）

19. 3-DES 即对数据加密三次，或者组合三种基于 DES 的加密操作来增加有效的密钥长度。（　　）

20. 对称加密过程的缺点在于其加密和解密的密钥相同，加密速度比较快，得到的密文紧凑，大小几乎等于明文。（　　）

二、单项选择题

1. 鉴于现代计算机系统软件的庞大和复杂性，（　　）成为电子商务系统安全的关键问题。

A．管理设置　　B．硬件安全　　C．软件安全　　D．法律保护

2. 计算机信息系统人员安全主要是指计算机（　　）使用人员的安全意识、法律意识、安全技能等。

A．外部　　B．内部　　C．全部　　D．第三方支付

3. 计算机系统中通过电磁辐射使信息被截获而失密的案例已经很多，在理论和技术支持下的验证工作，也证实这种截取距离在几百甚至可达千米的复原显示给计算机系统信息的保密工作带来了极大的危害。这属于计算机网络风险中的（　　）问题。

A．网络安全　　B．物理安全　　C．黑客攻击　　D．网络病毒

4. 在网络上使用信用卡进行支付时恶意透支的行为，属于（　　）的信用风险。

A．买方　　B．卖方　　C．买卖双方　　D．以上都不是

5. 在进行电子商务交易时首先要保证身份的可认证性，这是电子商务安全要素中（　　）的要求。

A．真实性　　B．有效性　　C．保密性　　D．完整性

E．不可抵赖性

6. 对敏感信息进行加密，使得别人即使截获或窃取了数据，也无法识别信息的真实内容，这是电子商务安全要素中（　　）的要求。

A．真实性　　B．有效性　　C．保密性　　D．完整性

E．不可抵赖性

7. 网络所面临的被动攻击，就是不修改任何交易信息，但通过截获、窃取、观察、监听、分析数据流和数据流模式获得有价值的情报，这在电子商务安全要素中主要是针对（　　）。

A．真实性　　B．有效性　　C．保密性　　D．完整性

E．不可抵赖性

8. 交易各方收到的信息没有出现部分丢失或乱码，即信息在数据发送、传输和接收过程中始终保持原有的状态，这在电子商务安全要素中主要是针对（　　）。

A．真实性　　B．有效性　　C．保密性　　D．完整性

E．不可抵赖性

9. 《中华人民共和国计算机信息系统安全保护条例》第九条指出：“计算机信息系统实

行安全等级保护。安全等级的划分标准和安全等级保护的具体办法，由（　　）会同有关部门制定。”

A．工信部　　B．商务部　　C．财政部　　D．公安部

10.《中华人民共和国计算机信息系统安全保护条例》第 12 条规定：“运输、携带、邮寄计算机信息媒体进出境的，应当如实向（　　）申报。”

A．工信部　　B．海关　　C．财政部　　D．公安部

11.《条例》第 16 条规定：国家对计算机信息系统安全专用产品的销售实行（　　）制度。

A．配额　　B．许可证　　C．配售　　D．授权

12. 软件、硬件或策略上的缺陷，这种缺陷导致非法用户未经授权而获得访问系统的权限或提高权限，这称为计算机安全术语的（　　）。

A．漏洞　　B．威胁　　C．威胁代理　　D．攻击

13.（　　）防火墙主要适用于网络内部对外部的访问限制，不能实施强制验证和协议过滤。

A．线路级网关　　B．包过滤路由器　　C．应用网关　　D．双重基地型网关

14. 分组密码是在数据的固定长度的小分组上进行运算的，分组的长度一般是（　　）位。

A．8　　B．16　　C．32　　D．64

15. DES 密钥的长度固定为（　　）位。

A．14　　B．28　　C．56　　D．112

16. 非对称加密体制下，（　　）必须严格保密的。

A．加密密钥　　B．解密密钥　　C．密钥对　　D．变量

17. RSA 算法利用两个很大的质数（　　）所产生的数字来进行加密。

A．相加　　B．相乘　　C．平方和　　D．立方和

18.在认证机构的体系中，（　　）是可选的。

A．品牌 CA　　B．地域政策 CA　　C．持卡人 CA　　D．支付网关 CA

19. 数字签名技术以加密技术为基础，采用（　　）体制对整个明文进行变换，得到一个作为核实签名的值。

A．私钥密码　　B．公钥密码　　C．加密算法　　D．解密算法

20. 基于智能卡的用户身份认证机制属于（　　）。

A．单因素法　　B．双因素法　　C．多因素法　　D．三维因素法

三、多项选择题

1. 篡改是指电子的交易信息在网络上传输过程中，可能被他人非法地（　　），这样就使信息失去了真实性和完整性。

A．修改　　B．复制　　C．删除　　D．重放

2. 电子商务系统是一个计算机系统，其安全性是一个系统的概念，不仅与计算机系统结构有关，还与（　　）有关。

A．自然条件　　B．电子商务应用的环境

C．人员素质　　D．社会因素

3. 计算机网络风险中的物理安全问题主要包括三个方面（　　）。

A．环境安全　　B．黑客攻击　　C．设备安全　　D．媒介安全

4. 在线消费者保护问题体现在两个方面（　　）。

A．一方面是涉及网络购物索赔、退货没有完善的法律约束

B．一方面，消费者提供给购物网站的信息很难保证不被商家有意出售或无意泄露

C．一方面是涉及网络购物商品的品牌的真实性

D．一方面是网站被黑客攻击，致使交易双方的磋商数据泄露

5. 电子商务的交易风险中的管理风险，如下可能会是（　　）。

A．人员管理　　B．匿名 FTP

C．员工登录密码设置简单　　D．网络交易技术管理

6. 为了能真正实现电子商务的安全运作，应该从（　　）三个方面入手。

A．技术方面的措施　　B．管理方面的措施

C．社会的法律政策与法律保障　　D．市场经济规律

7. 下列（　　）属于危害社会公共安全的有害数据。

A．含有破坏民族团结等危害国家安全内容的信息

B．含有宣传封建迷信的内容

C．危害计算机信息系统运行和功能发挥的内容

D．危害应用软件数据的完整性的内容

8. 计算机安全通常表现在两方面：（　　）。

A．一个是对计算机系统的安全保护　　B．一个是对计算机信息的安全保护

C．一个是对计算机设计版权保护　　D．一个是对计算机犯罪的防范打击

9. 消费者欲使用因特网，首先必须与网络服务机构连线，或称“上网”。其方式可分为（　　）两种主要形态。

A．长接式　　B．固接式　　C．拨接式　　D．短接式

10. 物理隔离网闸由（　　）组成。

A．物理隔离网络计算机　　B．物理隔离网关

C．物理隔离系统交换机　　D．物理隔离路由器

试 题 解 答

一、判断题

1	2	3	4	5	6	7	8	9	10
√	×	×	√	√	×	√	√	×	×
11	12	13	14	15	16	17	18	19	20
√	×	√	×	√	×	×	√	√	×

【试题解析】

2. 电子商务系统的硬件安全是指保护计算机系统硬件（包括外部设备）的安全，保证其自身的可靠性和为系统提供基本安全机制。在计算机信息系统中，计算机及其相关的设备、设施（含网络）统称为计算机信息系统的“实体”。

3. 电子商务系统软件安全的目标是使计算机系统逻辑上安全，主要是使系统中信息的存

取、处理和传输满足系统安全策略的要求。

6. 电子商务法需要解决由于电子合同与传统合同的差别而引起的诸多问题，突出表现在书面形式、签名有效性、合同收讫、合同成立地点、合同证据等方面。

9. 《条例》第 10 条明确规定:“计算机机房应当符合国家标准和国家有关规定。在计算机机房附近施工，也不得危害计算机信息系统的安全。”

12. 每一台使用奔腾处理器的计算机，只要进入因特网，英特尔公司就可以利用序列号功能迅速识别该机所处的位置和用户身份，从而使任何一台使用奔腾III处理器的计算机无秘密可言，造成极大的安全隐患。

14. 包过滤路由器允许那些符合协议和规则的 IP 地址的某些端口号通过路由器，而对其他 IP 地址的端口号加以限制。

16. 所谓代理服务器，是指代表客户处理在服务器连接请求的程序。

17. 入侵检测系统被认为是防火墙之后的第二道安全闸门，在不影响网络性能的情况下能对网络进行监测，从而提供对内部攻击、外部攻击和误操作的实时保护。

20. 这是对称加密过程的优点。

二、单项选择题

1	2	3	4	5	6	7	8	9	10
C	B	B	A	A	C	C	D	D	B
11	12	13	14	15	16	17	18	19	20
B	A	A	D	C	B	B	B	B	B

【试题解析】

3. 为保证信息网络系统的物理安全，除网络规划和场地、环境等要求之外，还要防止系统信息在空间的扩散。为了防止系统中的信息在空间上的扩散，通常是在物理上采取一定的防护措施，来减少或干扰扩散出去的空间信号。

7. 信息保密性，是针对网络面临的被动攻击一类威胁而提出的安全需求，但它不能避免针对网络所采取的主动攻击一类的威胁。所谓被动攻击，就是不修改任何交易信息，但通过截获、窃取、观察、监听、分析数据流和数据流模式获得有价值的情报。而主动攻击则是通过篡改交易信息，破坏信息的有效性，以达到非法的目的，即是针对“有效性”这一安全要素的。

13. 线路级网关：此类防火墙放置的位置在因特网和私有网之间，逻辑工作位置在 OSI 协议的下三层，主要适用于网络内部对外部的访问限制，不能实施强制验证和协议过滤。

三、多项选择题

1	2	3	4	5	6	7	8	9	10
ACD	BCD	ACD	AB	ABCD	ABC	ABCD	AD	BC	AC

【试题解析】

1. 篡改是指电子的交易信息在网络上传输过程中，可能被他人非法地修改、删除或重放（指只能使用一次的信息被多次使用）， 这样就使信息失去了真实性和完整性。

2. 电子商务系统是一个计算机系统，其安全性是一个系统的概念，不仅与计算机系统结构有关，还与电子商务应用的环境、人员素质和社会因素有关。

3. 计算机网络风险中的物理安全是保护计算机网络设备、设施以及其他媒体免遭地震、水灾、火灾等环境事故，以及人为操作失误或错误及各种计算机犯罪行为导致的破坏过程。它主要包括三个方面：环境安全、设备安全和媒介安全。

4. 如果只能选择两个答案的话，A 和 B 是比较适当的。

5. 管理风险主要包括人员管理的风险和网络交易技术管理的漏洞等

第五章　电子商务法律法规基本知识

第一节　电子商务法律法规的概述

一、电子商务法的概念和特征

1. 电子商务法的概念。

宏观上讲：以电子商务为交易形式和以电子信息为交易内容的规范都包括在内。

微观上讲：以电子商务交易形式所引起的商务关系的法律规范体系。

2. 电子商务法的特征：国际性、行业惯例性、技术性、安全性。

二、电子商务法的调整对象

电子合同、网上税收、知识产权、个人隐私、消费者权益保护、电子交易的竞争规则、电子消费信用诚信、电子资金支付、电子交易安全保障、计算机犯罪、计算机证据等。

三、电子商务的立法范围

（一）电子商务法所涉及的技术范围

1. 电子商务的技术标准：EDI 标准，识别卡标准，通信网络标准等。

2. 电子商务的数据标准：XML，ebXML，cnXML。

（二）电子商务法所涉及的商务范围

参考法规：联合国《电子商务示范法》对“商务”的解释。

（三）违反电子商务法的法律责任范围

1. 计算机犯罪的 5 种主要形式。

（1）违反国家规定，侵入国家事务、国防建设、尖端科学技术领域的计算机信息系统

（2）对计算机信息系统功能进行删除、修改、增加、干扰，造成计算机信息系统不能正常运行。

（3）对计算机信息系统中存储、处理、传输的数据和应用程序进行删除、修改、增加的操作。

（4）故意制作、传播计算机病毒等破坏性程序，影响计算机系统的正常运行。

（5）利用计算机实施金融诈骗、盗窃、贪污、挪用公款、窃取国家秘密或其他犯罪行为等。

2. 违反电子商务法的民事责任。

参考法规：《民法通则》等。

3. 违反电子商务法的行政责任。

参考法规：《计算机信息系统安全保护条例》、《计算机信息网络国际联网管理暂行规定》、《计算机信息网络国际联网安全保护管理办法》、《中华人民共和国治安管理处罚条例》等。

4. 违反电子商务安全法的刑事责任。

参考法规：《中华人民共和国刑法》。

(1) 第 285 条：犯非法侵入计算机信息系统罪的，处三年以下有期徒刑或者拘役。

(2) 第 286 条第 1 款：犯破坏计算机信息系统功能罪的，处五年以下有期徒刑或者拘役；后果特别严重的，处五年以上有期徒刑。

(3) 第 286 条第 2 款：犯破坏计算机信息系统数据、应用程序罪的依照第 286 条第 1 款的规定处罚，即处五年以下有期徒刑或者拘役；后果特别严重的，处五年以上有期徒刑。

(4) 第 286 条第 3 款：犯制作、传播计算机破坏性程序罪的，依照第 286 条第 1 款的规定处罚，处五年以下有期徒刑或者拘役；后果特别严重的，处五年以上有期徒刑。

(5) 第 287 条：利用计算机实施金融诈骗、盗窃、贪污、挪用公款、窃取国家秘密或者其他犯罪的，依照本法有关规定定罪处罚。

四、电子商务的诉讼管辖

（一）电子商务对管辖权的影响

(1) 当事人的接触是瞬间的、随机的、具有不确定性。

(2) 当事人的接触是多方的。

(3) 网络空间的非中心化倾向和新“主权”理论也试图从根本上否定国家的司法管辖权。

(4) 网络空间的全球性使司法管辖区域的界限变得模糊。

（二）几类网络纠纷案件的管辖

1. 侵权纠纷案件管辖。

(1) 常见的计算机信息网络侵权纠纷。

侵犯隐私权，侵犯著作权、商标标识、域名、专利权等知识产权，侵犯商业秘密等不正当竞争等纠纷。

(2) 法律依据。

我国《民事诉讼法》第 20、22、29 条的规定。

2. 合同纠纷案件管辖。

法律依据：我国《合同法》第 34 条规定、我国《民事诉讼法》第 24、25 条的规定。

五、电子商务从业人员的职业道德

爱岗敬业，诚实守信，办事公道，服务群众，奉献社会，脚踏实地、吃苦耐劳，恪守信用、严守机密，勤奋学习、提高素质，钻研业务、勇于创新。

第二节　电子商务参与各方的法律关系

一、网上交易主体及市场准入问题

1. 网上交易主体

2. 网上交易主体的市场准入

3. 网上交易的管理

二、电子商务交易中买卖双方当事人的权利和义务

1. 卖方的义务。
2. 买方的义务。
3. 对买卖双方不履行合同义务的救济。
4. 参考法规：2010年5月31日国家工商行政管理总局《网络商品交易及有关服务行为管理暂行办法》第二章“网络商品经营者,网络服务经营者义务”。

三、网络交易中心的法律地位

1. 网络交易中心的概念。
2. 法律依据：《中华人民共和国计算机信息网络国际联网管理暂行规定》第8条。
3. 网络交易中心的权利和义务。
4. 网络交易中心的居间法律责任。
5. 参考法规：《网络商品交易及有关服务行为管理暂行办法》第三章“提供网络交易平台服务经营者的义务”。

四、网络交易客户与虚拟银行间的法律关系

1. 银行扮演的角色。
2. 银行承担责任的形式。

五、认证机构在电子商务中的法律地位

1. 认证中心在电子商务交易中扮演的角色。
2. 电子认证的工作原理。
（1）在采用公开密钥的电子商务系统中，对文件进行加密传输的步骤。
（2）公开密钥系统在电子商务文件的传输中的工作原理。
（3）隶属于国家工商局的电子商务认证机构的功能。
3. 电子认证服务机构。
（1）电子认证机构的设立。
（2）电子认证机构的权利和义务。
（3）电子认证机构的管理。
（4）认证机构的职责。
4. 参考法规：2009年3月31《电子认证服务管理办法》。

第三节　电子商务的相关法律问题

一、电子商务中的知识产权保护

1. 知识产权的范围：专利、工业品外观设计、商标、地理标志、版权。
2. 知识产权的特点：地域性、独占性、时间性。

二、专利权的保护

1. 参考法规：《中华人民共和国专利法》
2. 专利权的授予
3. 专利权的期限、中止和无效

三、域名的法律保护

1. 域名的特点：标识性、唯一性、排他性。
2. 域名的管理

（1）域名的管理机构。

（2）设立域名根服务器、域名根服务器运行机构、域名注册管理机构、域名注册服务机构的申请条件。

（3）域名争议与纠纷的解决

① 域名争议解决的主要内容：域名争议的受理；受支持的域名争议的投诉；恶意注册或使用域名等。

② 域名纠纷解决的主要内容：域名纠纷的受理；域名纠纷案件的管辖；侵权或者不正当竞争的认定；恶意注册的认定等。

3. 域名的法律保护

（1）国际上对域名的法律保护。

美国《统一域名争议解决办法》、《域名注册协议》、《统一域名争议解决办法程序规则》、《域名争议解决机构的补充规则》、《域名反抢注法》等。

（2）我国对域名的法律保护。

《中国互联网络域名管理办法》。

四、反不正当竞争的法律保护

1. 相关法律：《中华人民共和国反不正当竞争法》，《中华人民共和国商标法》，《中华人民共和国产品质量法》等。
2. 不正当竞争行为包括哪些。
3. 不正当竞争的法律责任。

五、著作权的法律保护

1. 相关法律：《中华人民共和国著作权法》，《民法通则》，《计算机软件保护条例》，《信息网络传播权保护条例》等。
2. 著作权的保护范围有哪些。
3. 著作权的侵权行为及法律责任。

六、电子合同问题

1. 传统合同的形式：口头形式、书面形式和其他形式。

2. 电子合同的法律保障：签名有效性、合同收讫、合同成立地点、合同证据等方面。

3. 电子合同的分类：以 EDI 方式订立的合同；以电子邮件方式订立合同；以格式条款方式订立合同。

3. 相关法律法规

（1）《联合国国际贸易法委员会电子商务示范法》

（2）《中华人民共和国合同法》

（3）《消费者权益保护法》

4. 电子合同的订立

（1）电子合同中的要约。

（2）电子合同中的承诺。

（3）电子合同成立的时间和地点。

5. 电子合同的主要条款：

当事人的名称或姓名和住所、标的、数量、质量、价款或酬金、履行期限、地点和方式、违约责任、解决争议的方法等。

6. 网上“Click-wrap”合同

7. 网上格式合同条款问题

8. 电子合同的履行

（1）当事人在合同履行中的法定义务。

（2）合同履行方式。

（3）合同内容没有约定或约定不明时的履行规则。

七、网上支付法律问题

1. 网上支付的安全问题

2. 网上支付的法律保障需求

（1）当事人之间的法律关系。

（2）网上支付制度。

（3）网上支付纠纷的处理办法。

3. 参考法规：2005 年 10 月 26 日中国人民银行发布的《电子支付指引（第一号）》（简称《指引》）。

（1）《指引》规范的主体：银行、客户、商家、系统开发商、网络运营服务商、认证服务提供机构等。

（2）对电子支付活动中客户和银行权利义务的基本规定。

（3）对电子支付和信息安全的要求。

第四节　典型的电子商务法律法规

一、电子签名法律

1. 2004 年 8 月 28 日《中华人民共和国电子签名法》，该法共 5 章 36 条，包括总则、数据电文、电子签名、法律责任、附则。

2. 确立电子签名法律效力。

（1）通过立法确认电子签名的合法性、有效性。

（2）明确满足什么条件的电子签名才是合法的、有效的。

3. 数据电文的规定。

（1）规定了电子文件在什么情况下才具有法律效力。

（2）规定了电子文件在什么情况下可以作为证据使用。

（3）规定了电子文件发送人、发送时间和发送地点的确定标准。

4. 电子认证服务机构的规定。

5. 参考法规：联合国贸易法委员会《电子签名示范法》。

二、联合国国际贸易法委员会《电子商务示范法》

1. 1996 年 12 月 16 日，该法是第一个世界范围内的电子商务的统一法规。

2. 《电子商务示范法》分两部分，共 17 条。

（1）第一部分为电子商务总则，共三章，即一般条款；对数据电文的适用法律要求；数据电文的传递。

① 一般条款：适用范围，名词解释等；

② 数据电文的适用法律要求；

③ 数据电文的传递；

（2）第二部分为电子商务的特定领域，主要涉及货物运输中的运输合同、运输单据、电子提单的效力和证据效力等问题。

三、《网络商品交易及有关服务行为管理暂行办法》

1. 规范了网络商品经营者，网络服务经营者义务；

2. 规范了提供网络交易平台服务经营者的义务；

3. 规范了网络商品交易及有关服务行为的监督管理；

4. 规范了违反本“办法”的法律责任。

四、其他相关法律法规

《中华人民共和国电信条例》

《互联网信息服务管理办法》

《外商投资产业指导目录》

《关于审理涉及计算机网络著作权纠纷案件适用法律若干问题的解释》

《关于审理涉及计算机网络域名民事纠纷案件适用法律若干问题的解释》

《计算站场地安全要求》、《计算机信息系统安全保护等级划分准则》

《计算机信息网络国际联网管理暂行规定实施办法》

《计算机信息网络国际联网出入口信道管理办法》

《中国公用计算机互联网国际联网管理办法》

《中国公众多媒体通信管理办法》等。

单元检测题

一、判断题

1. 中国在因特网信息中心正式注册并运行的顶级域名为 CN，除此之外暂时没有中文顶级域名。（ ）

2. 拟订电子商务法时一般只需涉及比较先进的通信技术即可涵盖全部通信技术了，因为其他技术已经不适用了。（ ）

3. 专利法对专利权人的发明予以保护，所予保护可以永久有效。（ ）

4. 电子签名是由代码和符号组成的，具有多样性和可识别性。（ ）

5. 如果合同中对标的物的交付时间、地点和方法未做明确规定的，应按照买方优先的规定办理。（ ）

6. 如果第三人提出对标的物的权利，并向买方提出收回该物时，卖方有义务证明第三人无权追索，但不必参与诉讼过程。（ ）

7. 在电子商务交易中，卖方只能是标的物的所有人，以保证标的物的所有权或经营管理权转移给买方。（ ）

8. 卖方交付的标的物的质量只要符合双方约定的质量标准即可，不一定要符合国家规定的质量标准。（ ）

9. 银行应在客户的信用卡授信额度内，设定用于网上支付交易的额度供客户选择，该额度可在一定范围内超过信用卡的预借现金额度。（ ）

10. 客户申请电子支付业务，必须与银行签订相关协议。（ ）

11. 由于银行数据库被黑客破坏，造成客户王某的账户中减少了 1000 元，这里银行也是受害者所以这个损失只能由王某自己来承担了。（ ）

12. 网络商品经营者和网络服务经营者提供电子格式合同条款的，应当采用合理和显著的方式提请消费者注意与消费者权益有重大关系的条款，并按照消费者的要求对该条款予以说明。（ ）

13. 网络交易中心必须具有相应的计算机信息网络、装备以及相应的技术人员和管理人员。（ ）

14. 政府机关限定他人购买其指定的经营者的商品，以排挤其他经营者的公平竞争的行为不属于不正当竞争的范围。（ ）

15. 银行有权要求申请电子支付业务的客户提供其身份证明资料，有义务向客户披露有关电子支付业务的初始信息并妥善保管客户资料。（ ）

16. 发生互联网侵权现象时，互联网服务提供商不承担责任。（ ）

17. 虚拟银行作为发送银行，在整个资金划拨的传送链中，承担着如约执行资金划拨指示的责任。如果资金划拨失误或失败，发送银行也不必承担损失。（ ）

18. 消费者要求网络商品经营者和网络服务经营者出具购货凭证或者服务单据的，经营者可根据交易金额选择是否出具。（ ）

19. 电子签名，是指数据电文中以电子形式所含、所附用于识别签名人身份并表明签名人认可其中内容的数据。（ ）

20. 电子签名人知悉电子签名制作数据已经失密或者可能已经失密时，应当及时告知有关各方，并终止使用该电子签名制作数据。（　　）

二、单项选择题

1. 被投诉的域名持有人具有下列情形之一的，其行为构成恶意注册或者使用域名（　　）。

A．注册或者受让域名是为了出售、出租或者以其他方式转让该域名，以获取不正当利益

B．经权利人授权将他人享有合法权益的名称或者标志注册为自己的域名

C．注册或者受让域名是为了协助投诉人拓展的业务而导致的误导公众

D．注册域名是为了分清与投诉人之间的区别，以免误导公众

2. 张先生在网上订购一辆二手车，但是在办理过户手续时才发现，这辆车已经在银行抵押贷款了，这个责任应该由（　　）来承担。

A．买方　　B．卖方

C．电子商务中间商　　D．ISP 服务商

3. 下列属于电子商务交易中买方的权利的是（　　）。

A．按时收到货物　B．按时提货　C．按时付款　D．按时验货

4. 网络交易中心是电子商务交易中的（　　）。

A．买方　B．卖方　C．居间人　D．网络服务提供商

5. 银行通过因特网为个人客户办理电子支付业务，除采用数字证书、电子签名等安全认证方式外，单笔金额不应超过（　　）元人民币。

A．800　B．1000　C．2000　D．5000

6. 鼓励、支持网络商品经营者和网络服务经营者成立（　　），建立网络诚信体系，加强行业自律，推动行业信用建设。

A．工会　B．集团企业　C．地区联盟　D．行业协会

7. 在技术上，网络交易中心还应接受各级（　　）的归口管理。

A．工商部门　B．税务部门　C．网络管理中心　D．环保部门

8. 在国际互联网上从事居间活动的网络交易中心联网机构必须申请到经过（　　）批准的互联网络的接入许可证，并且持有邮电部门核发的放开电信许可证，才可以面向社会提供网络连入服务。

A．工信部　B．工商部　C．公安部　D．国务院

9. 在网络交易的撮合过程中，认证机构是（　　）。

A．提供身份验证的第三方机构　B．确保信息安全的第三方机构

C．监督交易达成的第三方机构　D．执行电子支付的第三方机构

10. 买方从虚拟市场上寻找到欲购的商品，确定需要联系的卖方，并从认证机构获得卖方的（　　）。

A．私有密钥　B．公开密钥　C．解密密码　D．加密密码

11. 《电子签名法》中所称的（　　），是指以电子、光学、磁或者类似手段生成、发送、接收或者储存的信息。

A. 电子合同　　B. 数据电文　　C. 书面合同　　D. 合同内容

12. （　　）指基于对电子签名认证证书或者电子签名的信赖从事有关活动的人。

A. 电子签名人　　B. 电子签名依赖方　　C. 委托人　　D. 信托人

13. 下列（　　）情形，不属于不正当竞争行为。

A. 允许他人使用自己以不正当手段获取权利人的商业秘密

B. 低于成本价销售鲜活商品

C. 低于成本价销售过期商品

D. 广告的经营者在明知的情况下，代理、设计、制作、发布虚假广告

14. 合同的（　　）是指一方当事人以缔结合同为目的，向对方当事人提出一定条件，希望对方当事人接受的意思表示。

A. 要约　　B. 还盘　　C. 承诺　　D. 执行

15. 数据电文形式承诺生效的（　　），也称送达主义，是指承诺自到达要约人时才发生效力。

A. 投递主义　　B. 到达主义　　C. 发送主义　　D. 接收主义

16. 下列属于格式合同的特点的是（　　）。

A. 灵活性　　B. 无因性　　C. 协议性　　D. 非协议性

17. 在货物运输合同中，（　　）的义务是按约定支付酬金。

A. 承运人　　B. 托运人　　C. 买方　　D. 卖方

18. 下列（　　）不是《著作权法》保护的内容。

A. 计算机程序　　B. 历法　　C. 建筑作品　　D. 马戏

19. 在满足我国法律法规的前提下，域名使用的时间性限制是（　　）。

A. 5年　　B. 10年　　C. 50年　　D. 永久

20. 美国《域名反抢注法》规定，对于恶意抢注域名者，除了强制取消域名外，还要处以（　　）万美元的罚金。

A. 1　　B. 5　　C. 10　　D. 20

三、多项选择题

1. 对电子商务立法范围的理解，应从（　　）两个方面考虑。

A. 信息　　B. 商务

C. 资金　　D. 电子商务所包含的通讯手段

2. 下列（　　）属于商务性质关系的交易。

A. 直系亲属之间的遗产继承　　B. 政府特许房地产开发

C. 许可贸易　　D. 供应、交换货物或服务的任何贸易交易

3. 在电子商务条件下，卖方应当承担下列（　　）义务。

A. 按照合同的规定提交标的物及单据　　B. 对标的物验收

C. 对标的物的质量承担担保　　D. 对标的物的权利承担担保

4. 卖方违约时，买方可以选择以下（　　）救济方法。

A. 要求卖方实际履行合同义务，交付替代物或对标的物进行修理、补救

B. 减少支付价款

C. 对迟延或不履行合同要求损失赔偿

D．解除合同，并要求损害赔偿

5. 知识产权主要包括（　　）。

A．名誉权　　B．著作权　　C．专利权　　D．商标权

6. 网络交易中心应当对通过网络交易平台提供商品或者服务的经营者，及其发布的商品和服务信息建立检查监控制度，发现有违反工商行政管理法律、法规、规章的行为的，应当（　　）。

A．予以罚款处理

B．向所在地工商行政管理部门报告

C．及时采取措施制止

D．必要时可以停止对其提供网络交易平台服务

7. 银行承担责任的形式通常有（　　）。

A．返回资金，支付利息　　B．补足差额，偿还余额

C．偿还汇率波动导致的损失　　D．支付罚息

8. 票据行为具有的特征包括（　　）。

A．无因性　　B．要式性　　C．文义性　　D．独立性

9. 以纸张为基础的传统签字主要为了履行下述（　　）功能。

A．确定用户的身分　　B．肯定是用户的签字

C．使签字人与文件内容发生关系　　D．验证用户的行为能力

10. 电子签名同时符合下列（　　）条件的，视为可靠的电子签名。

A．电子签名制作数据用于电子签名时，属于电子签名人专有

B．签署时电子签名制作数据仅由电子签名人控制

C．签署后对电子签名的任何改动能够被发现

D．签署后对数据电文内容和形式的任何改动能够被发现

试题解答

一、判断题

1	2	3	4	5	6	7	8	9	10
×	×	×	×	×	×	×	√	×	√
11	12	13	14	15	16	17	18	19	20
×	√	√	×	√	×	×	×	√	√

【试题解析】

1. 中国在因特网信息中心正式注册并运行的顶级域名为CN，除此之外暂设“中国”、“公司”和“网络”3个中文顶级域名。

2. 作为普遍的原则，任何通信技术均不应排除在电子商务法范围之外，包括已经存在的和未来技术发展都必须顾及。

3. 专利法对专利权人的发明予以保护，所予保护在一段有限的时期内有效。

4. 电子签名是由代码和符号组成的，具有唯一性和可识别性。

5. 如果合同中对标的物的交付时间、地点和方法未做明确规定的，应按照有关合同法或国际公约的规定办理。

6. 如果第三人提出对标的物的权利，并向买方提出收回该物时，卖方有义务证明第三人无权追索，必要时参加诉讼，出庭作证。

7. 在电子商务交易中，卖方仍然应当是标的物的所有人或经营管理人，以保证标的物的所有权或经营管理权转移给买方。

8. 卖方交付的标的物的质量应符合国家规定的质量标准或双方约定的质量标准。

9. 银行应在客户的信用卡授信额度内，设定用于网上支付交易的额度供客户选择，但该额度不得超过信用卡的预借现金额度。

11. 银行要保证电子支付业务处理系统的安全性，以及数据信息资料的完整性、可靠性、安全性、不可抵赖性。

12. 《网络商品交易及有关服务行为管理暂行办法》第13条的规定。

14. 政府机关限定他人购买其指定的经营者的商品，以排挤其他经营者的公平竞争的行为属于不正当竞争的范围。

16. 电子资金的划拨依据的是虚拟银行与网络交易客户所订立的协议，这种协议属于标准合同。

17. 作为发送银行，在整个资金划拨的传送链中，承担着如约执行资金划拨指示的责任。一旦资金划拨失误或失败，发送银行应向客户进行赔付，除非在免责范围内。

18. 按照《网络商品交易及有关服务行为管理暂行办法》第15条的规定，都应该出具。

二、单项选择题

1	2	3	4	5	6	7	8	9	10
A	B	A	C	B	D	C	D	A	D
11	12	13	14	15	16	17	18	19	20
B	B	B	A	B	D	B	B	D	C

【试题解析】

2. 按照规定，出售商品方应该保证商品没有第三方追索问题，所以，责任应该由卖方承担，电子商务中间商和ISP服务商都不承担该类责任。

4. 网络交易中心既不是买方的卖方，也不是卖方的买方，而是交易的居间人。

5. 银行通过因特网为个人客户办理电子支付业务，除采用数字证书、电子签名等安全认证方式外，单笔金额不应超过1000元人民币，每日累计金额不应超过5000元人民币。

6. 国家鼓励、支持网络商品经营者和网络服务经营者成立行业协会，建立网络诚信体系，加强行业自律，推动行业信用建设。

11. 《电子签名法》中的数据电文，是指以电子、光学、磁或者类似手段生成、发送、接收或者储存的信息。

12. 电子签名依赖方，是指基于对电子签名认证证书或者电子签名的信赖从事有关活动的人；电子签名人，是指持有电子签名制作数据并以本人身份或者以其所代表的人的名义实施电子签名的人。

14. 要约，又称发盘、发价，是指一方当事人以缔结合同为目的，向对方当事人提出一定条件，希望对方当事人接受的意思表示。

15. 到达主义，也称送达主义，是指承诺自到达要约人时才发生效力。

17. 在货物运输合同中，承运人的义务是按照约定将货物运至约定地点，托运人的义务是按约定支付酬金。

19. 域名的注册没有时间性限制，除非域名注册人主动放弃该域名所有权，或域名注册机构依法撤销该域名注册。

三、多项选择题

1	2	3	4	5	6	7	8	9	10
BD	BCD	ACD	ABCD	BCD	BCD	ABC	ABCD	ABC	ABCD

【试题解析】

1. 如果只能选择两个选项的话，B 和 D 能够比较全面地反映电子商务的业务范畴。

2. 直系亲属之间的遗产继承不属于商务性质，因为它不是交易。

3. 买方收到货物后应该验收确认，这样以后如果出现纠纷才好分辨责任和义务。

5. 知识产权主要包括著作权、专利权和商标权。

6. 《网络商品交易及有关服务行为管理暂行办法》第 23 的规定中没有罚款这一条，所以这要看双方签订的协议和具体权限的管理。

8. 票据行为具有 4 个特征：要式性、无因性、文义性、独立性。

9. 以纸张为基础的传统签字主要为了履行下述功能：① 确定用户的身份。② 肯定是用户自己的签字。③ 使签字人与文件内容发生关系。

第六章　电子支付基础知识

第一节　电子商务支付概述

一、传统商务支付方式

1. 传统商务支付方式的特征：手工操作为主，有形性等。
2. 传统商务支付方式的种类：支票、本票、汇票、汇兑、托收承付等。

二、电子商务支付方式

1. 网上直接支付方式。
2. 线下支付方式：货到付款、邮局或银行汇款等。

三、网上银行

1. 网上银行的概念和特点：Anytime，Anywhere，Anyhow。
2. 网上银行的分类和开通
（1）按照服务对象分类，分为个人网上银行和企业网上银行。
（2）按照组成架构分类，分为虚拟银行和以传统银行拓展网络业务为基础的网上银行。
（3）个人网上银行的开通流程
3. 网上银行的系统结构
（1）网上银行的技术架构与业务处理流程
（2）网上银行的管理架构
（3）网上银行的业务架构

四、电子商务支付的法律保障

中国人民银行《支付结算办法》，《非金融机构支付服务管理办法》等。

五、电子支付系统

（一）电子支付系统构成

客户、商家、支付网关、客户开户行、商家开户行、CA中心、金融专网、支付工具和支付协议。

（二）电子支付系统的功能

（三）传统电子支付系统

1. 传统电子支付系统的发展：20世纪60年代，美国的电子资金转账系统（EFT）

（1）零售业务：银行卡授权支付体系、自动清算所等。

（2）批发业务：企业银行系统与金融机构间的电子汇兑系统等大额支付系统。

2. 传统电子支付系统的主要应用：ATM 系统、POS 系统、电话银行系统以及电子汇兑系统。

（四）现代电子商务支付系统

第二节　电子支付的基本模式

一、电子支付的基本概念

1. 电子支付的概念。

2. 电子支付的分类。

（1）按电子支付指令发起方式：

网上支付、电话支付、移动支付、销售点终端交易、自动柜员机交易和其他电子支付。

（2）按支付指令的传输渠道：

卡基支付、网上支付和移动支付。

3. 电子支付的特点。

以计算机和网络技术为支撑，可以实现多种金融功能，应用范围广，使用方便和可靠等。

4. 电子支付面临的困难：安全问题、支付条件的统一与普及等。

二、电子支付工具

（1）银行卡的介质

① 磁条卡：价格便宜；磁介质保密性差、容易擦写、可靠性较低等不足。

② IC 卡：存储量大、数据保密性好、抗干扰能力强、存储可靠、读卡设备简单、操作速度快、脱机工作能力强等优点。IC 卡按卡内所装配的芯片不同，可分为存储器卡、逻辑加密卡和智能卡（CPU 卡）三种。

③ 光卡：存储量大、存储时间长、不受磁场干扰、保密性强、不易磨损、成本低等优点。

（2）借记卡的含义、特点和支付流程。

（3）贷记卡的含义、特点和支付流程。

2. 电子现金。

（1）电子现金的概念。

（2）电子现金的特点和适用范围。

① 电子现金的特点：匿名性，不可跟踪性，节省交易费用，节省传输费用，持有风险小，支付灵活方便，防止伪造等。

② 预付卡方式常用于小额现金的支付；纯电子系统方式适用于买、卖双方物理上处于不同地点并通过网络进行电子支付的情况。

（3）电子现金的工作流程。

（4）电子现金存在的问题：税收和洗钱、外汇汇率的不稳定性、货币供应的干扰、恶意破坏与盗用。

3. 电子钱包

（1）电子钱包的概念。

（2）电子钱包软件：VISA cash，Mondex。

（3）电子钱包的工作流程：银行开户→安装客户端软件→用电子钱包服务系统把自己账户里的电子货币输进去→交易时进行收付款操作。

4. 电子支票。

（1）电子支票的概念和特点。

电子支票的优点：减少纸张成本，没有退票，灵活性强等。

电子支票的问题：隐私问题。

（2）电子支票的分类：借记支票、贷记支票。

（3）电子支票的工作流程。

5. 电子资金划拨。

（1）电子资金划拨的概念（参考美国 1978 年《电子资金划拨法》）。

（2）电子资金划拨的分类。

① 按发起人的不同来分：贷记划拨和借记划拨。

② 按服务对象的不同与支付金额的大小来分：小额电子资金划拨系统与大额电子资金划拨系统。

（3）电子资金划拨的业务流程。

三、合并账单支付模式

1. 合并账单的概念和适用范围。
2. 合并账单支付流程。
3. 合并账单支付模式的优缺点。

四、信用卡在线支付 SSL 模式

1. 信用卡在线支付 SSL 运行模式的功能。
2. 信用卡在线支付 SSL 运行模式的工作流程。
3. 信用卡在线支付 SSL 模式的优缺点。

优点：流程简单，架构简单、处理速度快，费用较低，使用方便。

缺点：商家对付款人信息全部掌握，信息安全有风险；无法实现“不可否认性”的要求。

五、信用卡在线支付 SET 模式

1. 信用卡在线支付 SET 模式的安全技术。
2. 信用卡在线支付 SET 模式的功能。
3. 信用卡在线支付 SET 模式的工作流程。
4. 信用卡在线支付的优缺点。

优点：

（1）通过数字证书验证对方身份，达到了电子支付安全性的要求。

（2）使用双重数字签名，信息安全有保障。
缺点：
（1）步骤繁琐耗时长。
（2）SET 协议过于复杂，成本较高，一般只适用于具有电子钱包的客户使用。
（3）付款人需要安装数字证书和专用的软件来进行操作。

六、电子支付模型

1. 支付系统无安全措施的模型。
2. 通过第三方经纪人支付的模型。
3. 数字现金支付模型。
4. 简单加密支付系统模型。
5. SET（Security Electronic Transaction）模型。

第三节　第三方平台支付和移动支付

一、第三方平台支付

（一）第三方平台支付的基本概念
1. 行业性质：非金融机构。
2. 业务范围：网络支付，预付卡的发行与受理，银行卡收单，中国人民银行确定的其他支付服务。
3. 第三方平台支付服务的发展。
4. 第三方平台支付模式的定义及特点。
支付中介，中立、公正，技术中间件。
5. 第三方平台支付模式存在的意义。
促进交易达成，降低交易成本，提高企业竞争力，提升银行信息化水平。
（二）第三方平台支付模式的流程与分类
1. 第三方支付平台的支付流程。
2. 第三方平台支付模式的缺点。
缺点：
（1）仍需要其他的“实际支付方式”完成实际支付层的操作。
（2）付款人的银行卡信息将暴露给第三方支付平台，将带给付款人相关风险。
（3）第三方支付中介的法律地位缺乏规定，一旦该中介破产，消费者无法得到保障。
（4）大量资金滞留在支付平台账户内，其既有获得利息的优势，也有资金保存的风险。
3. 第三方平台支付模式的分类。
（1）银行网关代理支付。
（2）账户支付： E-mail 账户支付、ID（IDentity）账户支付。
（三）第三方平台支付模式结算存在的问题
1. 对市场准入的管理。
2. 对支付流程的标准化管理。

3. 对洗钱和网络犯罪的管理。

二、移动支付

（一）移动支付概述

1. 移动电子商务。
2. 移动支付的概念。
3. 移动支付的框架及流程。
4. 移动电子商务发展环境的优势预期与不足。
5. 移动支付的分类。

（1）按交易结算是否即时性分类。

①现场支付：接触性支付、非接触性支付。

②非现场支付。

（2）按支付媒介分类。

① 基于电话账单的移动支付。

② 基于电子钱包的移动支付。

- 一类是通过将手机号码与银行账号进行关联，利用建设好的支付系统进行支付，而后实时或非实时地从信用卡或银行账户中扣款；
- 另一类是将智能芯片卡内置于移动电话中，通过手机支付时，手机可以直接向智能卡存储数据。

6. 移动支付系统架构：负载层、网络交互和核心应用平台、商业层、决策层。

（二）移动支付模式

1. 移动运营商独立或联合经营。
2. 金融机构独立经营。
3. 移动运营商与信用卡组织合作经营。
4. 第三方机构独立经营。

（三）移动支付的“空中交易”模式

（四）移动支付面临的安全威胁及其防范

1. 移动终端的安全隐患。

（1）加密和认证问题。

（2）移动终端设备中机密资料的泄露问题。

（3）通信内容被窃听或偷看。

（4）安全制度漏洞。

2. 无线网络标准中的漏洞。
3. 病毒与黑客。

三、微支付

1. 含义：金额特别小的电子商务交易的网络支付方式。
2. 应用：手机支付，电子零钱系统。
3. IBM 微支付系统及应用模式。

单元检测题

一、判断题

1. 客户开户行可以提供支付工具但不提供银行信用，即不保证支付工具的兑付。 （ ）

2. 电子支付的过程中，CA 中心的认证过程不需要银行的参与。 （ ）

3. 金融专网是银行内部进行通信的网络，具有较高的安全性，银行间的网络通信是依据公用数据网。 （ ）

4. POS 系统有助于零售商开展综合信息管理。 （ ）

5. 电话系统较高的安全性主要体现在客户的卡号和卡密码不会同时出现在电话中。 （ ）

6. 通兑业务是指汇出行与汇入行隶属同一银行的汇兑业务。 （ ）

7. 习惯上，我们将银行发行的借记卡和贷记卡统称为银行卡。 （ ）

8. 网上支付是指人们通过因特网完成支付的行为和过程，不一定需要银行作为中介。 （ ）

9. 贷记卡的持卡人可凭卡在发卡机构指定的商户购物和消费，也可在指定的银行机构存取现金。 （ ）

10. 为了保证电子现金的安全性及可兑换性，发行银行还应该从认证中心申请数字证书以证实自己的身份，并利用非对称加密进行数字签名。 （ ）

11. 电子钱包是一种服务器端的小数据库，用于存放电子现金和电子信用卡，同时包含诸如信用卡账号、数字签名以及身份验证等信息。 （ ）

12. 电子支票的支付主要是通过专用网络及一套完整的用户识别、标准报文、数据验证等规范化协议完成数据传输。 （ ）

13. 合并账单支付模式的主要特点是将消费者的消费金额并入 ISP（网络服务商）账单或电话账单，属于此类的服务公司称为 ICP（内容服务商）。 （ ）

14. 第三方支付平台是利用因特网在银行之间提供货币资金转移服务的中介机构。 （ ）

15. 第三方平台支付模式的资金划拨是在平台内部进行的，此时划拨的就是实体的资金，即实体资金的支付不需要通过实际支付层来完成。 （ ）

16. 银行网关的代理支付是第三方支付平台与各大银行签订代理网关的合同，通过银行提供的接口与本平台的系统进行无缝连接，然后将集合了众多银行支付网关的支付系统平台提供给商户使用。 （ ）

17. 第三方支付中的 ID 账户支付在 E-mail 账户与因特网之间形成了隔离层，支付时不再需要输入 E-mail 账号，这在一定程度上可以避免邮件诈骗。 （ ）

18. 利用第三方支付机构进行电子支付资金会暂时存放在第三方支付平台的账户中，这会对整个社会的资金安全存在一定隐患。 （ ）

19. 移动电子商务是基于无线网络，运用移动通信设备进行商品交易或服务交易。 （ ）

20. 在移动支付过程中，消费者不可以通过短信提交自己的购物信息和支付请求到移动

交互平台，因为其不方便身份验证。（ ）

二、单项选择题

1.（ ）用自己拥有的支付工具（如信用卡、电子钱包等）发起支付，是支付体系运作的原因和起点。

A．客户 B．商家 C．金融机构 D．非金融机构

2. 在电子商务的支付过程中，银行不可能看到的信息有（ ）。

A．信用卡号 B．授权密码 C．商品数量 D．店铺名称

3. 在卡基支付体系中，客户开户行又被称为（ ）。

A．发行银行 B．收单行 C．收卡行 D．发卡行

4. 电子汇兑系统是（ ）的资金转账系统，它的转账资金额度很大，是电子银行系统中最重要的系统。

A．批发企业间 B．零售企业间 C．银行之间 D．银行与商户间

5. 电子支付是指单位、个人直接或授权他人通过电子终端发出（ ），实现货币支付与资金转移的行为。

A．收款指令 B．支付指令 C．收发指令 D．通话指令

6.（ ）是指由非金融机构发行的具有电子钱包性质的多用途卡种。

A． 借记卡 B．贷记卡 C．储值卡 D．口令卡

7. 我们通常所说的信用卡是指（ ）。

A．借记卡 B．贷记卡 C．储值卡 D．口令卡

8. 信用卡的发卡行和收单行往往不是同一家银行，所以就需要通过（ ）的国际清算网络进行身份信息的认证以及授权信息的传递。

A．信用卡组织 B．非金融机构 C．政府间合作 D．瑞士银行

9. 电子现金主要用于（ ）的支付业务。

A．小额零星 B．小额固定 C．大额分散 D．大额固定

10.（ ）的身份认证机制比较简单，只是付款人与收款人在建立"握手"关系时交换数字证书。

A．SET 支付模式 B．SSL 支付模式

C．ISP D．ICP

11. 电子文票的整个事务处理过程要经过银行系统，而银行系统又有义务出文证明每一笔经它处理的业务细节，因此电子支票的一个最大的问题就是（ ）。

A．身份认证 B．交易安全 C．不可否认 D．隐私问题

12. 第三方支付中使用 E-mail 账户支付需要经历两个过程：（ ）和实际支付过程。

A．浏览商品 B．确认购买 C．充值过程 D．转账过程

13. 移动交互平台首先根据服务号对消费者的支付申请进行分类，然后把这些申请压缩成（ ）格式，最后把它们转交给移动支付系统。

A．EDI B．TCP/IP C．CMAP D．CMPP

14. 使用电话账单进行移动支付的缺点在于（ ）。

A．增加了支付成本 B．使用步骤简单

C．使用步骤复杂 D．电话账单和支付账单难以区分

15. 当利用信用卡进行 SET 在线支付时，需要在客户端安装一个特殊的客户端软件，这个特殊的客户端软件通常称为（　　）客户端软件。

A．电子现金　　B．电子钱包　　C．电子票据　　D．POS

16. 信用卡在线支付（　　）只能提供交易中客户与服务器间的双方认证，在涉及多方的电子交易中，该协议并不能协调各方间的安全传输和信任关系。

A．SSL 模式　　B．SET 模式　　C．SES 模式　　D．SST 模式

17. 目前（　　）是国际间跨境支付最重要的信息传递平台，全球多数国家的大多数银行已在使用该系统。

A．CHIPS 系统　　B．ATM 系统　　C．EFT 系统　　D．SWIFT 系统

18. 下列属于第三方支付模式存在的问题是（　　）。

A．容易形成资金沉淀　　B．保护消费者自己安全

C．提高电子支付效率　　D．促进电子商务发展

19. 基于移动数字证书的身份认证方式，采用软硬件相结合、（　　）的强双因子认证模式，很好地解决了安全性与易用性之间的矛盾。

A．一次一密　　B．一次二密　　C．二次一密　　D．二次二密

20.下列（　　）属于最明显的移动电子商务的不足。

A．不安全　　B．不熟悉　　C．不灵活　　D．费用高

三、多项选择题

1. 电子支付系统是指（　　）之间使用安全电子手段交换商品或服务。

A．消费者　　B．商家　　C．金融机构　　D．政府机构

2. 电子商务交易中同时传输了两种信息，（　　），必须保证这两种信息在传输过程中不能被无关的第三者阅读。

A．产品发布信息　B．交易信息　　C．顾客反馈信息　D．支付信息

3. 支付网关是（　　）两者之间的接口。

A．公用网　　B．金融专用网　　C．城域网　　D．EDI 专用网

4. 自动柜员机系统，是利用银行发行的银行卡，在自动存款机或自动取款机上，执行（　　）功能的一种自助银行系统。

A．用户名修改　　B．个人理财咨询

C．转账　　D．存取款

5. POS 机经常分布在下列哪些地方（　　）。

A．零售商店　　B．酒吧　　C．公园　　D．餐厅

6. 电子支付的卡基支付工具包括（　　）。

A．身份卡　　B．借记卡　　C．贷记卡　　D．储值卡

7. 手机支付系统主要涉及三方：（　　）。

A．银行　　B．消费者　　C．商家　　D．无线运营商

8. 电子现金以数字信息形式存在，存储于（　　）两个位置上，通过因特网流通。

A．电子现金发行者的服务器　　B．金融监管机构服务器

C．用户监管机构服务器　　D．用户计算机终端

9. 下列属于延时支付的电子支付模式是（　　）。

A. 借记卡　　B. 贷记卡　　C. 合并账单支付 D. 电子钱包

10. 下列第三方平台支付平台中（　　）属于使用 E-mail 账户支付的产品。

A. 支付宝　　B. PayPal　　C. 快钱　　D. A 和 B

试 题 解 答

一、判断题

1	2	3	4	5	6	7	8	9	10
×	×	×	√	√	×	√	×	√	√
11	12	13	14	15	16	17	18	19	20
×	√	√	×	×	√	√	√	√	×

【试题解析】

1. 客户开户行在提供支付工具的时候也同时提供了一种银行信用，即保证支付工具的兑付。

3. 金融专网是银行内部及银行间进行通信的网络，具有较高的安全性。

4. POS 系统的数据采集中包括商品的种类等数据，通过这些数据的分析有助于零售商指定更合理的采购和销售计划。

6. 联行往来汇兑业务是指汇出行与汇入行隶属同一银行的汇兑业务。

11. 电子钱包是一种客户端的小数据库，用于存放电子现金和电子信用卡，同时包含诸如信用卡账号、数字签名以及身份验证等信息。

14. 第三方支付平台是利用因特网在收付款人之间提供货币资金转移服务的中介机构。

15. 第三方平台支付模式的资金划拨是在平台内部进行的，此时划拨的是虚拟的资金，真正的实体资金还需要通过实际支付层来完成。

20. 开通移动支付服务以后，消费者可以通过短信或者其他移动手段提交自己的购物信息和支付请求到移动交互平台。

二、单项选择题

1	2	3	4	5	6	7	8	9	10
A	C	D	C	B	C	B	A	A	B
11	12	13	14	15	16	17	18	19	20
D	C	D	D	B	A	D	A	A	D

【试题解析】

1. 客户用自己拥有的支付工具（如信用卡、电子钱包等）发起支付，是支付体系运作的原因和起点。

3. 在卡基支付体系中，客户开户行又被称为发卡行。

5. 电子支付是指单位、个人直接或授权他人通过电子终端发出支付指令，实现货币支付与资金转移的行为。

6. 储值卡是由非金融机构发行的具有电子钱包性质的多用途卡种。

7. 一般把贷记卡称为信用卡。

9. 电子现金主要用于小额零星的支付业务。

10. SSL 模式的身份认证机制比较简单，只是付款人与收款人在建立“握手”关系时交换数字证书。

11. 电子支票的整个事务处理过程要经过银行系统，而银行系统又有义务出文证明每一笔经它处理的业务细节，因此电子支票的一个最大的问题就是隐私问题。

12. 第三方支付平台中使用 E-mail 账户支付需要经历两个过程：充值过程和实际支付过程，“浏览商品”、“确认购买”都是在电子支付之前的步骤。

13. 移动交互平台首先根据服务号对消费者的支付申请进行分类，然后把这些申请压缩成 CMPP（中国移动点对点协议）格式，最后把它们转交给移动支付系统。

15. 这个特殊的客户端软件通常称为电子钱包客户端软件，所以基于 SET 协议的信用卡支付模式本质上属于电子钱包网络支付模式。

16. 信用卡在线支付 SSL 协议模式只能提供交易中客户与服务器间的双方认证，在涉及多方的电子交易中，该协议并不能协调各方间的安全传输和信任关系。

17. 目前 SWIFT 系统是国际间跨境支付最重要的信息传递平台，全球多数国家的大多数银行已在使用该系统。

19. 基于移动数字证书（USB Key）的身份认证方式，采用软硬件相结合、一次一密的强双因子认证模式，很好地解决了安全性与易用性之间的矛盾。

三、多项选择题

1	2	3	4	5	6	7	8	9	10
ABC	BD	AB	CD	ABD	BCD	BCD	AD	BC	ABC

【试题解析】

1. 电子支付系统是电子商务系统的重要组成部分，它指的是消费者、商家和金融机构之间使用安全电子手段交换商品或服务。

2. 电子商务交易中同时传输了两种信息：交易信息与支付信息，必须保证这两种信息在传输过程中不能被无关的第三者阅读。

3. 支付网关是公用网和金融专用网之间的接口。

4. 自动柜员机系统，是利用银行发行的银行卡，在自动存款机或自动取款机上，执行存取款和转账等基本功能的一种自助银行系统。

6. 卡基支付工具包括借记卡、贷记卡和储值卡。

7. 因为题干要求只能选三个，所以这里选择消费者、商家及无线运营商比较恰当。

8. 电子现金以数字信息形式存在，存储于电子现金发行者的服务器和用户计算机终端上，通过因特网流通。

9. 贷记卡是先消费后还款，有一定的信用期；合并账单支付是后结算，这两种都属于延时付款模式。

第七章　计算机与网络基础知识

第一节　计算机系统的组成

一、计算机系统的组成

计算机硬件系统和计算机软件系统。

二、计算机硬件系统的组成

（一）中央处理器（CPU）
1. 中央处理器的组成：运算器和控制器。
（1）运算器的功能和组成。
（2）控制器的功能和组成。
2. 主频。
（1）主频的作用。
（2）主频的衡量。
（二）存储器
1. 存储器的功能：存放和数据。
2. 存储器的单位。
3. 存储器的分类。
（1）高速缓冲存储器：临时存放指令和数据。
（2）主存储器：计算机运行时的大量程序和数据。
① RAM。
② ROM。
（3）辅助存储器（外存）。
软盘，硬盘，光盘。
（4）其他辅助存储器。
① ZIP。
② LS-120。
③ DVD-ROM。
④ 闪存。
（三）基本输入输出设备
1. 键盘。
2. 鼠标器。
（四）其他外围设备

1. 扫描仪。
2. 数字化仪。
3. 磁卡读入机和条形码阅读器。
4. 打印机。
（1）点阵式打印机。
（2）喷墨打印机。
（3）激光打印机。
5. 绘图仪。
6. Modem。

三、计算机软件系统的组成

（一）系统软件
1. 操作系统的特征：并发性、共享性和异步性。
2. 操作系统的功能：处理器管理、存储管理、设备管理、文件管理、作业管理、网络与通信管理。
3. 操作系统的类型：批处理操作系统、分时操作系统、实时操作系统。
（二）应用软件
1. 文字处理软件。
（1）简单的文本编辑程序。
（2）具有较完备功能的文字处理软件。
（3）专业印刷排版系统。
2. 表格处理软件。
3. 其他常用软件。

四、程序设计语言基础知识

（一）程序语言的分类
（1）低级语言：机器语音、汇编语言。
（2）高级语言
（二）程序设计语言的基本原理
（1）数据；
（2）运算；
（3）控制；
（4）函数。
（三）程序的编译与解释

五、数据库基础知识

（1）数据模型；
（2）关系数据库；
（3）数据库系统；

（4）数据仓库。

第二节　计算机网络基础知识

一、计算机网络的产生与发展

二、计算机网络的分类与拓扑结构

（一）计算机网络的分类

1. 局域网（其作用范围通常在几千米以内）。

2. 城域网（其作用范围通常为5～50公里）。

3. 广域网（其作用范围通常为几十到几千千米）。

（二）计算机网络的拓扑结构

1. 总线型拓扑：缺点是总线状结构中的节点个数是有限的，且任何时候只有一个节点可以发送信息，其余的节点都不能发送。

2. 星型拓扑：优点是各节点的设计简单；缺点是各节点间的信息交换必须由控制中心中转或控制，当控制中心出现超负载或发生故障时，会导致整个网络停止工作。

3. 环型拓扑：优点是某节点出现故障，此节点就会自动旁路，不影响全网工作；缺点是由于环是封闭的，所以不便于扩充，响应延时长，信息传输效率相对较低。

4. 树型拓扑：优点是任意两个节点之间不产生回路，每条通信链路都支持双向传输；缺点是除了叶节点及相连的链路外，任何节点或链路的故障都会影响整个网络的正常工作。

5. 星型环拓扑：优点是易于故障诊断和隔离，易于扩展，安装电缆方便；缺点是需要智能的集中器，安装电缆长，安装不方便等。

6. 网状拓扑：优点是节点间路径多，碰撞和阻塞可大大减少，局部的故障不会影响整个网络的正常工作，可靠性高，网络扩充和主机入网比较灵活、简单；缺点是网络关系复杂，建网和网络控制机制复杂。

（三）计算机网络的传输介质和互联设备

1. 传输介质

（1）软介质：主要有无线电波、微波、卫星微波、红外线、激光等。

（2）硬介质：主要有双绞线、同轴电缆、光缆等。

2. 互联设备

（1）计算机设备：服务器、工作站、共享设备。

（2）网络连接设备：网络适配器、中继器、交换机、集线器、网桥、路由器、网关。

（四）计算机网络的基本组成

资源、服务器、工作站、网络设备、网络协议、网络操作系统。

三、网络体系结构及协议标准

1. 网络协议：语义，语法，定时。

2. 网络体系结构及其划分所遵循的原则：层次结构划分原则。

3. OSI参考模型。

（1）开放系统互联模型（OSI）的产生和作用。

（2）OSI 的分层（七层的位置与相互关系）。

① 物理层的功能。

② 数据链路层的功能。

③ 网络层的功能。

④ 传输层的功能。

⑤ 会话层的功能。

⑥ 表示层的功能。

⑦ 应用层的功能。

4. TCP/IP 网络模型

（1）TCP/IP 模型的产生和作用。

（2）TCP/IP 各层的功能和主要协议。

① 网络接入层：各种物理网协议。

② 网络互联层：IP、ICMP、ARP、RARP 等。

③ 传输层：ECP 和 UDP。

④ 应用层：文件传输协议（FTP）、超文本传输协议（HTTP）、简单邮件传输协议（SMTP）、远程登录（Telnet）；常见的应用支撑协议包括域名服务（DNS）和简单网络管理协议（SNMP）等。

（3）TCP/IP 网络模型与 OSI 模型的对应关系。

四、接入因特网的方法

（1）PSTN 公共电话网。

（2）ISDN。

（3）ADSL。

（4）DDN 专线。

（5）卫星接入。

（6）光纤接入。

（7）无线接入。

（8）Cable Modem 接入。

（9）电力线网络（Power-line Network）。

五、IP 地址与域名

（1）IP 地址的概念及特点。

（2）IP 地址的表示方法。

（3）IP 地址的分类：A 类、B 类、C 类、D 类、E 类地址的取值范围。

（4）网络地址掩码的作用。

（5）特殊含义的 IP 地址：网络地址，广播地址，回送地址，私有地址。

（6）域名。

① 域名的命名规则。

② 域名的分类：顶级域名，二级域名。

六、局域网技术

七、广域网技术

八、代理技术

1. 智能代理。

（1）智能代理的特征：智能性与强壮性，中介性和协作性，机动性。

（2）智能代理的应用：信息服务，系统与网络管理，协同工作，教育，娱乐，电子商务等。

2. 移动代理技术。

（1）移动代理技术的功能：动态执行方式，异步计算，并行求解，智能化路由。

（2）移动代理系统结构：服务请求端创建的用户代理和服务器端的 Agent Host。

（3）移动代理技术的工作原理。

第三节　通信技术

一、通信系统的组成

1. 通信的要素。

2. 数据通信系统。

（1）变换器和反变换器。

（2）信道。

二、带宽、传输速率

（一）带宽

1. 带宽的含义。

2. 带宽的作用。

（二）传输速率

1. 数据传输速率和调制速率的概念。

2. 数据传输速率的作用。

3. 数据传输速率的单位。

三、通信方式

（一）单工、半双工、全双工

1. 单工通信。

2. 半双工通信。

3. 全双工通信。

（二）串行传输与并行传输

1. 串行传输。

2. 并行传输。

（三）基带传输与频带传输

1. 基带传输。

2. 频带传输。

四、传输介质

1. 有线介质。

2. 无线介质。

3. 选择传输介质的参考指标。

五、数据交换技术

1. 数据交换技术的概念。

2. 数据交换技术的种类。

（1）线路交换。

（2）报文交换。

（3）分组交换。

单元检测题

一、判断题

1. 运算器的主要功能是完成对数据的算术运算、逻辑运算和逻辑判断等操作。（　　）

2. Intranet 的功能与传统的 MIS 相同，它们都是一个封闭的系统，但是 Intranet 通常是基于 C/S 架构的，维护起来比较困难，费用较高。（　　）

3. 移动代理的突出特征就是代理实体本身的运行不是固定在一台机器上，而是可以动态地在网络中的多台主机上运行。（　　）

4. 在计算机中，一般把存储器分成主存储器（外存）和辅助存储器（内存）。（　　）

5. 计算机断电后，RAM 中的数据将完全丢失。（　　）

6. 硬盘由多片表面涂覆磁性材料的金属薄膜盘片叠装而成，密封在活动的硬盘驱动器里，不能随意更换。（　　）

7. 只读光盘不能写入但可以删除 CD ROM 盘中的信息。（　　）

8. 显示器屏幕上总是用光点（像素）来构成输出内容，点距应该是越小越好。（　　）

9. 通过 OCR，可将扫描的文本（图像信息）转换为可供文字处理软件使用的文本信息。（　　）

10. 点阵式打印机的打印速度较快，噪声较小，打印成本较低，能打印连续纸，并且能对票据进行复印式打印，但质量不高。（　　）

11. 调制的作用是将接收的模拟信号转换为计算机能够处理的数字信号，解调的作用是

将计算机输出的数字信号转换为模拟信号。（　　）

12. 计算机网络的拓扑结构是指网络结点和通信线路组成的几何排列，亦称网络物理结构图。（　　）

13. 环型网络的特点是：信息在网络中沿固定方向流动，两个结点间有唯一的通路，可靠性高，网络扩充起来比较方便。（　　）

14. 在实际应用中，一种采用代理技术的电子商务应用是合作筛选，即将用户的购买习惯同其他消费者的购买倾向相比较后进行推荐。（　　）

15. 计算机是通过网络掩码来决定 IP 地址中网络地址和主机地址。（　　）

16. 域名系统对名字结构的定义是名字从左到右结构，而表示的范围从小到大，这与 IP 地址表示的顺序也是一致的。（　　）

17. 电力线接入上网是把户外通信设备插入到变压器用户侧的输入电力线上，该通信设备可以通过光纤与主干网相连，向用户提供数据、语音和多媒体等业务。（　　）

18. 通信的信源是发出信息的信息源，所以信源必须是计算机。（　　）

19. 变换器的作用是将信源发出的信息变换成适合在信道上传输的信号，对于不同的信源和信道，变换器的组成都是一样的。（　　）

20. 在信道中可传输信号的最高频率与最低频率之和称为带宽。（　　）

二、单项选择题

1. 在控制器控制下，运算器对取自存储器或其内部寄存器的数据按（　　）的规定进行相应的运算，并将结果暂存在内部寄存器或送到存储器中。

A. 口令　　B. 密钥　　C. 指令码　　D. 公式

2. 主频是衡量（　　）的主要技术指标之一。

A. CPU　　B. 控制器　　C. 存储器　　D. 显示器

3. 在计算机中，存储器容量以（　　）为基本单位。

A. bit　　B. Byte　　C. KB　　D. 兆

4. 1TB=（　　）MB

A. 1024　　B. 1048556　　C. 1048676　　D. 1048576

5. 内存由高速的半导体存储器芯片组成，是计算机运行过程中（　　）存放程序和数据的地方。

A. 长久　　B. 临时　　C. 大量　　D. 分类

6. 下列（　　）设备在地质测绘、国土测量等行业中比较适合。

A. 扫描仪　　B. 数字化仪　　C. 磁卡读入机　　D. 条形码阅读器

7. 下列哪种打印机的工作原理类似于复印机（　　）。

A. 针式打印机　　B. 喷墨打印机　　C. 激光打印机　　D. 便携式打印机

8. 地理范围在 100km 以内的网络类型应该是（　　）。

A. 广域网　　B. 城域网　　C. 局域网　　D. 接入网

9. 如果中央结点产生故障，则整个网络不能工作，这种情况在下列（　　）网络拓扑结构中比较常见。

A. 星型　　B. 总线　　C. 环型　　D. 树型

10. 如果任何一处结点故障都会导致整个网络瘫痪，这种情况在下列（　　）网络拓扑结构中比较常见。

A．星型　　B．总线　　C．环型　　D．树型

11. 在 OSI 模型各层中，直接面向原始比特流传输的是（　　）。

A．物理层　　B．数据链路层　　C．网络层　　D．传输层

12. 在 OSI 模型各层中，在通信子网中选择一条合适的路径，使发送端传输层所传下来的数据能够通过所选择的路径到达目的端的是（　　）。

A．物理层　　B．数据链路层　　C．网络层　　D．传输层

13. 网桥是在（　　）实现网络互联的设备。

A．物理层　　B．数据链路层　　C．网络层　　D．传输层

14. 在接入因特网的方法中，下列（　　）相比传输速度较低，线路可靠性差。

A．PSTN　　B．ISDN　　C．ADSL　　D．DDN 专线

15. （　　）的主要功能是将计算机处理的数据转换为能够通过介质传输的信号。

A．变换器　　B．反变换器　　C．网卡　　D．调制解调器

16. 在 IP 地址的分类中，支持超大型网络的分类是（　　）。

A．A 类　　B．B 类　　C．C 类　　D．D 类

17. 收音机的数据通信方式属于（　　）方式。

A．半单工通信　　B．单工通信　　C．半双工通信　　D．全双工通信

18. 计算机中是用“0”和“1”比特的特定组合来表示（　　）的。

A．关系　　B．格式　　C．字节　　D．字符

19. 电话系统的数据交换技术属于（　　）技术。

A．线路交换　　B．报文交换　　C．分组交换　　D．分段交换

20.下列（　　）是最适合有线电视使用的传输介质。

A．双绞线　　B．同轴电缆　　C．光纤　　D．蓝牙

三、多项选择题

1. 操作系统的主要特性有三条：即（　　）。

A．继发性　　B．并发性　　C．共享性　　D．异步性

2. TCP 协议的主要功能包括（　　）。

A．管理 Internet 中的地址　　B．实现应用程序之间的连接

C．安全、可靠　　D．可靠的分组交换

3. 闪存的类型中主要分为（　　）型两大类。

A．NCR　　B．NOR　　C．NAND　　D．NANC

4. 根据键数的不同，键盘可分为（　　）。

A．101 键　　B．103 键　　C．104 键　　D．105 键

5. 下列属于非击打式打印机的是（　　）。

A．针式打印机　　B．喷墨打印机　　C．激光打印机　　D．A 和 C

6. 网络传输介质中无线传输介质包括（　　）。

A．双绞线　　B．同轴电缆　　C．网卡　　D．光缆

7. 每个 IP 地址由（　　）两部分组成。

A. 网络地址　　B. 主机地址　　C. 用户信息　　D. 计算机编码

8. 通信的三要素是（　　）。

A. 信息　　B. 信源　　C. 载体　　D. 信宿

9. 根据数据信息在传输线上的传送方向，数据通信方式分为（　　）三种。

A. 半单工通信　　B. 单工通信　　C. 半双工通信　　D. 全双工通信

10. 根据组成字符的各比特在信道上是否同时传输这一特点，可将数据传输分为（　　）两种方式。

A. 串行传输　　B. 并行传输　　C. 基带传输　　D. 频带传输

试题解答

一、判断题

1	2	3	4	5	6	7	8	9	10
√	×	√	×	√	×	×	√	√	×
11	12	13	14	15	16	17	18	19	20
×	√	×	√	√	×	×	×	×	×

【试题解析】

2. Intranet 是 B/W/D 结构，使用 Internet 作为网络基础，各种费用大大减少。

4. 在计算机中，一般把存储器分成主存储器（内存）和辅助存储器（外存）。

6. 硬盘由多片表面涂覆磁性材料的金属薄膜盘片叠装而成，密封在固定的硬盘驱动器里，不能随意更换。

13. 环型网络的网络扩充起来不太方便。

16. 域名系统的名字结构与 IP 地址表示的顺序正好相反。

17. 电力线接入上网是把户外通信设备插入到变压器用户侧的输出电力线上。

18. 信息源可以是人，也可以是机器。

19. 变换器对于不同的信源和信道的组成和功能也是不同的。

20. 在信道中可传输信号的最高频率与最低频率之差称为带宽。

二、单项选择题

1	2	3	4	5	6	7	8	9	10
C	A	B	D	B	B	C	B	A	B
11	12	13	14	15	16	17	18	19	20
A	C	B	A	C	A	B	D	A	B

【试题解析】

1. 在控制器控制下，运算器对取自存储器或其内部寄存器的数据按指令码的规定进行相应的运算，并将结果暂存在内部寄存器或送到存储器中。

3. 在计算机中，存储器容量以字节（Byte，简写为B）为基本单位，一个字节由8个二进制位（bit）组成。

4. 1GB=1024MB，1TB=1024GB。

5. 内存由高速的半导体存储器芯片组成，是计算机运行过程中临时存放程序和数据的地方。

6. 高精度的数字化仪适用于地质、测绘、国土等行业。普通的数字化仪适用于工程、机械、服装设计等行业。

9. 星型拓扑的缺点是：每个节点直接与中央节点相连，如果中央节点产生故障，则全网不能工作，所以对中央节点的可靠性和冗余度要求很高。

10. 总线性拓扑结构的缺点是：传输介质故障难以排除，并且由于所有节点都直接连接在总线上，因此任何一处故障都会导致整个网络的瘫痪。

11. 物理层位于OSI模型的最低层，直接面向原始比特流的传输。

12. 网络层的任务是在通信子网中选择一条合适的路径，使发送端传输层所传下来的数据能够通过所选择的路径到达目的端。

13. 网桥是在数据链路层实现网络互联的设备，它是根据目的介质访问控制（MAC）地址转发数据帧的。

16. A类支持超大型网络，B类支持中大型网络，C类支持小型网络。

18. 计算机中是用“0”和“1”比特的特定组合来表示字符的。

三、多项选择题

1	2	3	4	5	6	7	8	9	10
BCD	BCD	BC	AC	BC	ABD	AB	BCD	BCD	AB

【试题解析】

1. 在控制器控制下，运算器对取自存储器或其内部寄存器的数据按指令码的规定进行相应的运算，并将结果暂存在内部寄存器或送到存储器中。

3. 闪存的类型中主要分为NOR型和NAND型两大类。

4. 根据键数的不同，键盘可分为101键、104键及带有播放VCD/CD和上网功能键的多媒体键盘。

6. 网络传输介质包括有线和无线两种，其中无线传输介质包括：双绞线、同轴电缆、光缆。

7. 每个IP地址由网络地址（NETID）和主机地址（IIOSTID）两部分组成。

10. 根据组成字符的各比特在信道上是否同时传输这一特点，可将数据传输分为串行传输和并行传输两种方式。

第一部分理论知识综合测试（一）

一、判断题

1. 免费价格策略主要应用于促销和推广产品，一般是短期和临时性的。（　　）

2. EDI要求连接用户双方对现有系统的开发改造意见一致，否则难以轻易实现。（　　）

3. 所谓防火墙，就是在每台主机系统和内部网之间的界面上构造一个保护层，并强制所有的连接都必须经过此保护层，由其进行检查和连接。（　　）

4. 国际贸易中的交易磋商有询盘、发盘、还盘和接受四个环节。（　　）

5. 客户认证是基于用户的客户端主机IP地址的一种认证机制，它允许系统管理员为任一IP地址的授权用户定制访问权限。（　　）

6. 所谓市场细分，就是企业根据市场需求的多样性和购买行为的差异性，把整体市场划分为若干个具有某种相似特征的用户群（称之为细分市场或子市场），以便选择确定自己的目标市场。（　　）

7. 第三方支付平台中的E-mail账户支付需要频繁输入银行卡的密码和账号，因此存在泄密可能。（　　）

8. EDI所传送的资料是一般业务资料，如发票、订单、商业广告等。（　　）

9. 网络营销中价格已经不是影响消费心理的重要因素了。（　　）

10. 传统的供应链管理的理念是以顾客为中心，通过顾客的实际需求和对顾客未来的需求的预测来拉动产品和服务。（　　）

11. 因买卖双方的责任而产生的对社会第三人（包括广大消费者）的产品质量责任和其他经济（民事）、行政、刑事责任也概不应由网络交易中心承担。（　　）

12. 流通是物品在从生产地到使用地的过程中，根据需要施加包装、分割、计量、分拣、刷标志、拴标签、组装等作业的总称。（　　）

13. 密钥越长，加密数据需要的处理能力就越强，但是得到的加密结果的强度也越高。（　　）

14. 数字签名技术是将原文用发送者的私钥加密，与摘要一起传送给接收者。（　　）

15. 从事电子支付的银行要在法律法规许可和客户授权的范围内妥善保管和使用各种信息和交易资料。（　　）

16. 提供格式条款合同的一方未尽提示义务或拒绝说明的，该免责条款不发生效力。（　　）

17. 数据通信系统是指以计算机为中心，用通信线路与数据终端设备连接起来，执行数据通信的系统。（　　）

18. IP地址中主机地址的长度决定整个网间网能包含多少个网络，网络地址的长度决定每个网络能容纳多少台主机。（　　）

19. 借记卡的持卡人在使用借记卡支付前需要在卡内预存一定的金额，银行提供信贷服务。（　　）

20. 辅助存储器与CPU直接相连，存放当前正在运行的程序和有关数据，存取速度快。（　　）

二、单项选择题

1. 在产品定价的方法中，下列（　　）表现为平均成本相同的同一产品价格，随市场需求变化而变化。

A. 成本加成定价法　　　　B. 边际利润定价法

C．需求导向定价法　　D．竞争导向定价法

2. 电子商务系统的软件选择中，除了要有系统平台软件外，还必须选择恰当的（　　）。

A．UNIX　　B．Windows NT　　C．财务软件　　D．数据库系统

3. 按照 IP 地址的分类，下列（　　）地址的单个网络容纳的主机台数最多。

A．A 类　　B．B 类　　C．C 类　　D．D 类

4. 在电子商务前台，客户不可能看到的是下列（　　）项目。

A．会员注册　　B．订单查询　　C．选择送货方式　　D．畅销产品管理

5. （　　）防火墙使用了一个含有两个网络接口的应用网关，并将其接在内部网和包过滤路由器之间，信息服务器则接在二者之间。

A．包过滤路由器　　B．应用网关

C．双重基地型网关　　D．屏蔽主机防火墙

6. 在邮件列表内容的设计上，下列（　　）是不恰当的。

A．目标一致　　B．内容来源稳定

C．内容多而广　　D．内容灵活

7. 网络提供给人们一个民主平等的虚拟空间,这种环境适合网民的（　　），也为网络销售创造了交易环境中最重要的因素“人”。

A．兴趣　　B．聚集　　C．买入　　D．卖出

8. 提供计算机网络服务的是 Internet 网络接入服务提供商，即通常所称的（　　）。

A．IAP　　B．ICP　　C．ISP　　D．IDP

9. 在中华人民共和国境内设置域名根服务器及设立域名根服务器运行机构，应当经（　　）批准。

A．国务院　　B．商务部

C．工业和信息化部　　D．公安部

10. 物流网点的优化布局、合理的物流设施规模、自动化和较高的机械化程度，这属于现代物流日标中（　　）的范畴。

A．优质服务　　B．迅速及时　　C．规模适当　　D．节约空间

11. 乙给甲发了一份报文：“请于 2010 年 11 月 2 日给丙汇壹万元钱。乙。”报文在传递过程中数字都变成了乱码，这样甲收到后就成了“请于××××年××月×日给丙汇壹万元钱。乙。”这属于电子商务安全要素中的（　　）。

A．真实性　　B．有效性　　C．保密性　　D．完整性

E．不可抵赖性

12. 下列（　　）表示了对称加密技术的不足。

A．运算速度比较慢　　B．得到的密文紧凑

C．对称加密支持数字签名　　D．无法鉴别贸易发起方和贸易最终方

13. 加强职业道德建设，应该抓住（　　）这一核心，抓住实践这一关键，通过领导干部和先进典型的示范引导，逐步提高广大职工的职业道德水平。

A．正确的价值观　　B．为人民服务

C．遵守劳动纪律　　D．实现个人价值

14. 下列可以透支的卡基支付工具是（　　）。

A．借记卡　　B．贷记卡　　C．储值卡　　D．口令卡

15. 在电子商务的概念模型中，强调信息流、商流、资金流和物流的整合，而（　　）处于交易的最后环节，对交易的成败作用重大。

A．信息流　　B．商流　　C．资金流　　D．物流

16. 《电子商务示范法》指出，（　　），就某一特定数据电文而言，系指代表另一人发送、接收或储存该数据电文或就该数据电文提供其他服务的人。

A．发端人　　B．收件人　　C．中间人　　D．信息系统

17. 在SET中，消费者必须对订单和付款指令进行数字签名。同时利用（　　）技术保证商家看不到消费者的账号信息。

A．单项签名　　B．双重签名　　C．单因素　　D．双因素

18. 网上银行除了能提供传统银行的服务内容外，还可以提供下列（　　）服务。

A．在运货物查询　B．网上购物　　C．商品推广　　D．网址推广

19. 下列（　　）网络拓扑结构比较易于网络扩展和故障隔离。

A．星型　　B．总线　　C．环型　　D．树型

20. 下列（　　）设备应用于图书管理、身份验证、商品销售与管理中比较合适。

A．扫描仪　　B．数字化仪　　C．打印机　　D．条形码阅读器

三、多项选择题

1. 在电子商务条件下，买方应当承担下列（　　）项义务。

A．按照网络交易规定方式支付价款的义务

B．按照合同规定的时间、地点和方式接受标的物的义务

C．对标的物验收的义务

D．对标的物的权利承担担保义务

2. 网上商店软件应包括下列（　　）。

A．商品目录　　B．信息检索　　C．购物车　　D．付款台

3. 按照信息搜集方法分类，搜索引擎系统可以分为（　　）三类。

A．目录式搜索引擎　　B．机器人搜索引擎

C．元搜索引擎　　D．品牌搜索引擎

4. 条形码在物流作业中的应用包括下列（　　）。

A．销售信息系统（POS 系统）　　B．库存系统

C．分货拣选系统　　D．运输定位系统

5. 与认证有关的技术包括（　　）等。

A．数字签名技术　　B．身份识别技术

C．信息的完整性校验技术　　D．入侵技术

6. 数字签名的功能包括（　　）。

A．接收者可以确认发送者的真实身份　　B．发送者事后不能否认发送过该报文

C．保证报文的准确性和完整性　　D．保证报文接收者执行交易

7. 视所签文件的性质而定，签字还有多种功能，如（　　）。

A．签字可以证明一个当事方愿意受所签合同的约束

B．证明某人认可其为某一协议承担责任

C．证明某人同意一份经由他人写出的文件的内容

D．证明一个人某时身在某地的事实

8. 常见的网上支付模式有下列（　　）。

A．网银模式　　B．银行支付网关模式

C．共建支付网关模式　　D．IT 公司支付模式

9. 下列属于配送中心功能的是（　　）。

A．采购集货功能　B．分拣功能　C．加工功能　D．信息处理功能

10. 数据传输根据数据在传输线上原样不变地传输还是调制变样后再传输，可分为（　　）两种方式。

A．串行传输　B．并行传输　C．基带传输　D．频带传输

综合测试（一）参考答案

一、判断题

1	2	3	4	5	6	7	8	9	10
√	√	×	√	×	√	×	×	×	×
11	12	13	14	15	16	17	18	19	20
√	×	√	×	√	√	√	×	×	×

【试题解析】

3. 所谓防火墙，就是在内部网（如 Intranet） 和外部网（如 Internet）之间的界面上构造一个保护层，并强制所有的连接都必须经过此保护层，由其进行检查和连接。

5. 客户认证是基于用户的客户端主机 IP 地址的一种认证机制，它允许系统管理员为具有某一特定 IP 地址的授权用户定制访问权限。

8. EDI 所传送的资料是一般业务资料，如发票、订单等，而不是指一般性的通知，这里的“商业广告”显然不是这个范围内的。

10. 电子商务下的供应链管理的理念是以顾客为中心，通过顾客的实际需求和对顾客未来需求的预测来拉动产品和服务。

12. 应该是流通加工。

14. 数字签名技术是将摘要用发送者的私钥加密，与原文一起传送给接收者。

19. 借记卡银行一般不提供信贷服务。

二、单项选择题

1	2	3	4	5	6	7	8	9	10
C	D	A	D	C	C	B	A	C	C
11	12	13	14	15	16	17	18	19	20
D	D	B	B	D	C	B	B	D	D

【试题解析】

8. 提供计算机网络服务的是 Internet 网络接入服务提供商（IAP），提供内容服务提供商

（ICP），它们统称为网络服务供应商（ISP）。

10. 规模适当(scale optimization):物流网点的优化布局、合理的物流设施规模、自动化和较高的机械化程度。

13. 加强职业道德建设，应该抓住为人民服务这一核心，抓住实践这一关键，通过领导干部和先进典型的示范引导，逐步提高广大职工的职业道德水平。

三、多项选择题

1	2	3	4	5	6	7	8	9	10
ABC	ABCD	ABC	ABC	ABD	ABC	ABCD	ABCD	ABCD	CD

【试题解析】

5. 与认证有关的技术包括数字签名技术、身份识别技术和信息的完整性校验技术等。

第一部分理论知识综合测试（二）

一、判断题

1. 银行可以直接利用第三方的服务系统提供服务，帮助银行节省网关开发成本。（　　）

2. 随着社会经济的发展，中小企业也迫切需要加入 EDI 系统。（　　）

3. 汇兑作业中的通汇业务是一种行际间的资金调拨业务，其资金调拨作业需要经过不同银行多重转手处理才能顺利完成。（　　）

4. 在营销策略中，填空补缺式定位策略是指当企业意识到自己无力与强大的竞争者相抗衡时，根据自己的条件取得相对优势，突出宣传自己与众不同的特色，在某些有价值的产品和服务上取得领先地位，避其竞争者锋芒的策略。（　　）

5. 网络关系营销的目标是培养顾客忠诚度，建立和发展与公众的良好公共关系。（　　）

6. 网络交易中心应当对暂不具备工商登记注册条件，申请通过网络交易平台提供商品或者服务的自然人核发证明个人身份信息真实合法的标记，加载在其从事商品交易或者服务活动的网页上。（　　）

7. 物流信息包括与商品数量、质量、作业管理相关的物流信息，以及与订货、发货和货款支付相关的商流信息。（　　）

8. 承诺的内容必须与要约的内容一致。（　　）

9. 集装箱在一种或多种运输方式下运输时，也需中途换装。（　　）

10. 控制器是计算机中指令的解释和执行结构，其主要功能是控制运算器、存储器、输入输出设备等部件协调动作。（　　）

11. 电子商务系统的软件安全是指保护软件和数据不被篡改、破坏和非法复制。（　　）

12. 包过滤型防火墙的最大优点就是它对于用户来说是透明的，也就是说不需要用户名和密码来登录。（　　）

13. 对称加密支持数字签名，可以进行身份确认。（　　）

14. 网络商店的地址也就是网络商店的客户端 IP 地址。（　　）

15. 卖方交付的标的物的质量不应存在不符合质量标准的瑕疵，但可在一定范围内出现与网络广告相悖的情况。（　　）

16. 通过第三方物流企业广泛的结点网络实施共同配送，可大大提高运输效率，减少运输费用等。（　　）

17. 移动支付中的电话账单支付方式是通过电话账单进行支付，当然也需要银行以及信用卡公司的介入。（　　）

18. 变换器将从信道上接收的信号变换成信宿可以接收的信号。（　　）

19. EDI 的使用中如果传输时效及资料传输量上有较高要求，可以考虑租用专线，这种物美价廉的方式对 EDI 的普及有很大地帮助。（　　）

20. 硬盘中的盘片中存放数据的每个面，都使用一个共同的读写磁头。（　　）

二、单项选择题

1.“合同的书面形式是合同书、信件和数据电文等可以有形地表现所载内容的形式”，这句话出自我国（　　）中。

A.《电子商务示范法》　　B.《电子签名法》
C.《合同法》　　D.《电子支付指引》

2. 在制品库存的压缩，设备负荷的均衡化，这些都和（　　）的管理与控制有关。

A．供应物流　B．生产物流　C．销售物流　D．回收物流

3. 假如购买者的需求完全不同，每个购买者都可能是一个单独的市场，这时应该考虑（　　）来推广产品。

A．单一因素法　B．多因素法　C．部分细分法　D．完全细分法

4. 常见的网络广告的收费模式中 CPA 是指（　　）。

A．每千人印象成本　　B．每千次单击成本
C．每行动成本　　D．每购买成本

5. 我们经常所说的电子事务处理是有别于电子贸易的，下列（　　）应该属于电子事务处理的范畴。

A．网上购物　B．网上交电话费　C．网上报税　D．加入行业联盟网

6.“零库存”首先应该属于（　　）研究的范畴。

A．供应物流　B．生产物流　C．销售物流　D．回收物流

7. 计算机系统中通过电磁辐射使信息被截获而失密的案例已经很多，在理论和技术支持下的验证工作，也证实这种截取距离在几百甚至可达千米的复原显示给计算机系统信息的保密工作带来了极大的危害。这属于计算机网络风险中的（　　）问题。

A．物理安全　B．网络安全　C．黑客攻击　D．网络病毒

8. 单个大件商品，如电视机、电冰箱、洗衣机等商品的包装箱往往采用（　　）条码。

A．EAN-8　B．EAN-13　C．ITF-14　D．UCC/EAN-128

9. 网络商品经营者和网络服务经营者向消费者出具购货凭证或者服务单据，应当符合国家有关规定或者（　　）；征得消费者同意的，可以以电子化形式出具。

A．商业惯例　　B．买方要求条目
C．卖方要求条目　　D．网络交易平台规定模式

10. （ ）细分的依据是购买者对产品的了解程度、态度、使用情况及反应等。

A．网民地理细分市场　　B．网民人口细分市场

C．网民心理细分市场　　D．网民行为细分市场

11. 在网络交易中，主要四类问题：收款不发货、严重货不对版、虚假订单、收货不付款等影响网络交易的正常进行，（ ）应该为这种行为负责。

A．网络中介商　B．网络服务商　C．网络交易方　D．认证中心

12. 网络交易中心应当认真负责地执行买卖双方委托的任务，并积极（ ）。

A．验证双方当事人信息　　B．协助双方当事人成交

C．签订三方协议　　D．承担相应风险

13. 电子现金是把现实货币的现金数值转换成为一系列的（ ）来表示现实中各种金额的币值。

A．网页代码　B．大写数字　C．小写数字　D．加密序列数

14. 生产企业对在生产过程中排放的无用物包括有害物质进行运输、装卸、处理等物流活动，这种物流行为属于（ ）的范围。

A．采购物流　B．厂内物流　C．废弃物回收物流　D．销售物流

15. （ ）技术是一种让用户密码按照时间或使用次数不断变化、每个密码只能使用一次的技术。

A．生物特征认证　　B．移动数字证书认证

C．动态口令　　D．IC 卡认证

16. 如果是手机使用的话，使用（ ）类型的闪存卡比较合适。

A．NCR　B．NOR　C．NAND　D．NANC

17. 银行应按会计档案的管理要求妥善保存客户的申请资料，保存期限至该客户撤销电子支付业务后（ ）年。

A．2　B．5　C．10　D．50

18. 银行为客户办理电子支付业务，应根据客户性质、电子支付类型、支付金额等，与客户约定适当的（ ），如密码、密钥、数字证书、电子签名等。

A．加密算法　B．认证方式　C．交易方式　D．个人资料保护方式

19. 电话的数据通信方式属于（ ）方式。

A．半单工通信　B．单工通信　C．半双工通信　D．全双工通信

20.在 TCP/IP 模型中，负责独立地将分组从源主机送往目的主机，涉及为分组提供最佳路径的选择和交换功能的是（ ）。

A．网络接入层　B．网络互联层　C．传输层　D．应用层

三、多项选择题

1. 下列（ ）属于无站点网络营销的缺点。

A．发布信息过于分散　　B．发布信息没有自主权

C．能够很容易接入网络营销　　D．发布信息难于管理

2. 公开密钥系统在电子商务文件的传输中实现了两次加密解密过程：（ ）。

A．私有密钥的加密和解密　　B．公有密钥的加密和解密

C．产品信息的加密和解密　　D．文件本身的加密和解密

3. 网络广告效果评估基本方法包括（　　）。

A．通过服务器端统计访问人数评估　B．通过查看客户反馈量评估

C．通过广告评估机构评估　D．通过网络广告效果评估软件评估

4. 在电子商务交易管理中，经常提到“政府对若干特殊行业的管理”，这里所说的“特殊行业”包括下列（　　）。

A．网络广告的管理　B．药品网上交易的管理

C．食品网上交易的管理　D．远程教育的管理

5. 下列（　　）属于公开密钥密码体制的优点。

A．密码数量足够大，可以适应网络的开放性要求

B．密钥的分配和管理比较容易

C．对互不相识的人也可以提供通信的保密性

D．可以实现数字签名和数据鉴别

6. 网络交易中心对下列（　　），不得为其进行居间活动。

A．经过身份审核确认的当事人　B．显然无支付能力的当事人

C．尚不确知具有合法地位的法人　D．负债率比较低的企业

7. 下列（　　）既可以作为输入设备也可以作为输出设备。

A．打印机　B．磁带　C．光笔　D．可读/写光盘

8. 电子现金同样会带给我们问题，主要表现为（　　）。

A．税收和洗钱　B．外汇汇率的不稳定性

C．货币供应的干扰　D．恶意破坏与盗用

9. GPS 在物流领域的应用包括（　　）。

A．用于汽车自定位、跟踪调度　B．用于铁路运输管理

C．用于资源勘探　D．用于军事物流

10. 计算机硬件是指组成计算机的任何（　　）装置或部件。

A．机械的　B．磁性的　C．电了的　D．逻辑的

综合测试（二）参考答案

一、判断题

1	2	3	4	5	6	7	8	9	10
√	√	√	×	√	√	√	√	×	√
11	12	13	14	15	16	17	18	19	20
√	√	×	×	×	√	×	×	×	×

【试题解析】

4. 填空补缺式定位策略是指企业寻找市场上尚无人重视或未被竞争对手控制的位置，使自己推出的产品能适应这一潜在目标市场的需要策略。

15. 卖方交付的标的物的质量不应存在不符合质量标准的瑕疵，也不应出现与网络广告相悖的情况。

17. 移动支付中的电话账单支付方式是通过电话账单进行支付，不需要银行以及信用卡

公司的介入。

19. 租用专线势必会提高营运费用，这样一些小企业可能会负担不起，这就不利于 EDI 的推广应用。

二、单项选择题

1	2	3	4	5	6	7	8	9	10
C	B	D	C	C	A	A	B	A	D
11	12	13	14	15	16	17	18	19	20
C	B	D	C	C	B	B	B	D	B

【试题解析】

8. 单个大件商品，如电视机、电冰箱、洗衣机等商品的包装箱往往采用 EAN-13 条码。

14. 商业企业的物流活动具体包括商品采购物流、企业内部物流、销售物流和商品退货物流。

20. 在 TCP/IP 模型中，网络互联层负责独立地将分组从源主机送往目的主机，涉及为分组提供最佳路径的选择和交换功能，并使这一过程与它们所经过的路径和网络无关。

三、多项选择题

1	2	3	4	5	6	7	8	9	10
ABD	AD	ABCD	ABD	ABCD	BC	BD	ABCD	ABD	ABC

【试题解析】

1. 答案 C 属于其优点，无站点营销是属于初级阶段，对技术等要求比较低，所以很容易就可接入网络营销活动。

7. 打印机是输出设备；光笔是输入设备。

8. 数字现金同样会带给我们问题，主要表现为 4 个方面——税收和洗钱、外汇汇率的不稳定性、货币供应的干扰、恶意破坏与盗用。

第二部分

商品图片处理实战

2011—2012年全国职业院校技能大赛电子商务技术比赛要求，网络营销部分主要考查选手对计算机应用、网络营销策划、商品推广等方面技术，着重考查技术应用和业务处理的规范性和创新性，以及实践操作、团队协调和市场应变等方面能力。比赛执委会提供包含10件商品在内的商品收纳箱1个，参赛队从中选择3件不同材质的商品进行拍摄，每件商品要求拍摄5张不同角度的照片，对每张商品照片进行添加水印（水印由命题组提供）和美化处理；在模拟竞赛系统上，完成商品描述（商品分类、商品描述等）并上传到网店；完成论坛发帖的操作，发帖内容应突出对商品的宣传推广作用。

按照国赛要求，将日用商品分成七类不同材质的商品：塑料类有牙膏、塑料饭盒等；棉织类有毛巾、百洁布等；金属类有电池、金属挂钩；皮革类有皮带、钱包；玻璃类有灯泡、水杯；木质类有毛笔、木质衣架、木梳等；纸质类有笔记本、纸巾等。在2012年国赛专用模拟竞赛系统中按类别分：文体办公—文化办公—办公器材—毛笔（木质类），五金家电—五金交电—小家电—电池（金属类），五金家电—五金交电—灯具照明—灯泡（玻璃类），服饰-配饰-皮带-腰带（皮革类），针纺织品—针棉制品—毛巾（棉织类），日化用品—口腔用品—牙膏（塑料类），文体办公—文化办公—办公器材—笔记本（纸质类）。

本部分主要学习不同材质商品的拍摄、图片处理以及宣传图片的制作。

项目一　商品图片拍摄

一、项目描述

网店做销售，商品图片可以说起着非常重要的主导作用，或许你的商品质量、款式真的很不错，但如果没有一张好的图片用来展示也是枉然；顾客既摸不着也看不到实物，所以用眼睛“挑剔筛选”成了顾客购买最直观的重要方式之一，可见一张好图片起到的作用有时就算是用尽“色彩斑斓”的语言都是难以比拟的。

二、项目分析

如何将商品拍摄的更漂亮是我们首先要关注的问题，这个问题并不如我们想象的那么简单，我们经常会遇到各种各样的问题，比如说背景杂乱令主体不鲜明；光线反射令物品不能清晰可见等。

电子商务使用的照片要求不是那么严格，但是必须明确表现商品的色彩、形状、材质等内容。

拍摄背景：简洁的背景能烘托主体，所以一般选用白色背景。

商品颜色：买家在购买商品时无法看到真的商品，只能根据卖家提供的照片来判断，所以准确的呈现出商品的真实颜色非常重要。如果白平衡设置有误，商品就会产生色差，这就要拍摄者熟练掌握相机的各项参数设置。

辅助器材：金属、镜子、玻璃等能反射光的物体将周围环境映射在物体表面，所以这些商品被称为“反射物”。我们可以灵活运用反光板使得被拍摄商品更具内涵。同时为了得到最清晰的商品图片，还需要使用三脚架进行防抖拍摄。

微距拍摄：为了更好地展现被拍摄商品的材质、颜色、特性等方面，选用微距模式进行拍摄是非常合适的。

光源摆放：由于赛场限制，有时可能会受到身边队伍的光源影响，所以要学会有效地利用身边的光源，让其与柔光箱的光源互相辅助。

三、项目实施

任务一　拍摄环境及拍摄设备

电子商务技术比赛中非常重要的一个环节就是对商品进行拍照。比赛中对图片整体效果要求如下。

（1）清晰度：图片清晰不能模糊有重影。

（2）色彩：图片明亮鲜艳但不能失真，主辅图应保持一致。

（3）角度：能完整体现商品的外观，主次面清楚，布局合理，构图新颖，但商品不能变形。

（4）画面：背景干净不能穿帮，商品上无明显杂质。

（5）主图设计：背景能衬托主体，但不能喧宾夺主，有较强的视觉冲击力。

（6）辅图（细节图）设计：充分体现商品的属性、功能和特色。

（7）水印要求所有图片均应添加水印（大赛组委会标记），并且不破坏图片的整体效果。

那么如何拍摄好商品图片呢？这就要求我们先要熟悉我们拍摄环境及所需要的拍摄器材。

1．拍摄环境

赛场为每组参赛队提供 1 张商品拍摄工作台，高 0.7m、宽 0.7m、长 1.2m。

赛场拍摄环境如图 2-1-1 所示。

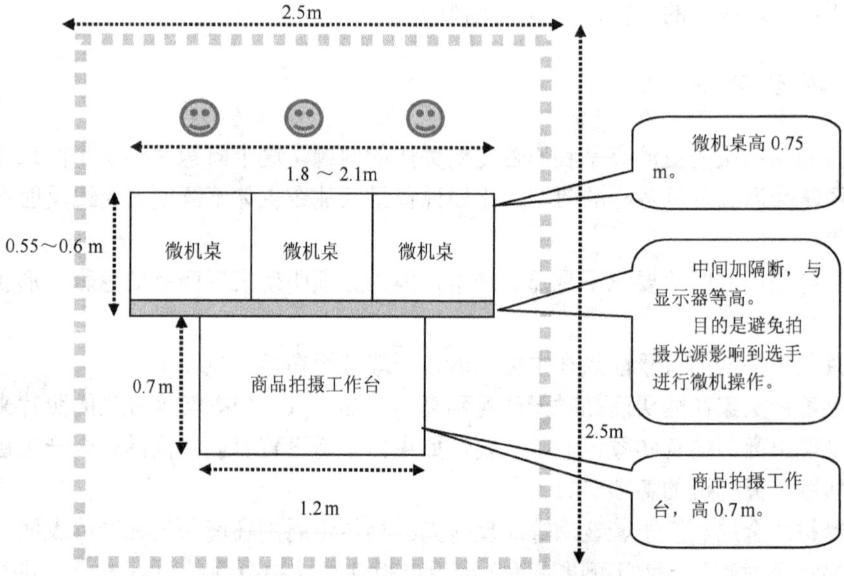

图 2-1-1　电子商务比赛工作区俯视图

另外，拍摄环境中无外射光源（窗帘统一用遮光布）。为每组提供移动照明的电源插座。

2．拍摄设备

（1）数码相机：三星 PL20，具体参数为 500 万像素以上，存储卡 2G 以上、2 块充满电的相机电池、数码相机说明书及数据线。其数码相机实物图，如图示 2-1-2 所示。

（2）数码相机规格及参数，如图示 2-1-3 所示。

图 2-1-2　三星数码相机

图 2-1-3　数码相机规格及参数

（3）相机拍摄功能：

拍摄模式：智能场景识别、程序、DIS(数字图像稳定)、拍摄指南、场景、视频。

智能场景识别：人像、夜景人像、逆光人像、微距人像、逆光、风景、白色、运动、三脚架、夜景、微距、微距文本、蓝天、日落、微距色彩、自然绿色、焰火。

场景：美丽拍摄、夜景、人像、儿童、风景、近距、夕阳、黎明、逆光、海滩与雪景。

连拍：单张、连拍、动体拍摄、AEB（包围曝光）。

自拍：关、2 秒、10 秒、自拍两次、动体自拍。

特效：照片调整，鲜明度、对比度、饱和度、ACB（自动对比度平衡）。

智能滤镜：鱼眼、鲜明、怀旧、清爽、古典、底片、自定义 RGB。

编辑：照片编辑，尺寸调整、旋转、智能滤镜。

智能滤镜：微型、虚光照、鱼眼、鲜明、怀旧、清爽、古典、底片、自定义 RGB。

照片调整：面部修饰、红眼修复、亮度、对比度、饱和度。

任务二　拍摄器材的认识

2011 年全国职业院校技能大赛电子商务技术比赛要求应利用比赛执委会提供的计算机、摄影器材、商品收纳箱、工作台等设备，在“天行健君电子商务模拟教学系统（2011 版/竞赛版，以下简称模拟教学系统）”上，完成比赛指定的网络营销任务，即：商品拍摄、照片处理、商品描述、照片上传、论坛营销等。

比赛执委会为每组配备摄影设备一套，其中除上面介绍的三星 PL20 相机之外，还包括以下摄影器材。

（1）相机三脚架，如图示 2-1-4 所示。

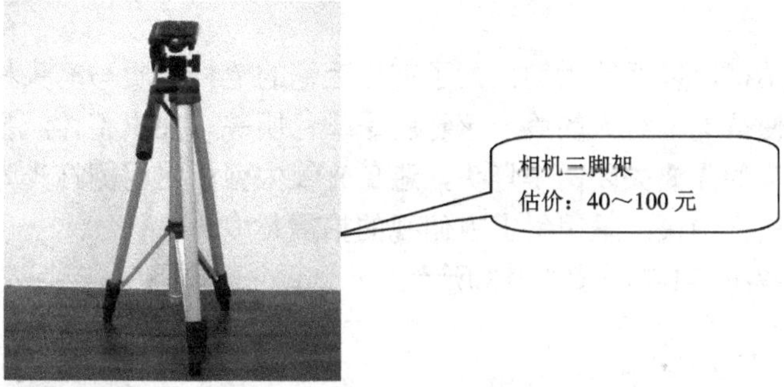

图 2-1-4　相机三脚架

（2）80cm 金银反光板一个，如图 2-1-5 所示。

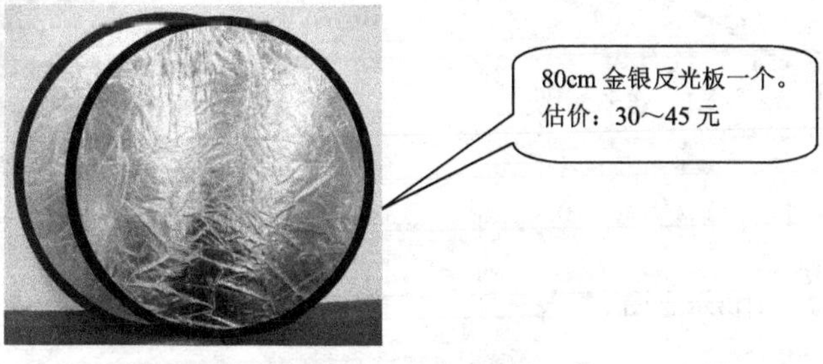

图 2-1-5　金银反光板

（3）回转四灯头柔光箱 50×70 一套（45W 色温 5500k 灯泡 4 个、灯架一个），如图示 2-1-6

所示。

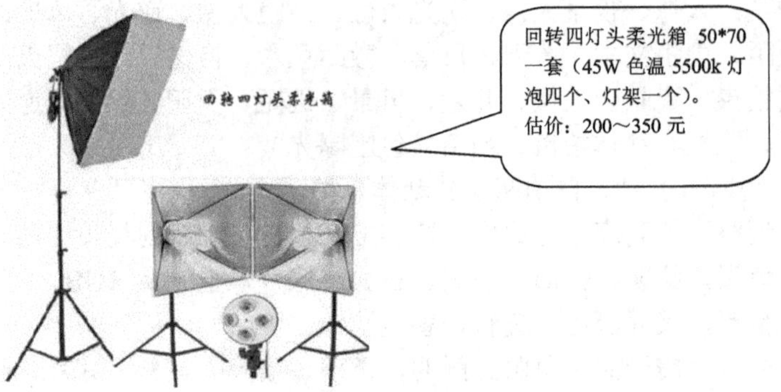

图 2-1-6　回转四灯头柔光箱

除此之外，组委会还提供 2 张 A4 白色打印纸；2 张 125K 对开亚粉纸（白色和蓝色各一张）供拍摄使用。

任务三　木质类商品图片处理实战——毛笔

1. 拍摄前准备

相机设置：微距模式 / 闪光灯（关闭）/ 开启防抖功能 / EV（曝光值）0 / 自动白平衡 / 对焦区-中心 AF（也可以选用程序模式或智能模式）。

2. 布光

木质类商品的拍摄，以毛笔为例，为了突出毛笔的笔杆材质与笔头材质，要使用金色反光板来进行打光，使得毛笔给人的第一感觉就是颜色明亮，突出整体流畅的外轮廓。

柔光箱为四灯头的需要关闭两个灯头，避免光线太强，使用侧打光方式进行布光，相机在靠近毛笔笔尖处进行拍摄，采用斜上方俯视的拍摄角度。

具体布景请参考图 2-1-7 与图 2-1-8 所示。

图 2-1-7　拍摄示意图

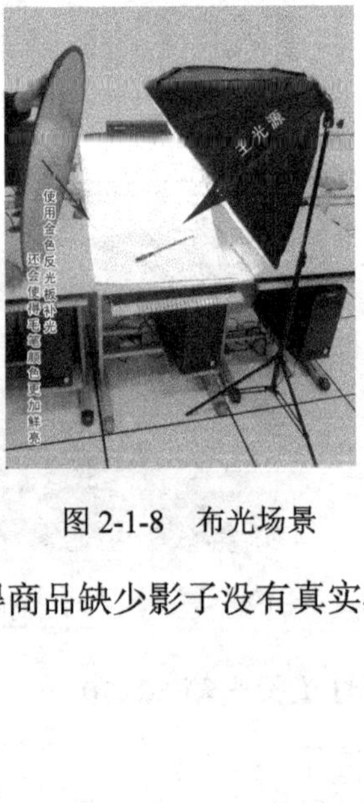

图 2-1-8　布光场景

注意：比赛赛场提供两张 A4 打印纸，如果觉得商品缺少影子没有真实感可以利用 A4 纸进行适当遮光来达到拍摄目的。

3．商品摆放及拍摄

细节一，注意对毛笔的细节部分进行细致拍摄来体现它的做工精细，如图 2-1-9 所示。

细节二，其次，要注意对笔杆连接处的重点刻画，也可以让人感受到此商品的做工如何，如图 2-1-10 所示。

细节三，好的毛笔，它的毛发材料一定要好，笔锋很重要。所以我们在拍摄前一定要整理好笔锋，如果有水的话，可以用水将笔头沾湿整理好形状，还要切记拍摄时不要横平竖直的拍，一定要记住空间透视关系，近大远小、近实远虚，可以将想要强调的商品部分放置于靠近镜头处进行重点刻画，掌握好的话卡片机也会产生单反的效果，如图 2-1-11 所示。

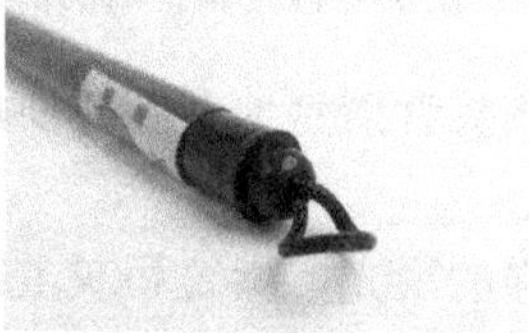

图 2-1-9　毛笔的细节部分

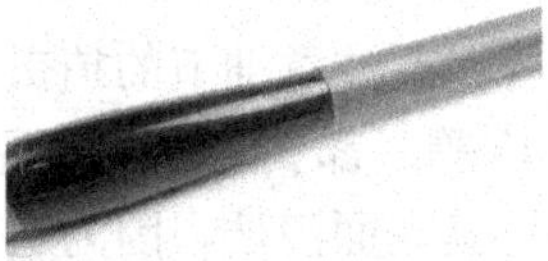

图 2-1-10　笔杆连接处部分

图 2-1-11　毛笔的笔锋部分

4．经验小结

毛笔的拍摄主要为了体现它的做工精良、笔杆刚劲有力、笔尖毛发的匀称等，所以我们要重点分层次对其进行微距模式的拍摄，此外，像这种细长的商品，我们可以采用局部对角线的构图方式进行拍摄。

任务四　金属类商品图片处理实战——电池

1．拍摄前准备

相机设置：微距模式 / 闪光灯（关闭）/ 开启防抖功能 / EV(曝光值)-1 / 自动白平衡 / 对焦区-中心 AF

2．布光与背景

背景的选择。选择一张干净的白色背景纸，不要有杂物，始终保持画面的整洁。将清理干净的一组电池放在上面，并按照自己的意图给电池造型。将电池摆好造型后，在电池的侧后上方放置一盏大面积的柔光箱，柔光箱呈 45° 角照射，并且小幅度地调整主灯的位置，可以表现金属的质感。

主灯调整好后，如果觉得画面较暗，可以在电池的正面位置放置一个简易反光板，这样可以降低画面的反差，增加画面的亮度。

具体布景请参考图 2-1-12 所示。

3．商品摆放及拍摄

先试拍几张，再根据拍摄的画面适当做出调整。适当用金银反光板为电池主体增加高光，这样电池金属部分看起来更加具有质感，在画面中更具立体感，如图 2-1-13 和图 2-1-14 所示。

图 2-1-12　拍摄示意图

图 2-1-13　商品摆放及拍摄效果

图 2-1-14　调整后的商品效果

拍摄电池也像拍摄其他商品一样，要注意细节的拍摄，让购买者清楚地看到想要购买电池的各部分细节以及电池上的 LOGO 等，都要清楚地展现。

拍摄金属电池的时候一定要保持其表面清洁，因为它有很强的反光，指纹和灰尘很容易被相机记录下来，所以在操作的时候，一定要记得将其擦拭干净。

可以借助手拿住商品，这样既可以向购买者展示商品尺寸，又可以丰富画面整体感觉，如图 2-1-15 所示。

图 2-1-15　手拿商品时拍摄效果

4．经验小结

拍摄时一定要借助反光板，提亮金属高光，这样拍摄的金属电池表面就会有很好的金属光泽效果，还要切记拍摄前一定要将商品擦拭干净，不留污物。

任务五　玻璃类商品图片处理实战——灯泡

1．拍摄前准备

相机设置：微距模式 / 闪光灯（关闭）/ 开启防抖功能 / EV(曝光值)+1 / 自动白平衡 / 对焦区-中心 AF

2．布光与背景

背景的选择。拍摄时，可任意选用明亮或深色背景，玻璃制品的表现效果是截然不同的。

利用反光板，使玻璃制品从背景中浮现出来。因为玻璃制品主体是透明的，如果光是放在黑色的背景纸上拍摄，其存在感不强。我们可以在玻璃制品两侧放上反光板，让白色反光板将光反射在玻璃制品上，从而使玻璃制品与背景区分开来。

具体布景请参考图 2-1-16 与图 2-1-17 所示。

图 2-1-16　拍摄示意图

图 2-1-17　布光场景

注意：比赛赛场提供两张 A4 打印纸，可以根据拍摄要求自行制作简易反光板或者柔光罩。如图 2-1-18 与图 2-1-19 所示。

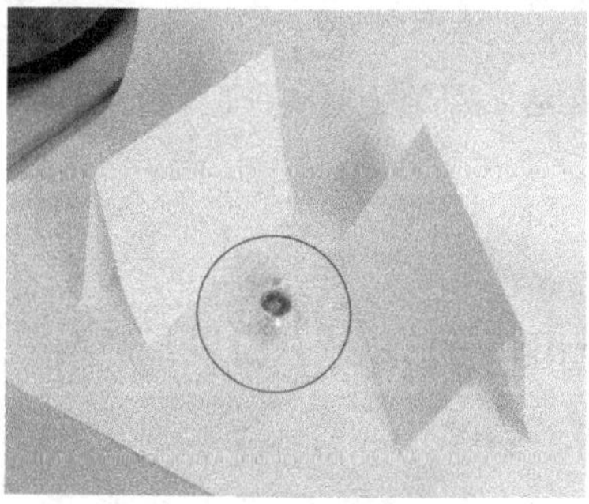

图 2-1-18　制作简易反光板

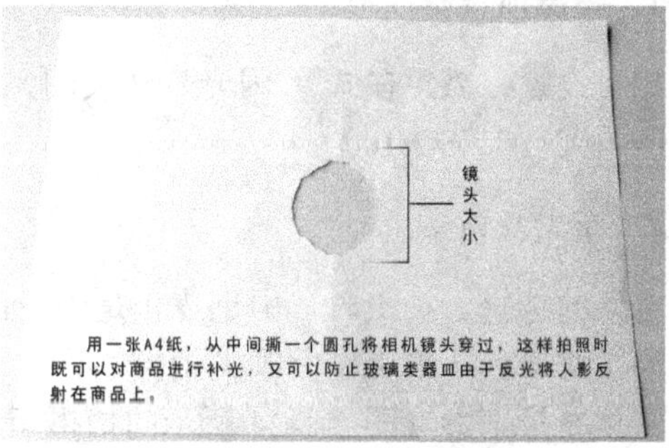

图 2-1-19　制作简易柔光罩

3. 商品摆放及拍摄

拍摄灯泡时，应注意金属灯头的拍摄，要展现出它的金属光泽并且注意灯头与玻璃的全景拍摄，如图 2-1-20 所示。

拍摄时要注意玻璃材质的通透程度，清除商品上的污物并且回避那些不可避免的以及影响整体画面和谐的瑕疵，有时为了更好的向购买者展示灯泡的尺寸轮廓，可以借助手，用手握住灯泡进行拍摄，也可达到很好的拍摄效果，如图 2-1-21 所示。

图 2-1-20　商品摆放及拍摄效果

图 2-1-21　手拿商品时拍摄效果

拍摄成品展示，如图 2-1-22 和图 2-1-23 所示。

图 2-1-22　拍摄效果 1

图 2-1-23　拍摄效果 2

4. 经验小结

拍摄时一定要借助反光板，将灯泡的玻璃部分与背景分隔开，这样拍摄的透明灯泡就会有种晶莹剔透的感觉，还要切记拍摄前一定要将商品擦拭干净，不留污物。

任务六　皮革类商品图片处理实战——腰带

1. 拍摄前准备

相机设置：微距模式 / 闪光灯（关闭）/ 开启防抖功能 / EV(曝光值)+1 / 自动白平衡 / 对焦区-中心 AF/ISO:100

2. 布光及背景

背景的选择。拍摄时，由于皮带是深色商品，为了突出腰带的款式，所以我们选用纯白色作为主背景色，采用左侧顺光拍摄。

具体布景请参考图 2-1-24 所示的拍摄示意图。

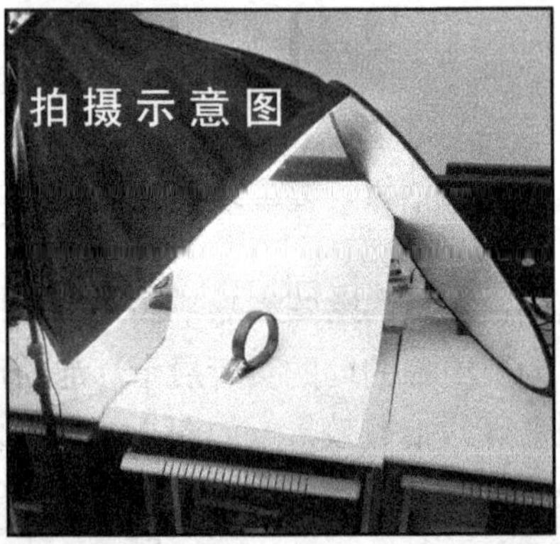

图 2-1-24　拍摄示意图

注意：皮带金属部分会显现出摄影者和周围环境，可以利用反光板进行遮盖，或者利用柔光罩减少皮带部分的反光。将相机藏起来，只要不让皮带的金属部分反射周遭的事物即可。

赛场提供两张 A4 打印纸，可以根据拍摄要求自行制作简易反光板或者柔光罩。

3. 商品摆放及拍摄

皮带是很常见的网店商品，拍摄它的难点在于表现皮带锁扣的金属质感以及皮革的质感，皮质腰带在拍摄时要注意，摆放时可以卷曲或者平铺，拍摄时要注意俯视，这样就不会出现过多的反光。

皮带的特点是较细且长，在摆拍的时候要注意将皮带摆放得有延伸感。

图 2-1-25 是为了表现锁扣的金属质感。

图 2-1-26 是为了让观者看到腰带的整体外观及表面带着光泽的皮革，这样会呈现出非常美丽且具有高级质感的影像。

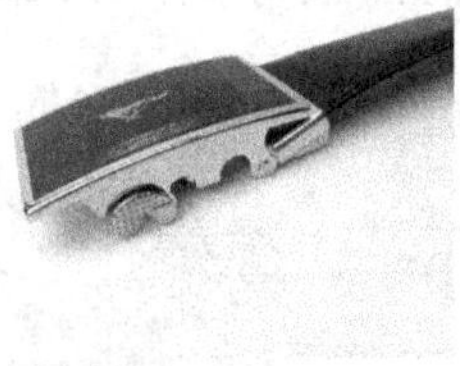

图 2-1-25　表现锁扣的金属质感

图 2-1-26　表面带着光泽的皮革

对皮质腰带的缝合细节处也要重点进行拍摄，这对高级皮制品是很重要的部分，如图 2-1-27 所示。

图 2-1-27　对皮质腰带的缝合细节处拍摄

Logo 部分也要重点进行拍摄，一定要拍摄的清晰自然，如图示 2-1-28 和图 2-1-29 所示。

图 2-1-28　皮带部分拍摄效果 1

图 2-1-29　皮带标志部分拍摄效果 2

要注意对皮带整体的拍摄，注意金属腰带扣的反光问题，如图 2-1-30 和图 2-1-31 所示。

图 2-1-30　金属腰带扣的拍摄效果 1

图 2-1-31　金属腰带扣的拍摄效果 2

4．经验小结

拍摄时一定要借助 A4 纸将相机镜头套住，以此来隐藏周围景物，防止周围景物反射在腰带金属扣上，图 2-1-32 和图 2-1-33 分别为未使用 A4 纸与使用 A4 纸之后的效果。

未使用 A4 纸

图 2-1-32　未使用 A4 纸的拍摄效果

使用 A4 纸后

图 2-1-33　使用 A4 纸后的拍摄效果

可以看出没有使用 A4 纸的腰带扣上清晰地映着人影，所以影响了图片的美观。

任务七　棉织类商品图片处理实战——毛巾

1．拍摄前准备

相机设置：微距模式 / 闪光灯（关闭）/ 开启防抖功能 / EV(曝光值)-1 / 自动白平衡 / 对焦区-中心 AF

2．布光

毛巾类商品属于吸光产品，它们对光的反射比较稳定，为了表现其层次质感，布光的灯位要以侧光、顺光为主，适当减小光源的输出，细腻的棉质材料可用柔和的光，光滑的材料比较适合直接打光，这样可以使其层次和色彩都表现的更加完美。

具体布景请参考图 2-1-34 所示。

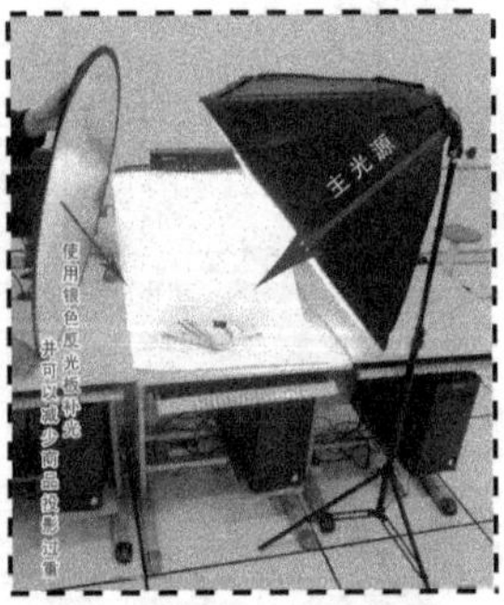

图 2-1-34　布光场景

注意：不要将自己的影子映在毛巾上面。

3．商品摆放及拍摄

棉织类通常带有刺绣和花边，所以我们在拍摄时最好使用微距模式对其进行细节描写，如图 2-1-35 所示。

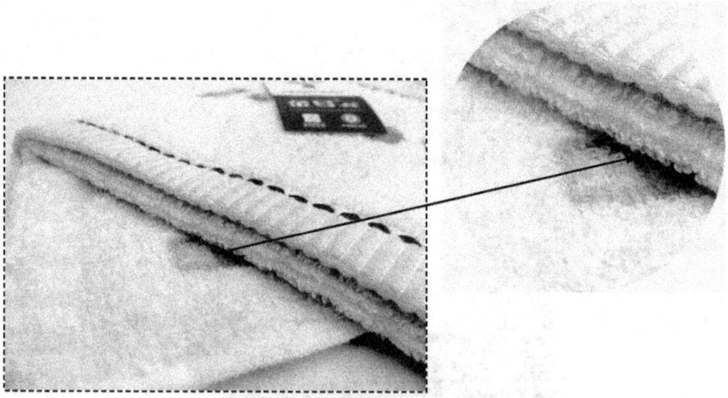

图 2-1-35 对商品摆放及拍摄效果 1

大件棉织类商品与毛巾类商品只要标注清楚尺寸参数即可，没必要展示全貌，如果为了展示其材质厚度质感，我们可以截取一部分横断面予以展示，因为这类商品的形状大家都很清楚，而且吸引顾客购买的主要因素是毛巾的花纹及材质，如图 2-1-36 所示。

拍摄时一定要将毛巾摆放平整后再进行拍摄。拍摄前我们可以将毛巾折叠出合适的造型，将不同颜色的毛巾摞在一起拍摄，画面简约，也可以达到想要的效果。拍摄时将闪光灯关掉，拍摄效果会更好，一定要选用微距模式抓住针脚纹理细节，如图 2-1-37 所示。

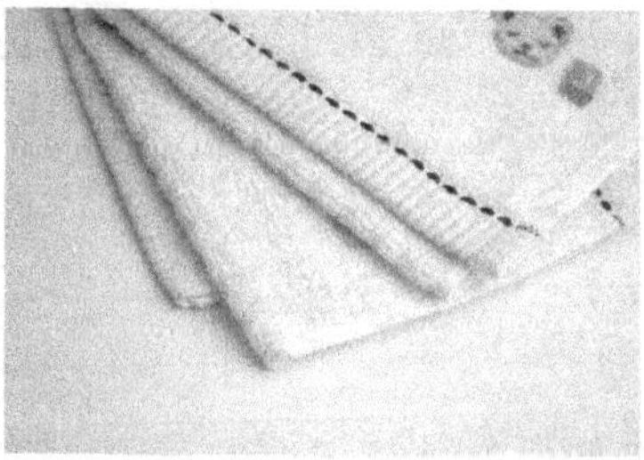

图 2-1-36 商品摆放及拍摄效果 2

图 2-1-37 商品摆放及拍摄效果 3

4．经验小结

拍摄时注意所拍摄毛巾不能与背景混为一体，要清晰可辨，使用微距模式将要体现的部位清晰放大，合适的布光可以将毛巾类商品的柔软质地体现出来。

任务八 塑料类商品图片处理实战——牙膏

1．拍摄前准备

相机设置：微距模式 / 闪光灯（关闭）/ 开启防抖功能 / EV(曝光值)-1 / 自动白平衡 / 对焦区-中心 AF /ISO：80

2．布光

背景的选择。拍摄时，我们可以选用洁净的纯白色卡纸作为背景，这样可以减少环境对商品颜色的影响。

塑料商品的拍摄重点在于如何避免塑料材质的高光，但是还要体现它的质地。

具体布景请参考图 2-1-38 所示。

图 2-1-38　布光场景

注意：比赛赛场提供两张 A4 打印纸，可以根据拍摄要求自行制作简易反光板或者柔光罩子来减少牙膏表面高光反射。如图 2-1-39 与图 2-1-40 所示。

图 2-1-39　制作简易反光板

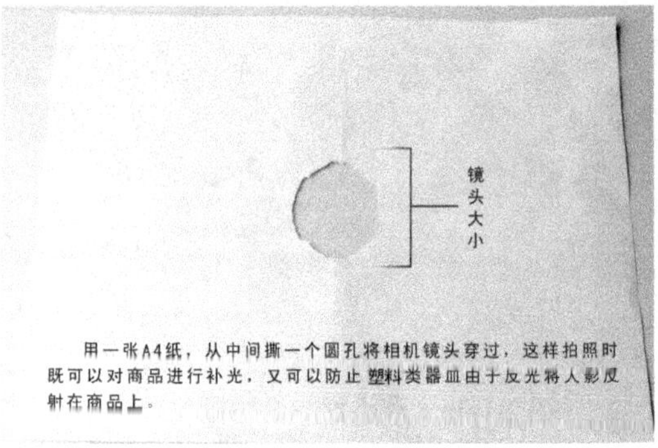

图 2-1-40　制作柔光罩

3．商品摆放及拍摄

拍摄时要注意尽量采用斜上方 45° 角拍摄角度，尽量把商品所包含的信息都集中在拍摄的照片素材中，有必要的话，可以将牙膏膏体挤在白纸上面，向购买者展示膏体外观，如图 2-1-41 所示。

拍摄本商品时，还可以将其树立在背景中央，在左侧前方进行拍摄，给购买者更立体的感官刺激，如图 2-1-42 所示。

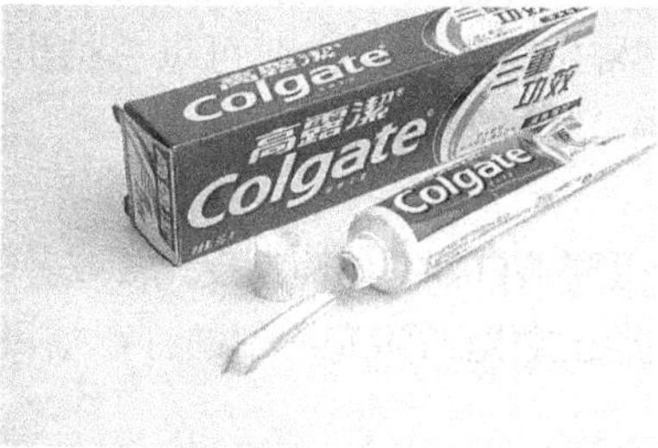

图 2-1-41　商品摆放及拍摄效果 1

图 2-1-42　商品摆放及拍摄效果 2

4．经验小结

拍摄时一定要注意反光板的使用，如果光线过强会使该商品塑料表面高光过强，从而影响拍摄效果。

任务九　纸质类商品图片处理实战——笔记本

1．拍摄前准备

相机设置：微距模式 / 闪光灯（关闭）/ 开启防抖功能 / EV(曝光值)+1 / 自动白平衡 / 对焦区-中心 AF /ISO:100

2．布光与背景拍摄技巧

背景的选择。拍摄时，我们要根据拍摄商品的颜色跟材质来选择背景纸，由于案例为灰色，所以选用白色背景纸（如果拍摄商品为纯白色，也可以选用蓝色背景纸来衬托，但是要解决好背景纸颜色对拍摄商品的影响）。

拍摄技巧。因为纸质商品是吸光物体，所以不会有高光过重的困扰，但是一定要注意相机的 ISO 调节，本任务中分别使用了 ISO:80 与 ISO:100 两种数值进行拍摄，由于 ISO 设定值不同，拍摄出来的效果有很大的差别。（ISO：在数码相机中 ISO 表示 CCD 或者 CMOS 感光元件的感光速度。ISO 数值越高就说明该感光元器件的感光能力越强。高 ISO 值在光线不足的情况下使用。）

其拍摄效果分别如图 2-1-43 与图 2-1-44 所示。

图 2-1-43　使用 ISO:100 数值拍摄效果

图 2-1-44　使用 ISO:80 数值拍摄效果

从以上两图可以看出由于图 2-1-43 的相机 ISO 参数值为 100 所以显得整洁明亮，而图 2-1-44 的 ISO 参数值为 80，所以拍摄出来的商品显得昏暗，由此可以总结出的是，想要得到画面较为明亮的商品图片时，可以适当增加 ISO 的参数值。

注意：

（1）比赛赛场提供两张 A4 打印纸，可以根据拍摄要求自行制作简易反光板或者柔光罩子。

（2）纸质商品的布光要注意对光源的柔化，尽量让主光源的光均匀的打在拍摄商品上，避免商品局部过暗。

3．商品摆放及拍摄

对笔记本进行拍摄时，一定要很直观地让购买者能够一眼看得出笔记本的厚度，在商品图片处理中可以对其进行尺寸的简单标注，使得消费者看到商品时，简单明了，如图 2-1-45 所示。

购买者如果要选购该商品，一定会注意笔记本的内页纸张材质以及横格的印刷质量，所以，我们要向购买者展示笔记本的内页，如图 2-1-46 所示。

图 2-1-45　笔记本的拍摄效果

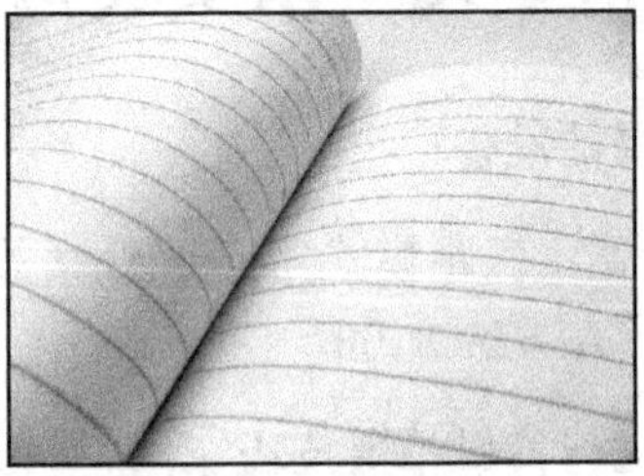
图 2-1-46　拍摄笔记本内页效果

尽可能的向购买者展示笔记本的整体外观以及封面设计、相关信息等内容，让购买者更加清晰直观的了解该商品，如图 2-1-47 所示。

还可以用手翻动笔记本内页来展示笔记本内页纸张的颜色、硬度、材质质量等信息，如图 2-1-48 所示。

图 2-1-47　拍摄笔记本外观效果

图 2-1-48　展示笔记本内页效果

4．经验小结

纸质商品的拍摄要注意整体画面的清新，拍摄前要注意对拍摄物品的简单修整，减少小瑕疵对整体拍摄画面的影响，还要注意拍摄时不要直上直下的拍，最好有一定的倾斜角度来体现空间透视关系。

比赛心得

在裁判允许开箱检查大赛所提供商品时，就要选择本队要拍摄宣传的商品，首先要考虑所选商品的构图问题，随后要使用大赛所提供的拍摄器材进行简易摄影棚的搭建（一定要充分地利用身边的有限资源）。

首先我们要对背景纸进行固定（大赛提供蓝、白亚粉纸各一张，具体布景颜色要根据本队所选商品的实际情况而定），使其具有一定弧度。然后将商品摆放在背景纸上对其进行打光，大赛提供四灯头的柔光箱，适当调整角度及距离，让被拍摄商品与光源均匀接触，布光完成后，要对大赛提供的数码相机（三星 PL20）进行设置，调节白平衡及 ISO 等参数。

可以将柔光灯放置于左侧，银色反光板放置于右侧，形成一个相对封闭的迷你摄影棚，这样可以减少外界光源对本队所拍摄物品的影响。

注意：如果本队所选商品有玻璃、金属等易产生高光反射的商品时，可以使用大赛提供的 A4 纸（大赛提供白色 A4 纸两张）对其进行对折并从中心位置撕开一个圆孔套在相机镜头上，以此来解决这类商品对周围景物的影像反射问题。

毛巾这类棉织商品（优先考虑拍摄）由于材质属于吸光商品，所以拍摄效果会更容易达到完美，只要注意将这类商品的纹理材质展现出来就好，还要注意对这类商品的造型摆放恰当。

塑料类商品的拍摄：如牙膏、水彩笔这类商品，为了充分体现商品的特性及功能等方面，我们可以将牙膏挤在 A4 纸上、水彩笔在 A4 纸上画些直线然后再进行拍摄，但是要注意的是塑料商品也有高光反射问题，所以拍摄时要注意采用斜上方拍摄，细节部分选用微距模式拍摄。

在对所选几样商品进行拍摄时，要注意对商品的主图、辅图的功能区分，主图是为了展示商品的整体外观特征，辅图是为了辅助展示商品的功能、颜色、材质、特性等因素的影像。

拍摄时尽量使用三脚架进行拍摄，这样可以避免由于赛场紧张、隔壁队伍等内、外因素的影响而抖动，影响画面拍摄效果。如果对三脚架使用不熟练或者为了节省比赛时间，还可以将两只胳膊抵在操作台上，左手手指指尖抵住操作台，将相机放在左手手背上，形成一个类似于三脚架功能的姿势来防止抖动。

为了保险起见，在拍摄时可以一个角度多拍几张照片，从中选取适合的照片，以免只照一张的话，如果不合适则需要返工耗费比赛时间。

实　训

请选择不同材质的日用商品进行拍摄练习：

（1）塑料类有牙膏、塑料饭盒等；

（2）棉织类有毛巾、百洁布等；

（3）金属类有电池、金属挂钩等；

（4）皮革类有皮带、钱包等；

（5）玻璃类有灯泡、水杯等；

（6）木质类有毛笔、木质衣架、木梳等；

（7）纸质类有笔记本、纸巾等。

项目二　商品图片处理

一、项目描述

网上销售的产品购买者是无法看到实物的，图片就是购买者了解产品情况的最主要的手段。商品图片的处理显得尤为重要，一定要满足客户的要求：真实全面的反映产品，最大可能让买者了解产品的细节、颜色、大小、质量等。

为了使我们得到的商品图片更加符合真实商品，需要使用 Photoshop 软件对拍摄后的商品图片进行简单修饰。

二、项目分析

由于拍摄现场设备有限，所以拍摄的商品图片可能不太理想，这时候需要对其进行美化修饰，商品图片处理主要有以下几点。

（1）照片倾斜：有时照片只是稍微的倾斜了一点，看起来就会很不舒服，这就需要调整其角度，让照片变得不再倾斜。

（2）照片变形：要拍摄丝毫不变形的照片非常困难，由于近大远小的成像规律，好多照片都会变形，所以需要使用软件恢复商品的本来形状。

（3）照片截取：在拍摄时偶尔会将不需要的部分拍摄下来，这时可以截掉周围不需要的部分，这样可以让画面更加整洁，商品也能更大的显示。

（4）照片偏暗：如果背景和被拍摄商品的颜色都发白，那么拍摄出来的照片往往会偏暗，所以需要使用软件对商品图片进行亮度、对比度、色调的调节。

（5）照片污点：拍摄的商品图片，有时会因为不小心将脏点、杂物拍摄进去，有时是因为商品本身有瑕疵，这时就要使用软件对其进行修补、去污的操作。

三、项目实施

任务一　木质类商品图片处理实战——毛笔

木质类商品图片（毛笔）修复前后的效果，分别为如 2-2-1 和图 2-2-2 所示。

图 2-2-1　修复前的效果图

图 2-2-2　修复后的效果图

操作提示

（1）分析素材照片存在的问题，并根据设计需要选择截取恰当位置。
（2）使用 Photoshop 软件中的修图功能对素材照片进行美化。
（3）将想要体现出来的细节部分加强。

1．分析素材照片存在的问题

从素材照片可以看出由于拍摄问题导致照片整体模糊无法将毛笔材质的质感体现出来，如图 2-2-3 所示。

2．Photoshop 对素材照片进行美化

综合上述所述问题，我们可以用 Photoshop 软件中的锐化滤镜对图片素材进行修改。
步骤：选择"滤镜"→"锐化"→"USM 锐化"，参数设置如图 2-2-4 所示。

图 2-2-3　素材照片

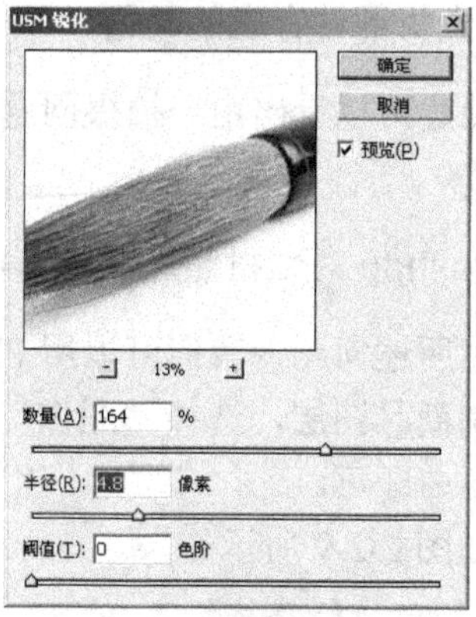

图 2-2-4　设置 USM 锐化参数

3．细节加强

综合上述得到的图像已经基本达到使用要求，但是为了更好的图片效果，我们可以对画面细节进行进一步处理。

步骤：可以看见在毛笔笔锋处有几根多余的毛发存在，我们可以使用 Photoshop 软件中的仿制图章工具进行修改。其最终效果如图 2-2-5 所示。

图 2-2-5　最终效果图

任务二　金属类商品图片处理实战——电池

金属类商品图片（电池）修复前面的效果图，分别如图 2-2-6 和图 2-2-7 所示。

图 2-2-6　修复前的效果图

图 2-2-7　修复后的效果图

操作提示

（1）分析素材照片存在的问题，并根据设计需要选择截取恰当位置。

（2）使用 Photoshop 软件中的修图功能对素材照片进行美化。

（3）将想要体现出来的细节部分加强。

1．分析素材照片存在的问题

从素材照片可以看出由于拍摄问题，拍摄的商品图片颜色与实物不符，偏青色，如图 2-2-8 所示。

2．Photoshop 对素材照片进行美化

综合上述所述问题，我们可以用 Photoshop 软件中的如下步骤对图片素材进行修改。

（1）复制商品图层，选择“图像”→“调整”→“亮度/对比度”，拖动控制柄，看到主体背景颜色变白即可。

其效果如图 2-2-9 所示。

图 2-2-8　素材照片

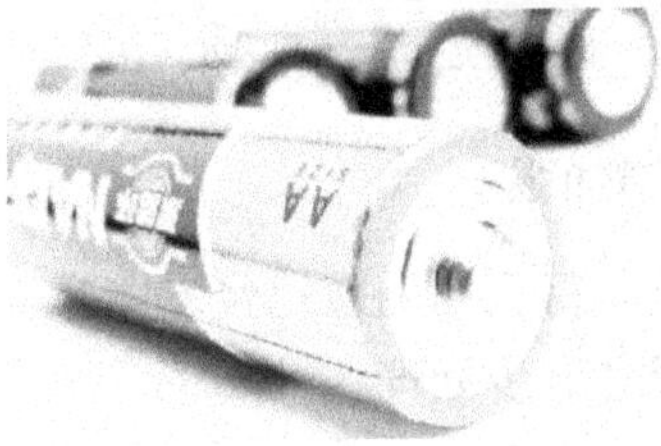

图 2-2-9　主体背景颜色变白

（2）选择“橡皮工具（E）”，选中步骤 1 图层进行擦除（只擦除金属电池部分），如图 2-2-10 所示。

擦除完毕后效果，如图 2-2-11 所示。

图 2-2-10　擦除金属电池部分

图 2-2-11　擦除完毕后的效果

3．细节加强

综合上述步骤处理之后，我们就得到可以使用的商品图片了，但是要起到宣传作用，还需要在图片上进行细微的调整，添加上商品细节描述等信息，如图 2-2-12 所示。

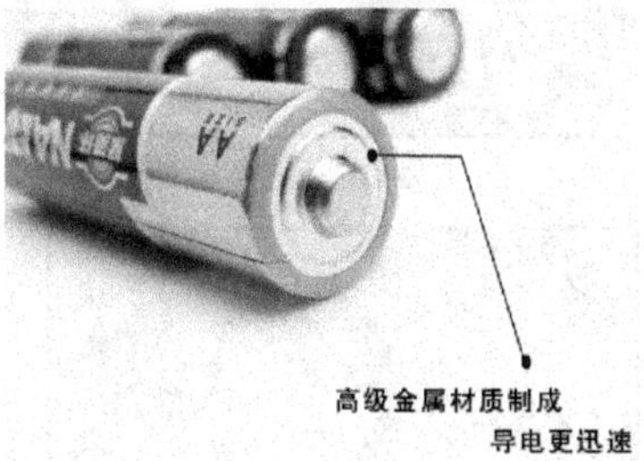

图 2-2-12　添加商品细节描述信息

任务三　玻璃类商品图片处理实战——灯泡

玻璃类商品图片（灯泡）修复前后的效果，分别如图 2-2-13 和图 2-2-14 所示。

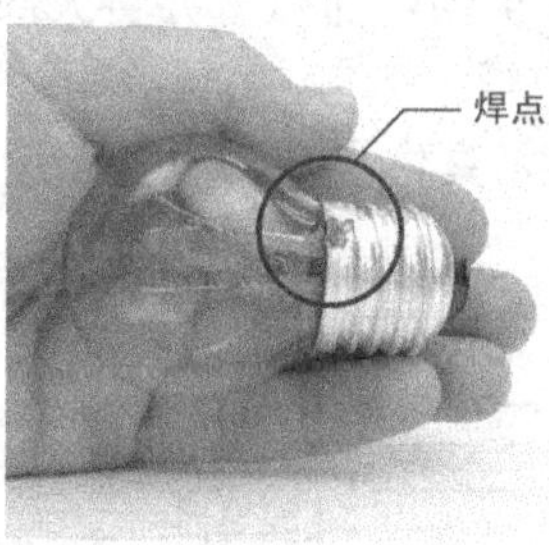

图 2-2-13　修复前的效果图

图 2-2-14　修复后的效果图

操作提示

（1）分析素材照片存在的问题，并根据设计需要选择截取恰当位置。

（2）使用 Photoshop 软件中的修图功能对素材照片进行美化。

（3）将想要体现出来的细节部分加强。

1．分析素材照片存在的问题

从素材照片可以看出由于拍摄者拍摄时不注意，导致影响画面整体美观的焊点拍进了画面，由于重新拍摄可能会浪费更多的比赛时间，所以需要将这部分焊点用软件去掉，如图 2-2-15 所示。

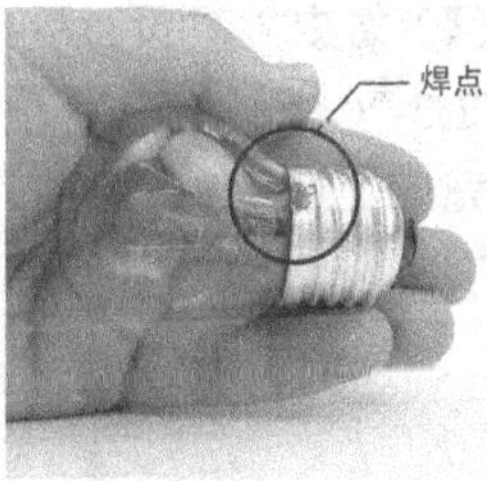

图 2-2-15　素材照片

2．Photoshop 对素材照片进行美化

上述所述问题，我们可以用 Photoshop 软件中的如下步骤对图片素材进行修改。

（1）选择“钢笔工具（P）”，在焊点附近选择如图 2-2-16 所示形状，建立选区后复制灯头这部分备用，如图 2-2-17 所示。

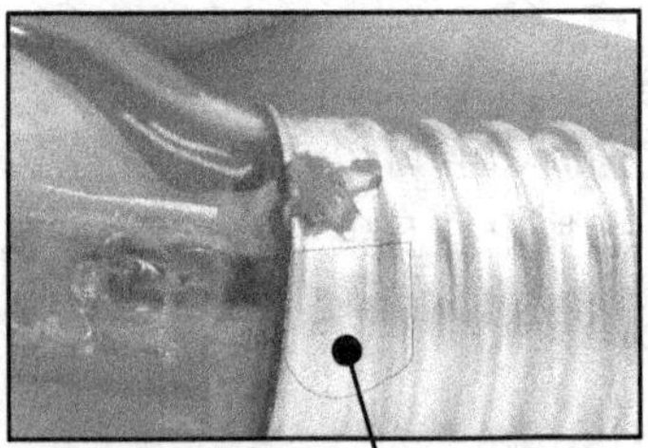

图 2-2-16　建立选区

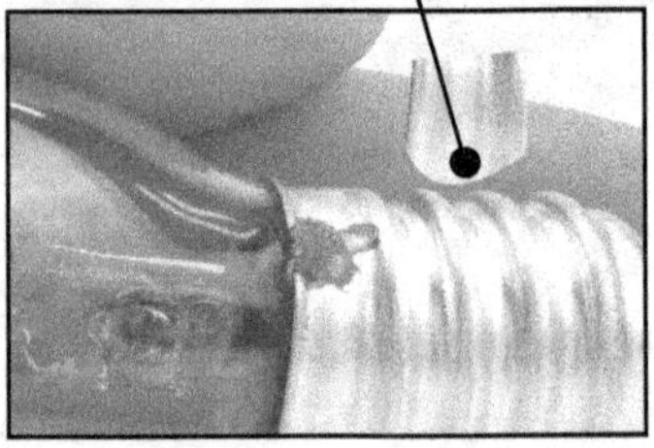

图 2-2-17　复制选区

（2）将复制出来的备用形状拖至焊点上面，直至完全遮盖焊点后，使用“编辑”→“变化（Ctrl+T）”→“变形（W）”，拖动控制点，使其符合灯头的弯曲弧度并将大部分螺纹对齐，如图 2-2-18 所示。

（3）选择“橡皮工具（E）”后，选择“柔角笔触”，具体参数的设置如图 2-2-19 所示。

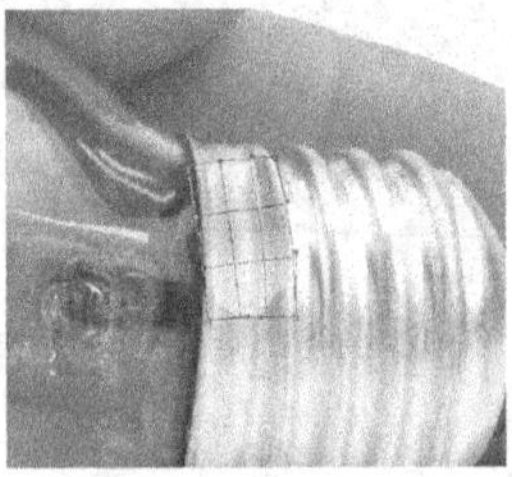

图 2-2-18　修复灯头的焊点处

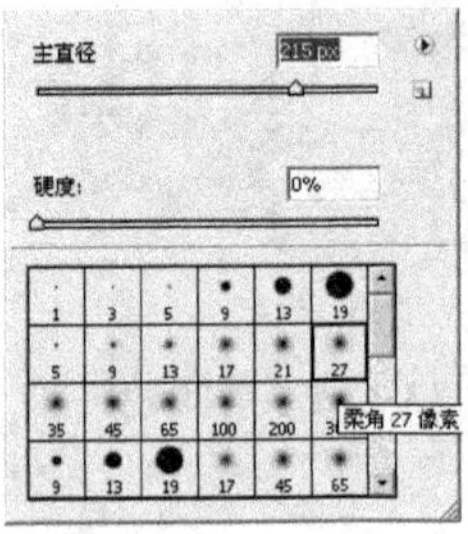

图 2-2-19　设置柔角笔触参数

（4）橡皮工具设置完成后，擦拭变形后的图形边缘，使图形与灯头其他部分融合在一起，如图 2-2-20 所示。

完成上述步骤后我们可以看到，图片上的焊点已经基本被覆盖住了，如图 2-2-21 所示。

图 2-2-20　擦拭变形后的图形边缘

图 2-2-21　修复灯头焊点的效果图

3. 细节加强

为了得到更好的图片效果，我们可以对画面细节进行进一步处理，让覆盖图层能与灯头更好地结合，具体操作步骤如下。

选中遮盖图层为当前图层，选择“图像”→“调整”→“曲线”工具，对该图层进行如图 2-2-22 所示设置。其曲线调整前后的效果图，分别如图 2-2-23 和图 2-2-24 所示。

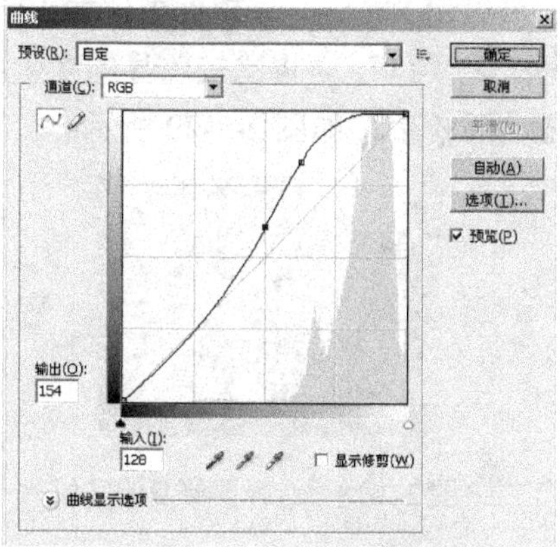

图 2-2-22　曲线参数的设置

图 2-2-23　曲线调整前的效果图

图 2-2-24　曲线调整后的效果图

任务四　皮革类商品图片处理实战——腰带

皮革类商品图片（腰带）修复前面的效果，分别如图 2-2-25 和图 2-2-26 所示。

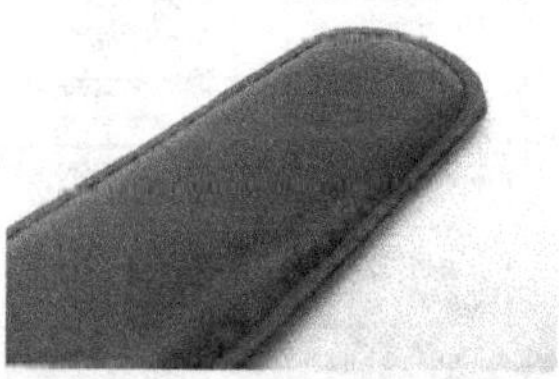

图 2-2-25　修复前的效果

图 2-2-26　修复后的效果图

操作提示

（1）分析素材照片存在的问题，并根据设计需要选择截取恰当位置。

（2）使用 Photoshop 软件中的修图功能对素材照片进行美化。

（3）将想要体现出来的细节部分加强。

1．分析素材照片存在的问题

从素材照片可以看出由于拍摄前未做好清洁处理，导致皮带上有灰尘杂物，并且无法看清该腰带的皮质纹理，影响了商品图片的整体美观，如图 2-2-27 所示。

2．Photoshop 对素材照片进行美化

综合上述所述问题，我们可以用 Photoshop 软件中的如下步骤对图片素材进行修改。

（1）选择软件中的“修补工具（J）”将比较明显的灰尘圈起来，如图 2-2-28 所示。

（2）向选区附近的区域拖动后松手，如图 2-2-29 所示。

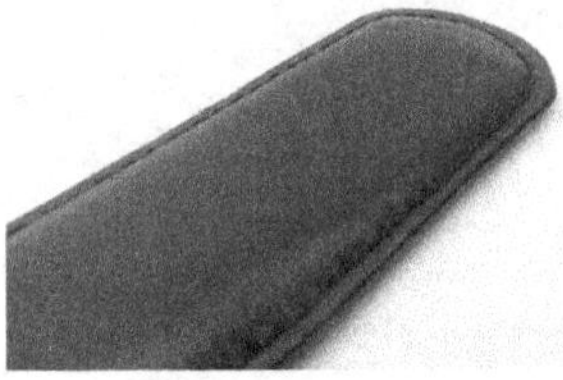

图 2-2-27　素材照片

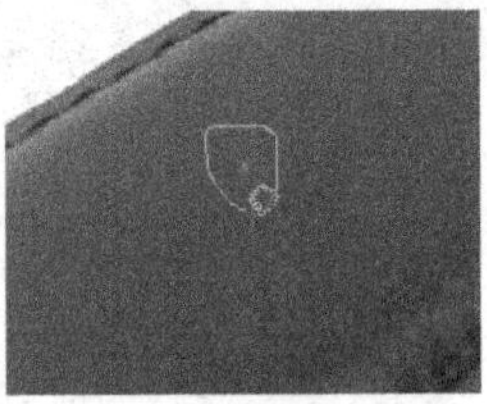

图 2-2-28　选择要修复的区域

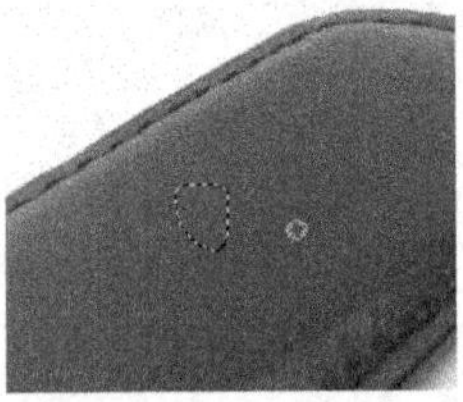

图 2-2-29　修复选择的区域

可以看出，修复后腰带上的灰尘杂物已经没有了，如图 2-2-30 所示。

3．细节加强

为了得到更好的图片效果，我们可以对画面细节进行进一步处理，让皮质腰带的纹理更加清晰，皮质光泽更加明显。需要使用图像调整中的“自动颜色”、“自动对比度”、“自动色阶工具”，如图 2-2-31 所示。

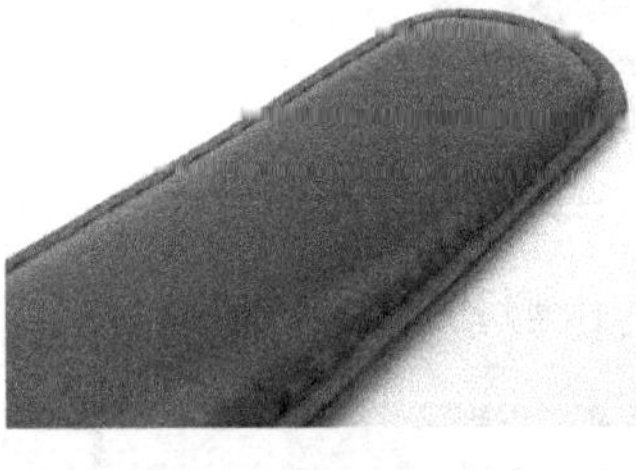

图 2-2-30　修复后的效果

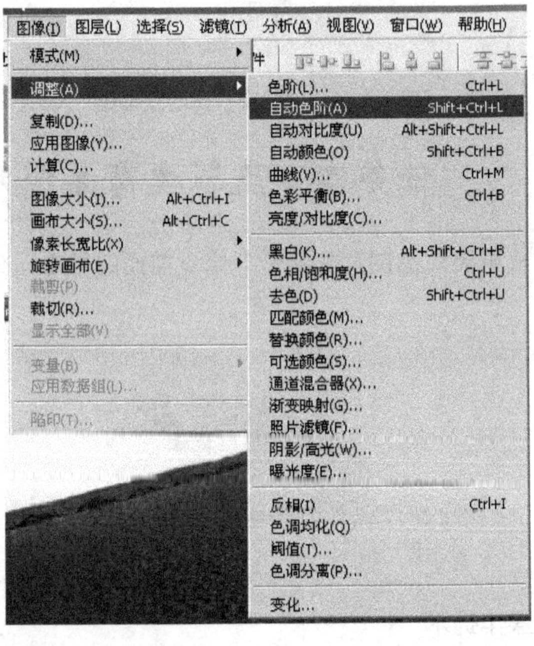

图 2-2-31　“调整”级联菜单

此外，我们还要使用“滤镜”→“锐化”→“智能锐化”工具进行修饰，具体参数要根据所拍摄皮质商品的纹理来决定，只要清晰的体现出纹理即可，此外，还可以对图片进行自由变换来调节它的透视关系。

任务五　棉织类商品图片处理实战——毛巾

棉织类商品图片（毛巾）处理前后的效果，分别如图 2-2-32 和图 2-2-33 所示。

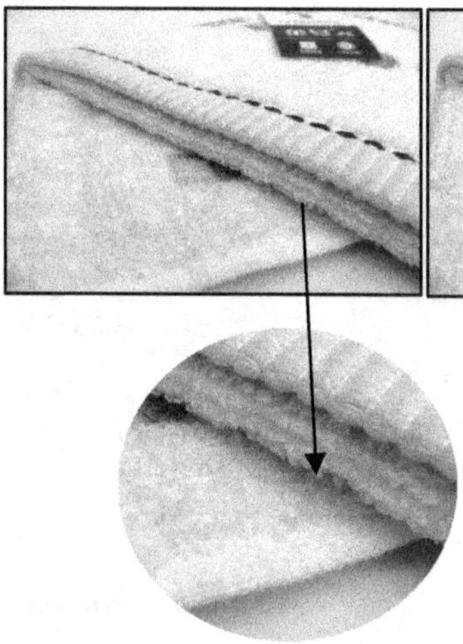

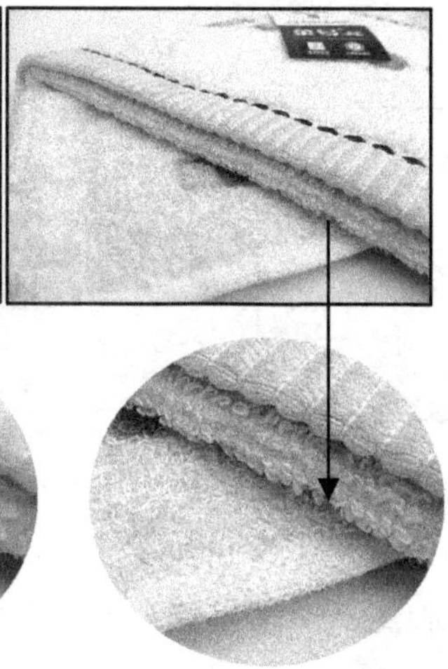

图 2-2-32　处理前的效果　　　图 2-2-33　处理后的效果图

操作提示

（1）分析素材照片存在的问题，并根据设计需要选择截取恰当位置。

（2）使用 Photoshop 软件中的修图功能对素材照片进行美化。

（3）将想要体现出来的细节部分加强。

1．分析素材照片存在的问题

从素材照片可以看出由于拍摄时布光不足，导致商品颜色偏暗，与商品实物颜色有偏差，并且毛巾棉织纹理不明显，如图 2-2-34 所示。

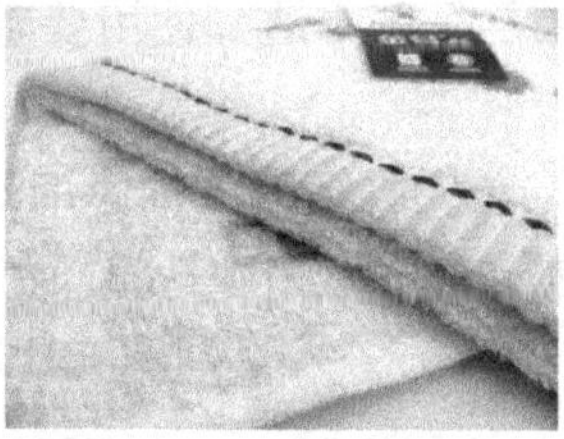

图 2-2-34　素材照片

2．Photoshop 对素材照片进行美化

上述所述问题，我们可以用 Photoshop 软件中的曲线工具对图片素材进行修改。

步骤：选择“图像”→“调整”→“曲线”，如图 2-2-35 所示。

以上步骤可以得到颜色与商品实物相符的图片，但是为了体现商品的纯棉质感，我们要使用“锐化”工具，使得棉织纹理更加突出明显。

步骤如下：

选择“滤镜”→“锐化”→“智能锐化”，如图 2-2-36 所示。数量/半径参数根据拍摄毛巾质地决定，只要突出纹理就好。

注意：锐化后会使得图片噪点增多，所以可以使用“滤镜”→“杂色”→“减少杂色”，对图片进行调节。

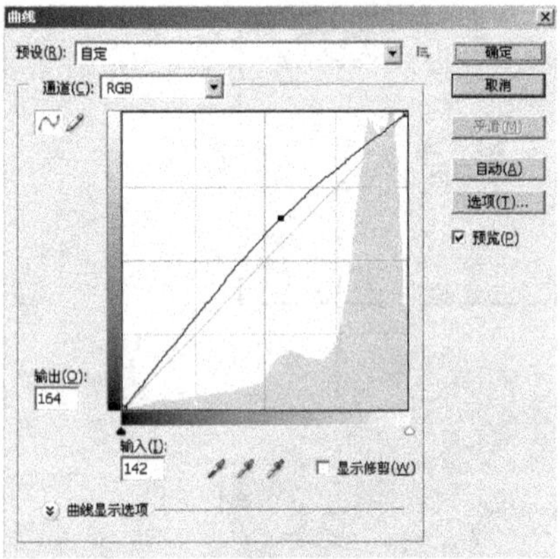

图 2-2-35　曲线参数的设置

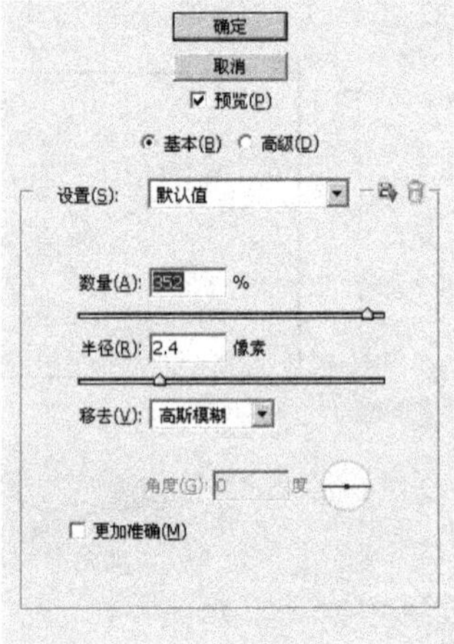

图 2-2-36　智能锐化参数的设置

使用“锐化”工具后效果对比，如图 2-2-37 和图 2-2-38 所示。

图 2-2-37　没有使用“锐化”工具前的效果图

图 2-2-38　使用“锐化”工具后的效果图

3. 细节加强

综合以上步骤，我们得到的图像已经基本达到使用要求，但是为了得到更好的图片效果，可以对画面细节进行进一步处理。

使用加深简单工具（图 2-2-39）对针脚细节进行修饰。

经过以上步骤，我们得到处理好的商品毛巾图片的最终效果如图 2-2-40 所示。

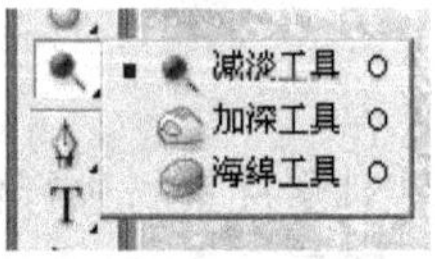

图 2-2-39　使用加涤工具

图 2-2-40　商品的最终效果图

任务六　塑料类商品图片处理实战——牙膏

塑料类商品图片（牙膏）处理前后的对比，如图 2-2-41 和图 2-2-42 所示。

图 2-2-41　处理前的效果图

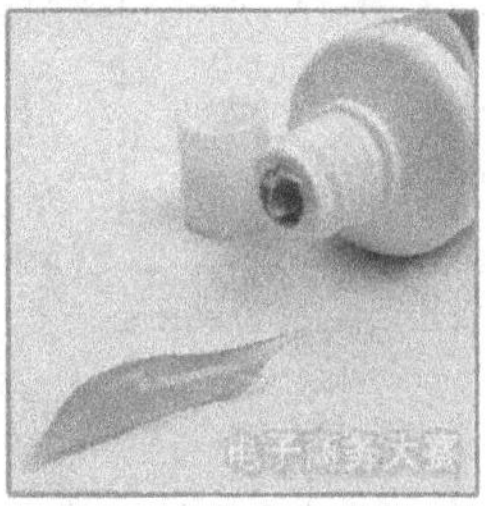

图 2-2-42　处理后的效果图

操作提示

（1）分析素材照片存在的问题，并根据设计需要选择截取恰当位置。

（2）使用 Photoshop 软件中的修图功能对素材照片进行美化。

（3）将想要体现出来的细节部分加强。

1．分析素材照片存在的问题

从素材照片可以看出由于拍摄问题导致照片整体偏暗无法将水晶牙膏晶莹剔透的感觉体现出来，而且牙膏包装由于灰暗显得不洁净，如图 2-2-43 所示。

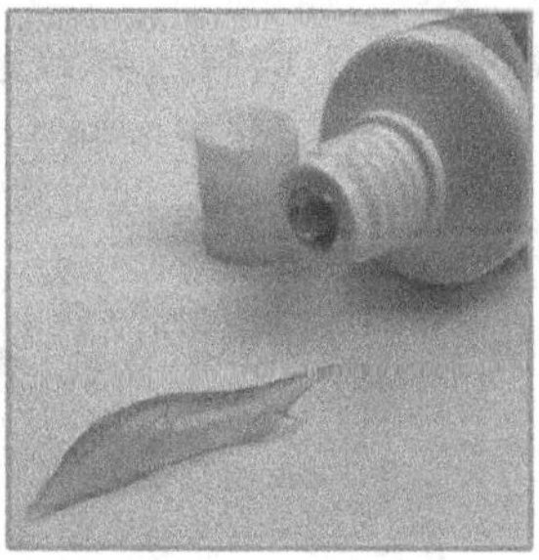

图 2-2-43　素材照片

2．Photoshop 对素材照片进行美化

上述所述问题，我们可以用 Photoshop 软件中的“图像→“调整”菜单下的工具对素材进行修饰，从而可以让商品可以更好的展现在消费者面前。

步骤：选中素材图层→“图像”→“调整”→“曲线”，如图 2-2-44 所示。

3．为素材图片添加水印

为了防止网络用户盗图，我们可以为素材照片加上水印，这样既可以防止盗图又可以美化图片，水印的正确添加可以为图片达到锦上添花的作用。

步骤：将提供的水印拖至素材照片之上（放置于适当位置）并调节不透明度，使水印与素材照片完美融合，如图 2-2-45 所示。

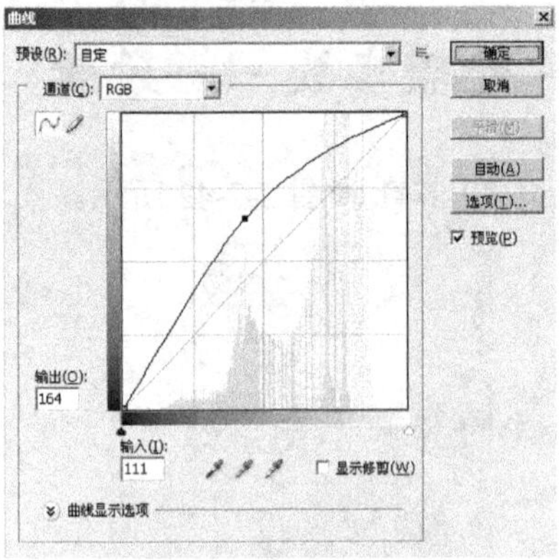

图 2-2-44　曲线参数的设置

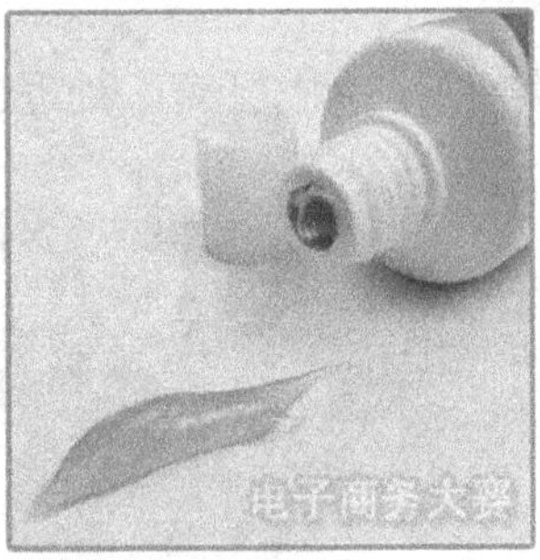

图 2-2-45　为素材图片添加水印

任务七　纸质类商品图片处理实战——笔记本

操作提示

（1）分析素材照片存在的问题，并根据设计需要选择截取恰当位置。

（2）使用 Photoshop 软件中的修图功能对素材照片进行美化。

（3）将想要体现出来的细节部分加强。

1．分析素材照片存在的问题

从素材照片可以看出由于拍摄时打光不均匀，导致素材照片右上方箭头所指的地方偏暗，还有图片中下方处由于笔记本本身侧棱面材质问题影响了整体美观，所以我们针对以上两点明显缺陷进行修改，如图 2-2-46 所示。

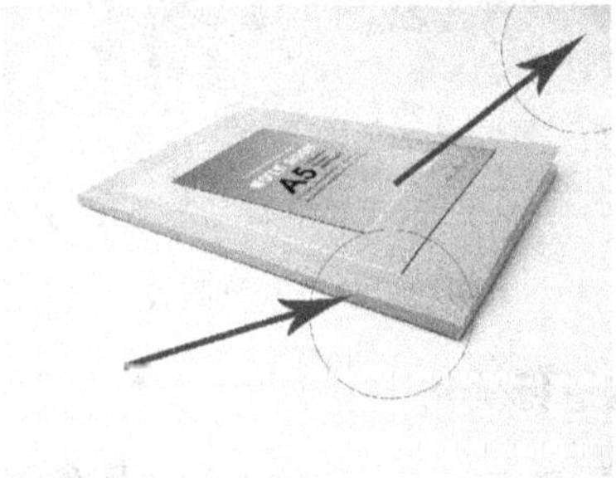

图 2-2-46　素材照片存在的问题

我们设定素材右上方偏暗部分为问题①，中下方侧棱面为问题②。

2．Photoshop 对素材照片进行美化

综合上述所述问题，我们可以用 Photoshop 软件中的如下步骤对图片素材进行修改。

问题①：针对问题①的解决方法是选择软件中的仿制图章工具（S），在偏暗处周围颜色较为明亮的地方按住【Alt】键后取样，然后松开【Alt】键后单击偏暗处，如图 2-2-47 所示。

注意：为了让取样点与修改后的地方过渡自然一定要用柔角笔触进行修复，如果选用尖角则会过度生硬，如图 2-2-48 所示。

图 2-2-47 针对图片右上方偏暗部分进行修复

图 2-2-48 修复后的效果

使用“仿制图章”工具前后的对比，如图 2-2-49 和图 2-2-50 所示。

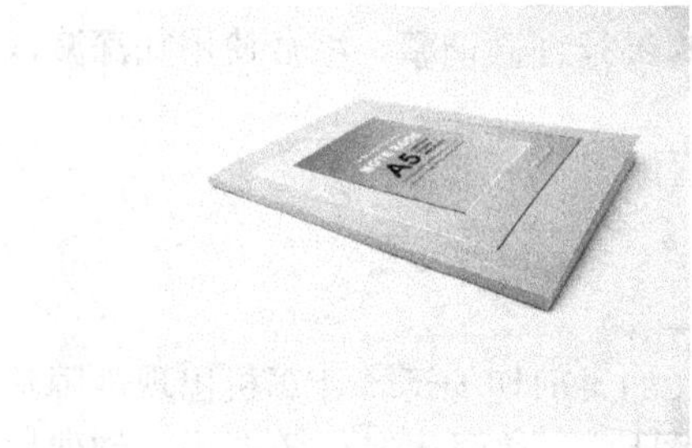

图 2-2-49 使用“仿制图章”工具前的效果图

图 2-2-50 使用“仿制图章”工具后的效果图

由图 2-2-49 与图 2-2-50 两图对比可以看出，使用仿制图章工具后，素材画面变得和谐很多，消除了局部画面偏暗的问题，使得商品背景颜色一致，感觉清新。

问题②：针对问题②的解决方法如下。

（1）选择软件中的“钢笔”工具（P），沿着笔记本侧棱面绘制路径，如图 2-2-51 所示。

（2）选中素材图片图层建立选区并设置羽化半径为 1 像素，如图 2-2-52 所示。

图 2-2-51 绘制路径

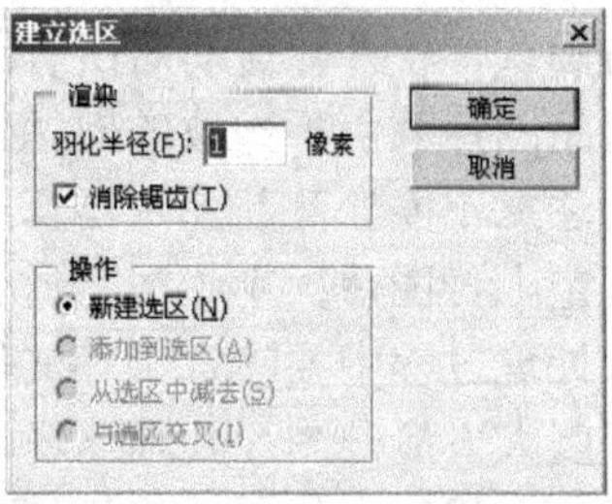

图 2-2-52 建立选区并设置羽化半径

（3）选择软件中的“减淡”工具（O）对其进行如图 2-2-53 所示参数设置后，对钢笔选取颜色较深的地方进行涂抹，涂抹前后效果如图 2-2-54 和图 2-2-55 所示。

图 2-2-53 减淡参数的设置

注意：（1）让修补效果过渡自然，要像问题①中的注意一样选用柔角笔触进行修补。

（2）建立选区时一定不要将棱角线选中，以免减淡后让立体商品变成平面。

图 2-2-54　涂抹前的效果图

图 2-2-55　涂抹后的效果图

综合上述步骤，我们得到了如图 2-2-56 所示的画面整洁清新，商品颜色纯正的商品图片。

3．细节加强

如果比赛时间足够，要是觉得画面有待修改可以对其进行细微调整，综合使用加深减淡工具以及仿制图章工具。

比 赛 心 得

将拍摄好的商品图片从数码相机中复制到计算机上（如果剪切的话，计算机出现故障后照片消失就需要重新拍摄，所以使用“复制”命令选取图片），按照比赛任务书规定创建比赛用本队文件夹并按照要求取好文件夹名后开始处理图片，我们拍摄的图片有时可能会出现颜色失真或者商品表面有瑕疵污垢等影响整体画面感觉的不和谐因素，所以我们要使用大赛提供的 Photoshop 软件进行后期美化处理。

由于比赛是限时性比赛，为了节省本队的比赛时间，在处理商品图片时可以使用 PS 里面的批处理选项对所选商品图片进行格式、大小等方面的处理。

在这里，首先要将动作窗口调出，录制新的动作，例如：如果全部商品图片偏暗，可以创建一个新的动作，调整色阶等选项后，结束动作录制，运行批处理，选择刚刚录制好的新动作后单击确认，软件会自动对所有图片进行处理，这大大减少了逐张手动调节的时间，也避免出现商品图片颜色不一致的问题。如果有需要可以对单张商品图片进行微调。

但是要注意不能让商品图片与真实商品颜色、形状、比例等方面存在差异。

比赛规定上传图片大小不得超过 500KB，尺寸为 300×300 像素，这点选手要注意控制。

在图片处理过程中要注意保存文件，避免计算机出现故障使得文件丢失，尽量使用快捷键，这样可以大大提升图片处理速度，节省比赛时间。

比赛任务书规定上传图片为每件商品主图 1 张，辅图 4 张。

在处理商品图片时为了节省比赛时间可以将之后要做的宣传图片素材一起完成。

实　　训

请根据项目一实训练习拍摄的图片进行七类商品的图片处理。

项目三　商品宣传图片设计

一、项目描述

21 世纪社会什么都讲究创新，创意设计无疑成为了主流。我们经常在电视上看到一些服装秀节目，那些普通的服装经过设计师的手法，经过创新，展现给广大观众，给我们一种视觉的冲击，觉得特别的好看，这其实就是创意设计。只是将很普通的商品经过创意从而给人一种不同的感觉，吸引人的眼球，刺激人们的购买欲望。一个创意设计可以带动整个公司的业绩。同样网店出售商品时也是需要创新。

根据比赛要求，需要使用项目一、二得到的商品图片对其进行美化修饰，从而达到为所选商品进行宣传的目的。

二、项目分析

限时性的比赛对商品宣传图的制作有一定的限制，如果过于追求图片的精美则会浪费掉大量时间，这就需要我们掌握一定的制图技巧，大概有以下几点。

宣传图片背景制作：一个好的背景可以让人眼前为之一亮，并能充分衬托所选商品，我们可以在训练过程中形成几套模板并根据商品的不同进行更改，但要记住一定要简单、清新。

商品图片的选取：由于是商品宣传图片制作，所以一定要让购买者在看到宣传图片的第一眼时就会被吸引住，这对商品图片的选择尤为重要，选择外观精美、颜色亮丽的商品图片为佳。

促销信息：为了对所选商品进行营销宣传，选择与商品相关的比较重要的促销信息，将其放置于宣传图片上，这些文字信息要让购买者可以直观的了解该商品的价格、功能、颜色、型号、优惠信息等有用信息。

整体构图：宣传图片的制作要有重点，最需要体现的信息要比其他信息的字号大并且颜色比其明显。一般需要将商品图片放置于图片中央位置，也可以将商品图片放置于两侧，这样可以做到简洁明了便于摆放文字信息。

三、项目实施

任务一　木质类商品宣传图片设计——毛笔

木质类商品宣传图片设计效果图，如图 2-3-1 所示。

图 2-3-1　宣传效果图

操作提示

（1）绘制宣传图主背景，确定整体画面风格。

（2）根据商品特性确立绘图风格。

（3）添加文字以及图形信息，并进行微调。

1．绘制宣传图片主背景，确定整体画面风格

（1）新建（Ctrl+N）900×321 像素的文件，如图 2-3-2 所示。

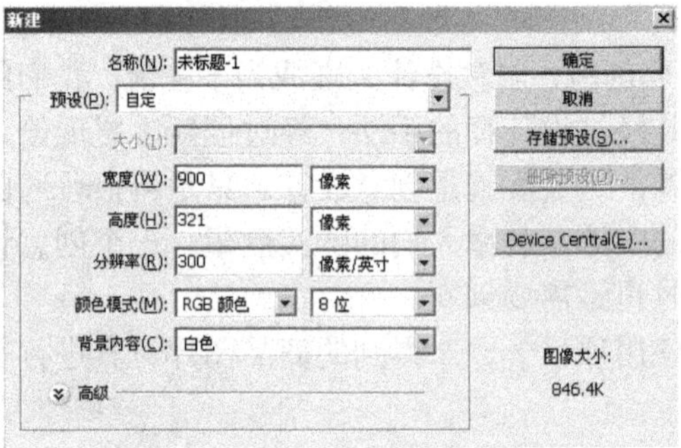

图 2-3-2　新建文件

（2）在背景图层填充灰色（#bebcbc），复制灰色图层选择“渐变”工具，具体参数的设置如图 2-3-3 所示。

图 2-3-3　渐变参数的设置

（3）在复制灰色图层中进行多次拖曳，直至出现如图 2-3-4 所示的效果后，选择“滤镜”→“风格化”→“浮雕效果”，具体参数的设置如图 2-3-5 所示；选择“图像→“调整”→“色阶”，具本参数的设置如图 2-3-6 所示。

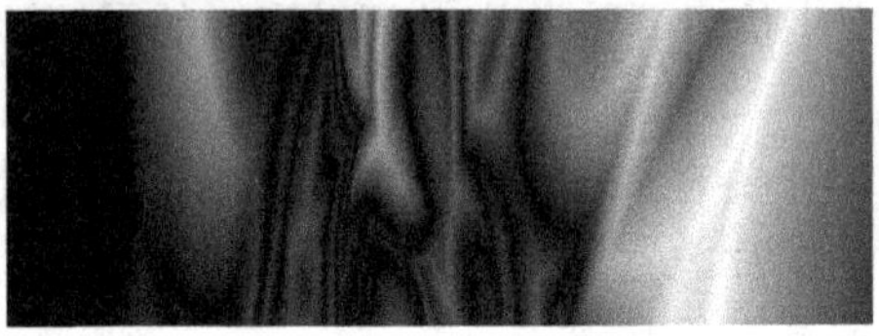

图 2-3-4　绘制背景图的效果

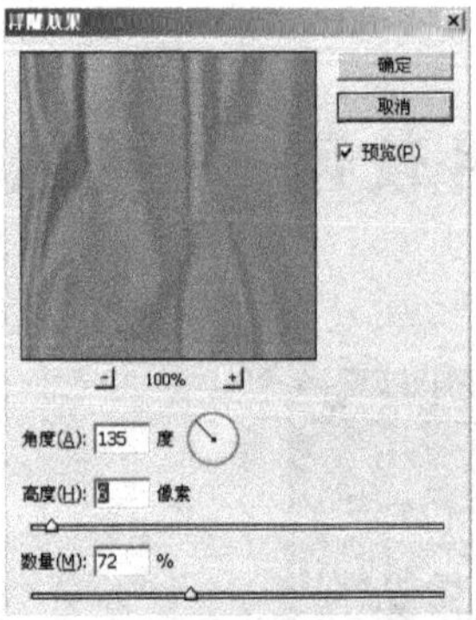

图 2-3-5　浮雕效果参数的设置

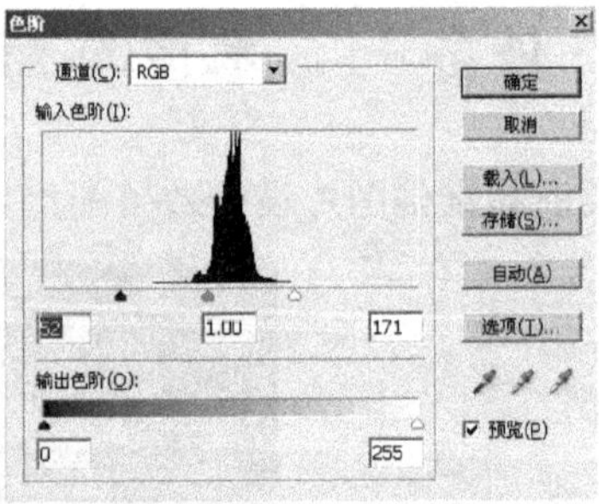

图 2-3-6　色阶参数的设置

设置完成后的效果图如图 2-3-7 所示。

（4）设置图层混合模式-滤色后得到皱纹纸效果，如图 2-3-8 所示。

图 2-3-7　设置完成后的效果图

图 2-3-8　皱纹纸的效果

（5）新建图层并填充黄色（色值为#bebcbc），设置图层混合模式-点光后，其效果如图 2-3-9 所示。

（6）新建图层填充渐变背景（色值为#f80000～#470000），设置图层混合模式-线性加深，其效果如图 2-3-10 所示。

图 2-3-9　设置图层混合模式-点光后效果

图 2-3-10　设置图层混合模式-线性加深后效果

（7）选择画笔工具并适当减少透明度绘制出如图 2-3-11 所示的树枝图形。

（8）选择“画笔”工具（选择柔角笔触）绘制如图 2-3-12 所示线条，并用“涂抹”工具对线条进行涂抹使其产生墨汁在水中匀染开的效果，如图 2-3-13 所示。

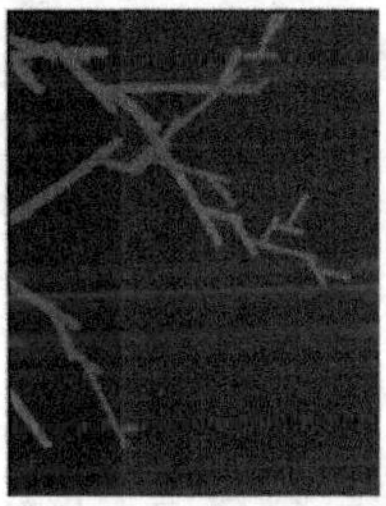

图 2-3-11　绘制树枝图形

图 2-3-12　绘制线条

图 2-3-13　涂抹后的效果

2．根据商品特性确立绘图风格

（1）使用文字工具在图中输入“墨色”两个字，并调节大小，为其添加红色外发光图层样式，具体参数的设置如图 2-3-14 所示。设置参数后的效果如图 2-3-15 所示。

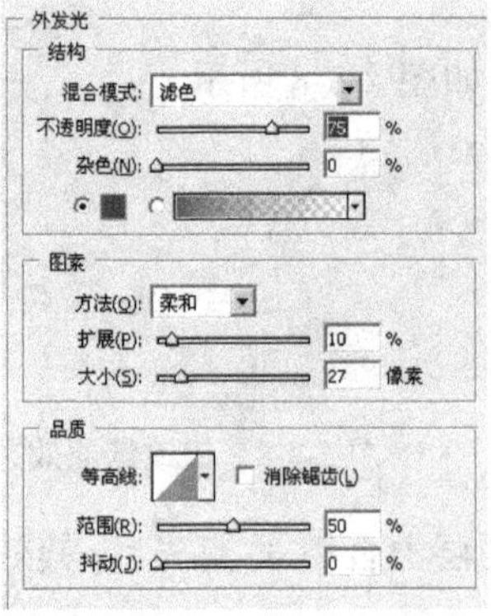

图 2-3-14 外发光参数的设置

图 2-3-15 外发光效果图

（2）将毛笔素材图片拖入文件中放置合适位置并设置图层混合模式-变暗。

3. 添加文字以及图形信息，并进行微调

将文字信息输入进去，并进行大小字体的设置，调节至适当位置，最终效果如图 2-3-16 所示。

图 2-3-16 最终效果图

应用技术：

1. 图层混合样式
2. 画笔工具
3. 涂抹工具

任务二 金属类商品宣传图片设计——电池

金属类商品宣传图片设计效果图，如图 2-3-17 所示。

图 2-3-17 宣传效果图

操作提示

（1）绘制宣传图主背景，确定整体画面风格。

（2）添加文字以及图形信息，并进行微调。

1. 绘制宣传图片主背景，确定整体画面风格

（1）新建（Ctrl+N）900×400像素的文件，如图2-3-18所示。

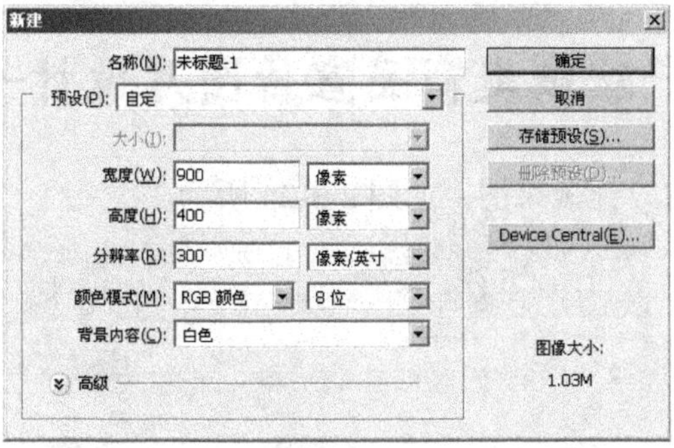

图2-3-18　新建文件

（2）将素材图片拖入文件中，并选择橡皮工具（E）进行擦除，效果如图2-3-19所示。
（3）新建图层，选择钢笔工具（P），绘制形状，并填充径向渐变，效果如图2-3-20所示。

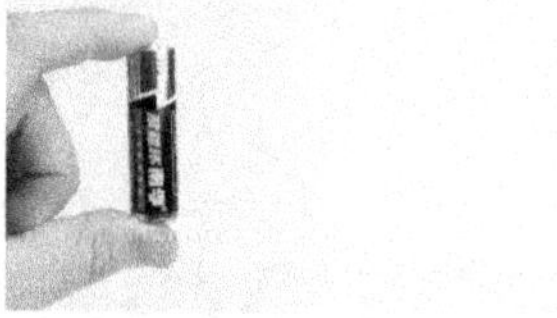

图2-3-19　将图片放入文件后的效果

图2-3-20　绘制主背景的效果

2. 添加文字以及图形信息，并进行微调

（1）输入商品文字信息、促销信息，并进行排版，如图2-3-21所示。
（2）绘制圆角矩形，设置不透明度为32%，如图2-3-22所示。

图2-3-21　添加文字信息后的效果

图2-3-22　绘制圆角矩形

（3）将设计者自行设计的商品细节小图拖入其中并排版，如图2-3-23所示。

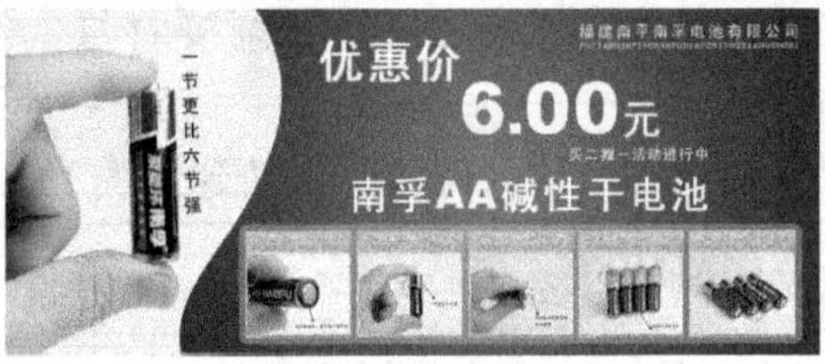

图2-3-23　最终效果图

应用技术：

1. 钢笔工具
2. 自定义图形
3. 渐变

任务三　玻璃类商品宣传图片设计——灯泡

玻璃类商品宣传图片设计效果图，如图 2-3-24 所示。

图 2-3-24　宣传效果图

操作提示

（1）绘制宣传图主背景，确定整体画面风格。

（2）根据商品特性确立绘图风格。

（3）添加文字以及图形信息，并进行微调。

1. 绘制宣传图片主背景，确定整体画面风格

（1）新建（Ctrl+N）900×400 像素的文件，如图 2-3-25 所示。

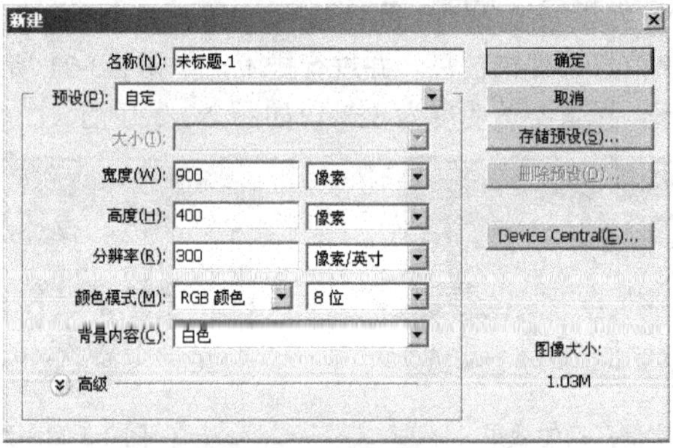

图 2-3-25　新建文件

（2）选择“渐变”工具绘制如图 2-3-26 所示渐变背景，灰色（R：190，G：190，B：190）。

（如果需要多次使用此渐变背景的话，可以单击新建渐变）

2. 根据商品特性确立绘图风格

（1）新建图层，选择钢笔工具（P），绘制如图 2-3-27 所示的形状。

图 2-3-26 绘制渐变背景

图 2-3-27 绘制图形

（2）选中形状图层，自由变换（Ctrl+T），如图 2-3-28 所示。

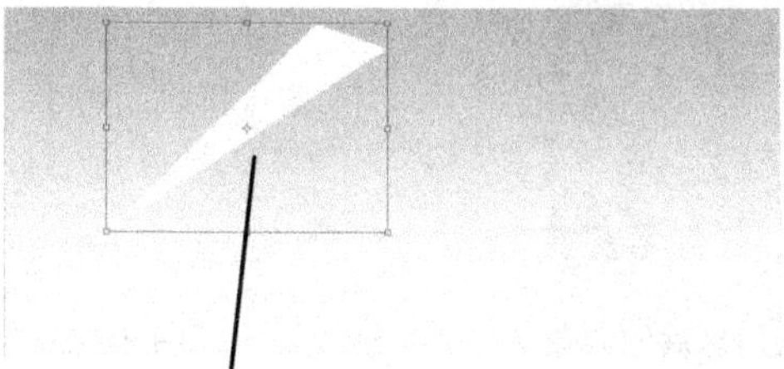

图 2-3-28 选中形状图层

（3）给图形自由变换（Ctrl+T）时会出现控制点，选择中心点并将其拖至左下角，如图 2-3-29 所示。

图 2-3-29 图形自由变换后的效果

（4）旋转图形（角度：约为 15°），并回车确定，如图 2-3-30 所示。

（5）使用快捷键【Ctrl】+【Shift】+【Alt】+【T】将自定义图形旋转复制一周后合并，如图 2-3-31 所示。

图 2-3-30 旋转图形后的效果

图 2-3-31 图形合并后的效果

（6）使用橡皮工具（选择柔角笔触）将自定义图形周围擦出渐变虚化效果，设置该自定义图层不透明度 44%，如图 2-3-32 所示。

图 2-3-32 将自定义图形周围擦出渐变虚化效果

3．添加文字及图形信息，并进行微调

（1）选择“文字”工具输入该商品的品牌缩写字母“FLS”（粗体英文字体即可），设置为红色后，栅格化此文字图层，如图 2-3-33 所示。

（2）选择“矩形选框”工具，选择如图 2-3-34 所示的区域，选中锁定透明像素 锁定: 后，前景色选择（R:158，G:18，B:18），填充前景色如图 2-3-35 所示。

（3）选择“文字”工具按照如图 2-3-36 所示输入文字信息并设置相应颜色及投影效果。

图 2-3-33 添加英文字母信息后的效果

图 2-3-34 选择所要绘制的区域

图 2-3-35 为选择区域填充前景色

图 2-3-36 输入文字信息并设置相应颜色及投影效果

（4）打开素材文件（文件名：宣传素材文件），使用钢笔工具抠图，将灯泡主体抠出，如图 2-3-37 所示。

（5）将灯泡主体拖入宣传文件中并设置图层样式，如图 2-3-38 所示。

图 2-3-37 使用钢笔工具抠图

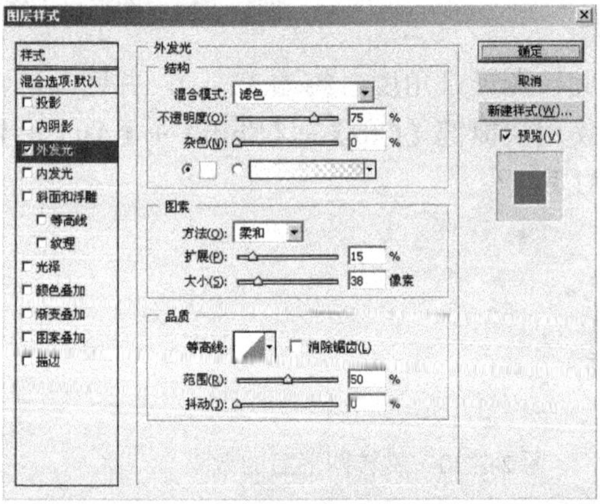

图 2-3-38 图层样式参数的设置

图 2-3-39 为灯泡主体和“40W”设置倒影效果

（6）为灯泡主体和“40W”设置倒影来增强视觉效果，如图 2-3-39 所示。

应用技术：

1. 钢笔工具
2. 自定义图形
3. 渐变

任务四　皮革类商品宣传图片设计——腰带

皮革类商品宣传图片设计效果图，如图 2-3-40 所示。

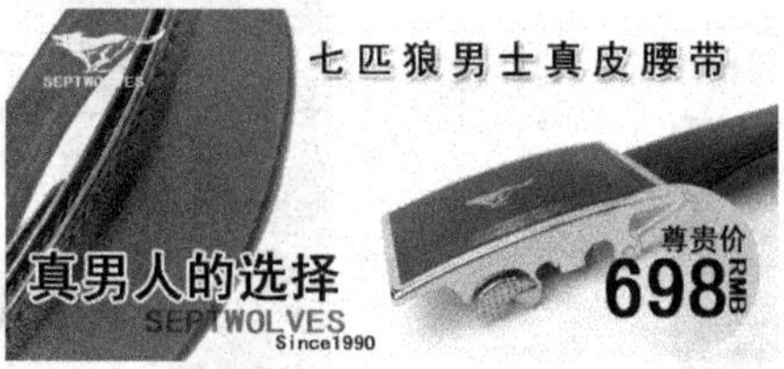

图 2-3-40　宣传效果图

操作提示

（1）绘制宣传图主背景，确定整体画面风格。
（2）根据商品特性确立绘图风格。
（3）添加文字以及图形信息，并进行微调。

1. 绘制宣传图片主背景，确定整体画面风格

（1）新建（Ctrl+N）900×400 像素的文件，如图 2-3-41 所示。

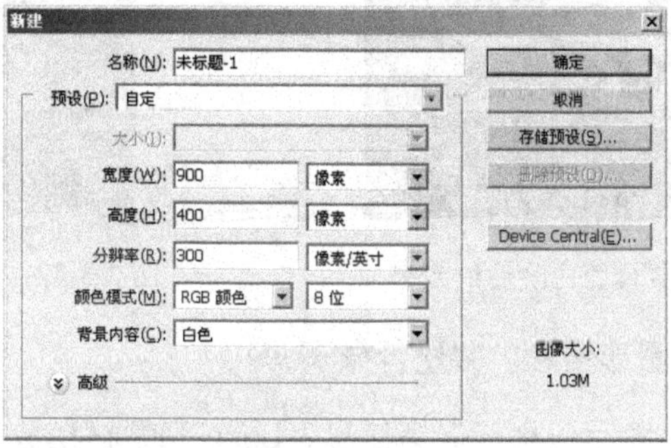

图 2-3-41　新建文件

（2）将两张素材图片拖入新文件中作为主背景，如图 2-3-42 所示。

2. 根据商品特性确立绘图风格

（1）打开素材图片选取皮质腰带金属扣上的七匹狼 Logo，如图 2-3-43 所示。

图 2-3-42　将图片拖入文件后的效果

图 2-3-43　选取皮革质腰带金属扣上的七匹狼标志

（2）新建图层填充黑色，截取椭圆形 Logo，如图 2-3-44 所示。
（3）选中椭圆形 Logo 图层，选择“图像”→“调整”→“色阶”，当 Logo 背景色与黑

色图层融为一体时即可，如图 2-3-45 所示。

图 2-3-44　截取椭圆形

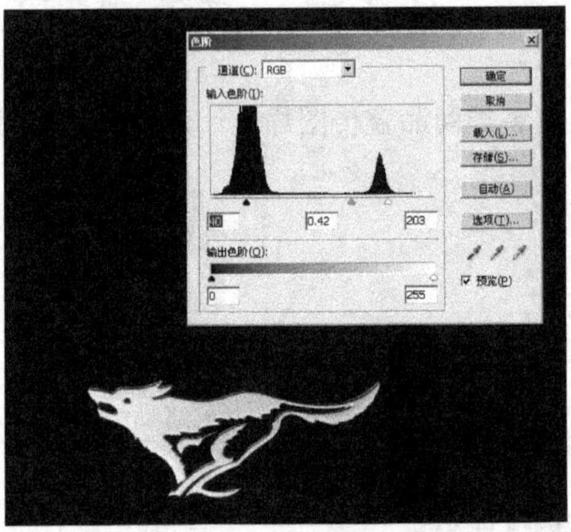

图 2-3-45　色阶参数的设置

（4）反复调整色阶，使 Logo 中的狼形图案更加明显，如图 2-3-46 所示。

（5）使用魔棒工具将狼形 Logo 选出，如图 2-3-47 所示。

图 2-3-46　反复调整色阶后的效果

图 2-3-47　使用魔棒工具将狼形标志选出

3．添加文字及图形信息，并进行微调

（1）将准备好的商品信息、促销信息、Logo 等素材摆放到适当位置，如图 2-3-48 所示。

（2）绘制圆形选区，选择渐变工具绘制图形，渐变参数的设置如图 2-3-49 所示。

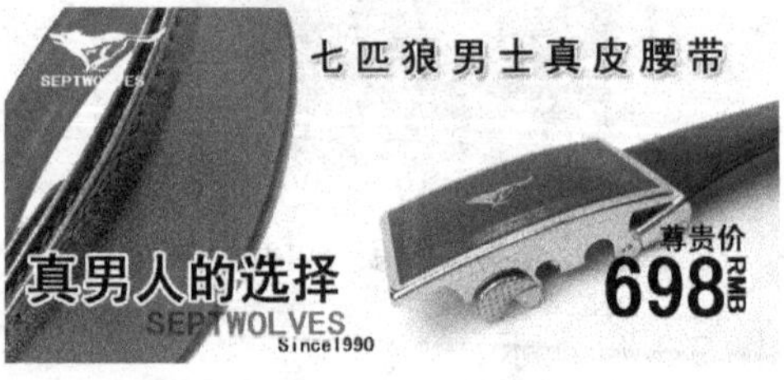

图 2-3-48　添加文字信息后的效果

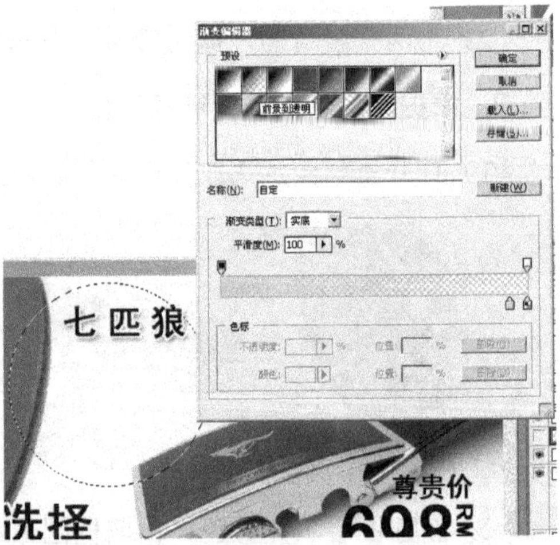

图 2-3-49　渐变参数的设置

设计的最终效果图，如图 2-3-50 所示。

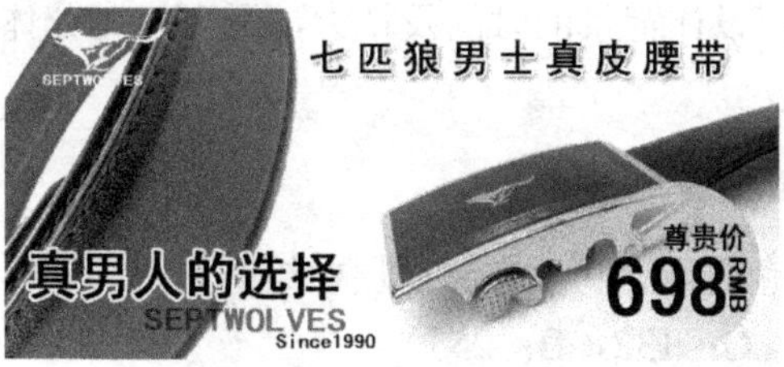

图 2-3-50　最终效果图

应用技术：

1. 钢笔工具
2. 自定义图形
3. 渐变

任务五　棉织类商品宣传图片设计——毛巾

棉织类商品宣传图片设计效果图，如图 2-3-51 所示。

图 2-3-51　宣传效果图

操作提示

（1）绘制宣传图主背景，确定整体画面风格。
（2）根据商品特性确立绘图风格。
（3）添加文字以及图形信息，并进行微调。

1. 绘制宣传图片主背景，确定整体画面风格

（1）新建（Ctrl+N）900×400 像素的文件，如图 2-3-52 所示。

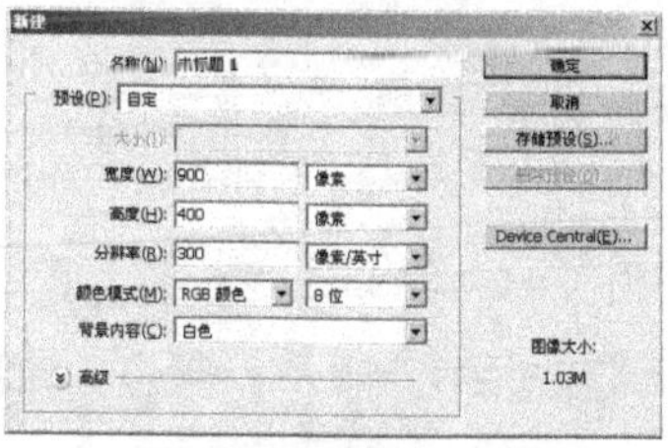

图 2-3-52　新建文件

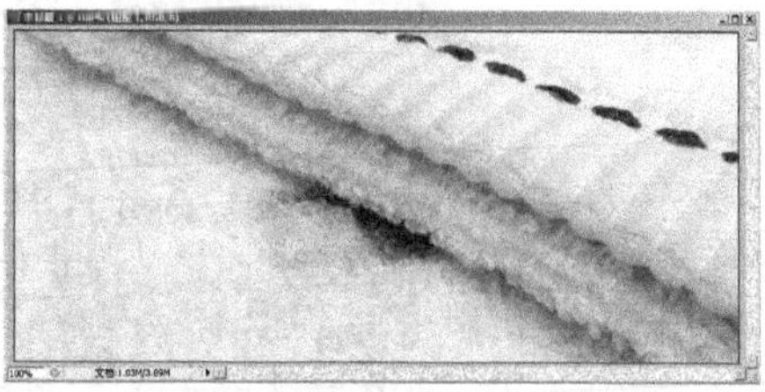

图 2-3-53　绘制主体背景

（2）将素材图片拖入新建图层中放置适当位置用来当做宣传画面主体背景，如图 2-3-53

所示。

（比赛中可以节省自行设计背景的时间及精力，又可以充分体现该毛巾类商品的纯棉质感，一举多得。）

2．根据商品特性确立绘图风格

（1）新建图层，前景色选取蓝色，在新图层中绘制如图 2-3-54 所示渐变效果（前景色到背景色）。蓝色为（R：0，G：132，B：255）

（2）将渐变图层的图层混合模式设为“颜色加深”，如图 2-3-55 所示。

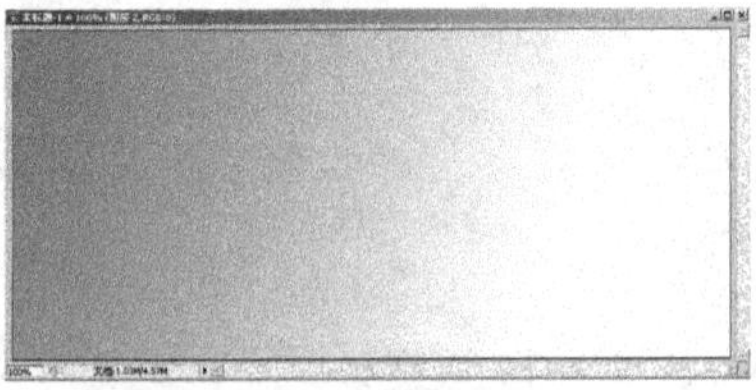

图 2-3-54　绘制渐变效果

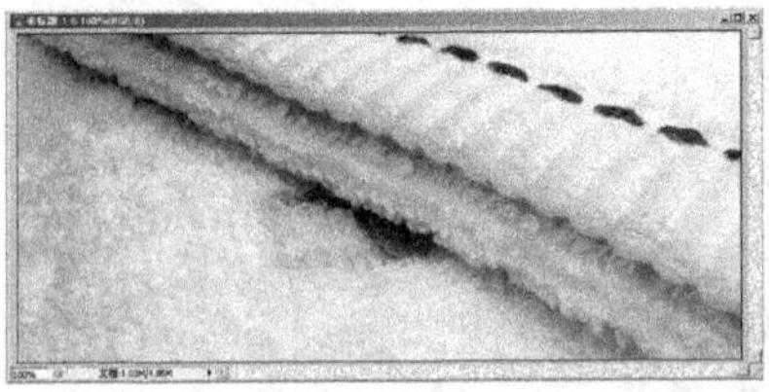

图 2-3-55　将图层设为“颜色加深”后的效果

（3）选择自定义图形（图 2-3-56）“圆角矩形”绘制图形并设置图层不透明度为 57%，如图 2-3-57 所示。

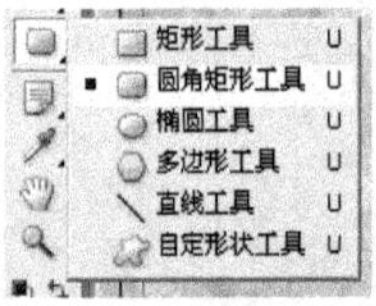

图 2-3-56　选择图形工具

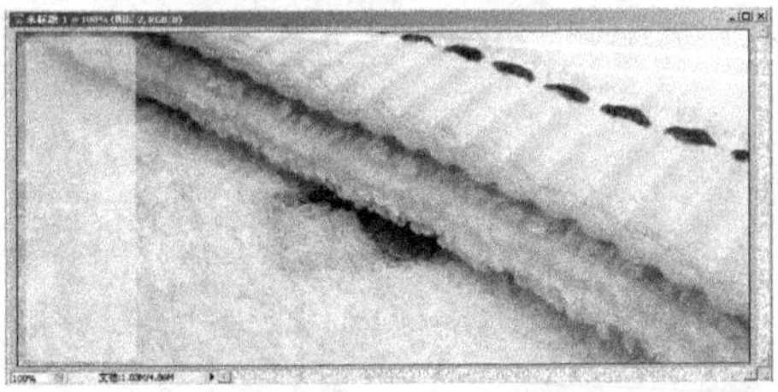

图 2-3-57　绘制图形并设置图层后的效果

3．添加文字及图形信息，并进行微调

（1）新建文字图层并输入“金号毛巾”对其进行混合选项设置，如图 2-3-58 与图 2-3-59 所示。

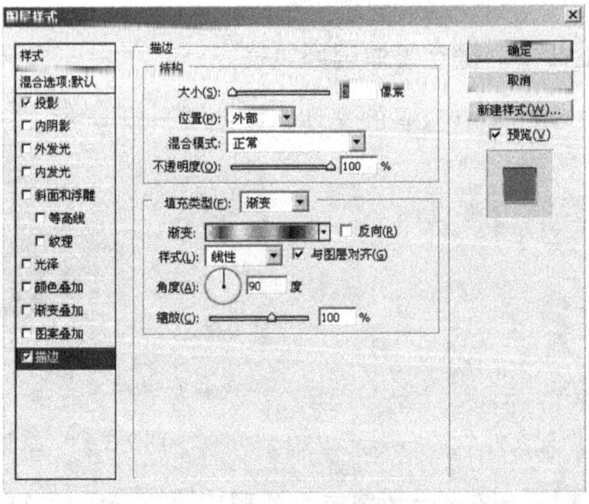

图 2-3-58　描边参数的设置

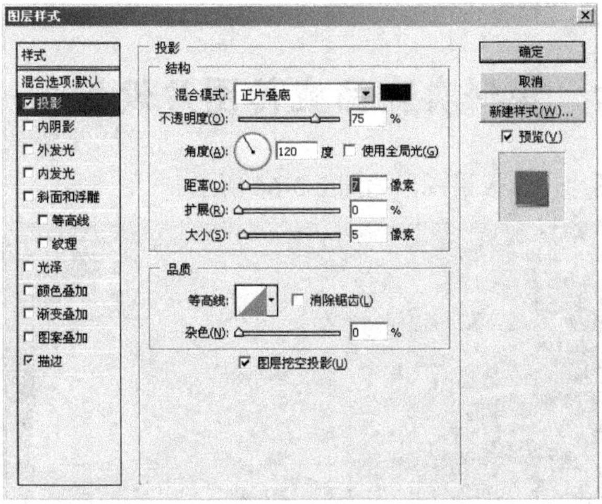

图 2-3-59　投影参数的设置

文字效果如图 2-3-60 所示。

（2）新建图层，绘制橙黄色放射渐变形状，使用橡皮擦工具（E）对其进行右侧擦除，如图 2-3-61 所示。

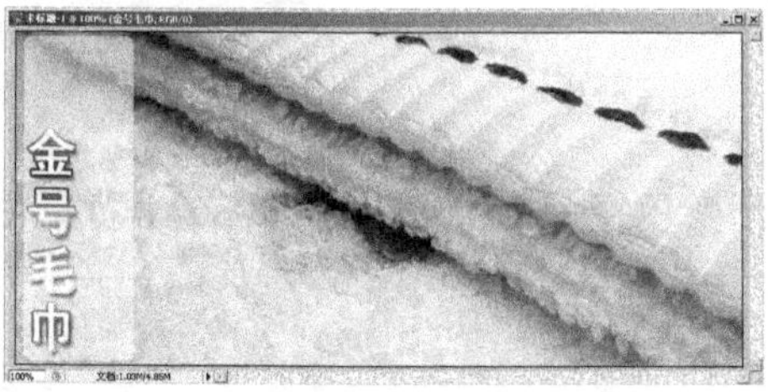

图 2-3-60　添加文字后的效果

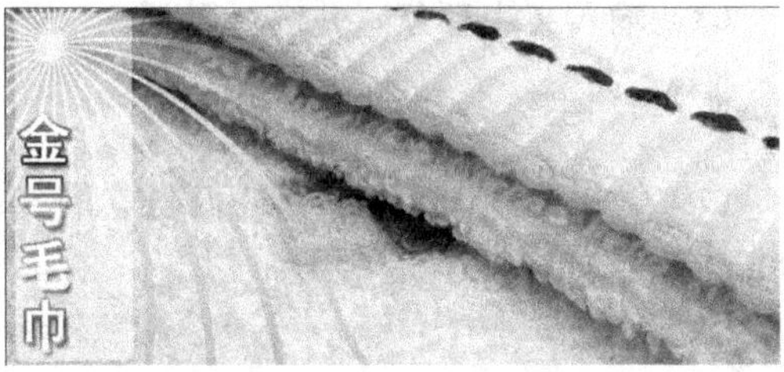

图 2-3-61　绘制渐变形状

（3）在图片右下角输入文字“儿童卡通印花纯棉毛巾”并绘制下方渐变图形（利用钢笔工具绘制一条曲线后使用快捷键【Shift】+【Ctrl】+【Alt】+【T】)，如图 2-3-62 所示。

（4）打开素材文件，将五个商品细节图拖入新图层中调整角度大小，并输入促销信息，如图 2-3-63 所示。

注意：该细节图为制作者对该商品的细节展示，制作者可自行设计。

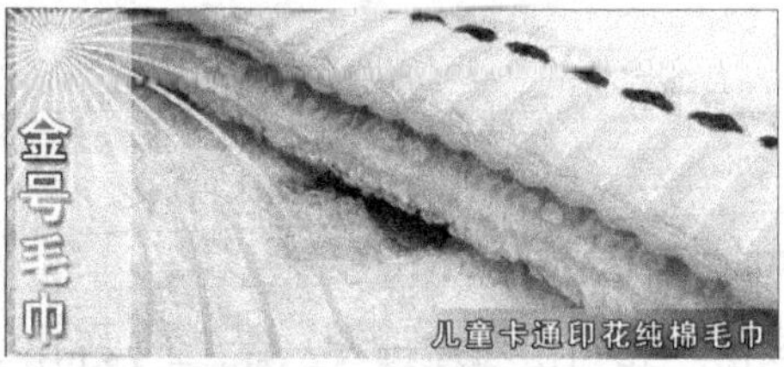

图 2-3-62　输入文字信息

图 2-3-63　最终效果图

应用技术：

1. 图层混合样式

2. 自定义图形

任务六　塑料类商品宣传图片设计——牙膏

塑料类商品宣传图片设计效果图，如图 2-3-64 所示。

图 2-3-64　宣传效果图

操作提示

（1）确定商品宣传图片主体颜色并绘制主背景。

（2）利用钢笔工具绘制水晶牙膏膏体。

（3）输入文字部分，并进行微调。

1. 绘制主体背景

（1）绘制背景。新建 900×400 像素的文件，选择渐变色值为:前景色（#00283e）、背景色（#00a5f0），如图 2-3-65 所示。

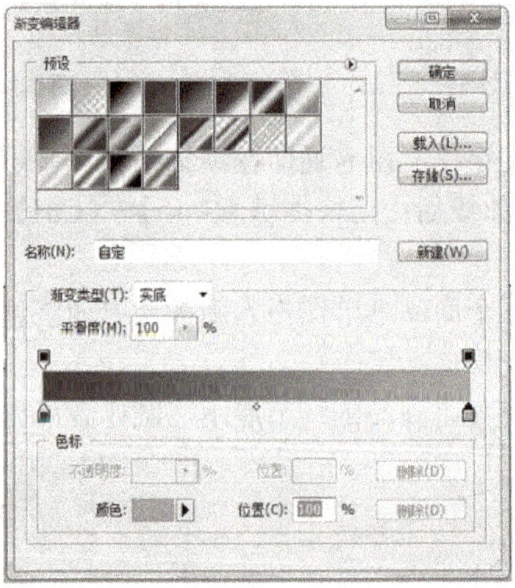

图 2-3-65　渐变参数的设置

（2）利用钢笔工具绘制如图 2-3-66 所示的形状，并利用快捷键【Ctrl】+【Shift】+【Alt】+【T】将形状复制一圈合并后选择图层混合模式-叠加，用橡皮工具将图形左侧擦掉，如图 2-3-67 所示。

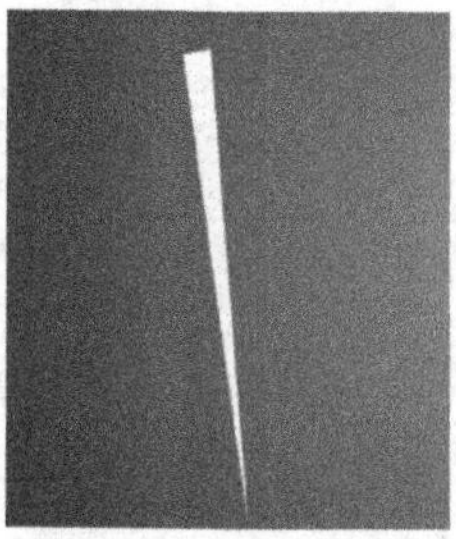

图 2-3-66 绘制图形

图 2-3-67 绘制主体背景的效果

2．绘制水晶牙膏膏体

（1）新建图层，使用钢笔工具绘制图形，如图 2-3-68 所示。

（2）使用鼠标右键单击形状图层选择“混合选项”选项，如图 2-3-69 所示。

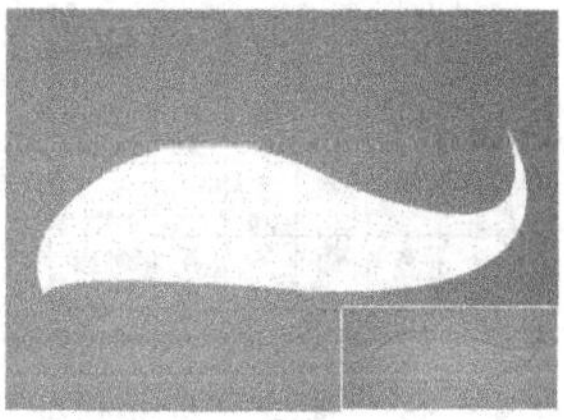

图 2-3-68 绘制的图形

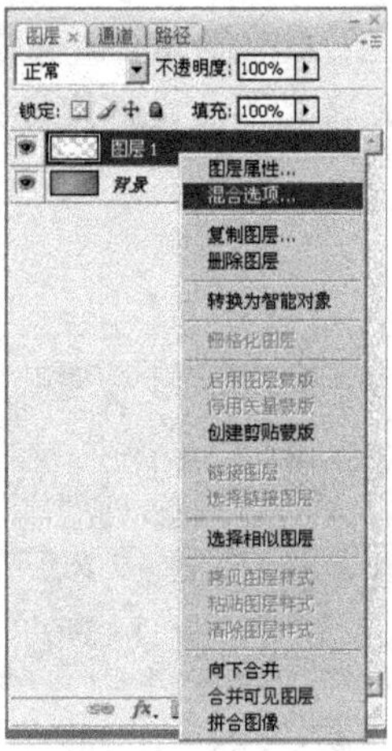

图 2 3 69 快捷菜单

（3）设置斜面和浮雕如图 2-3-70 所示。

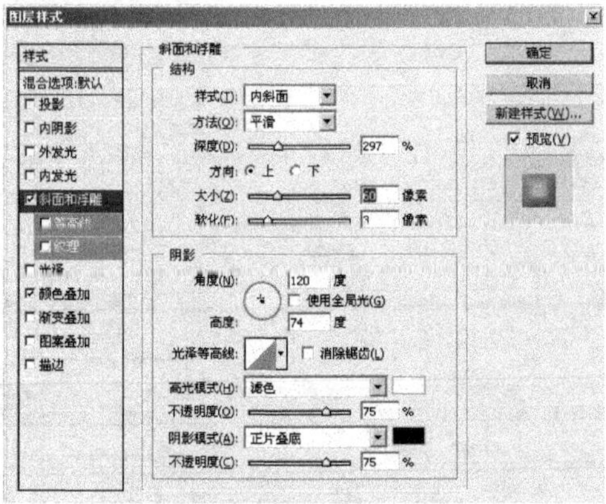

图 2-3-70 斜面和浮雕参数的设置

（4）设置颜色叠加。设置叠加颜色为-#00ff2a，如图 2-3-71 所示；并设置外发光（颜色为白色 扩展为 2 大小为 8）。

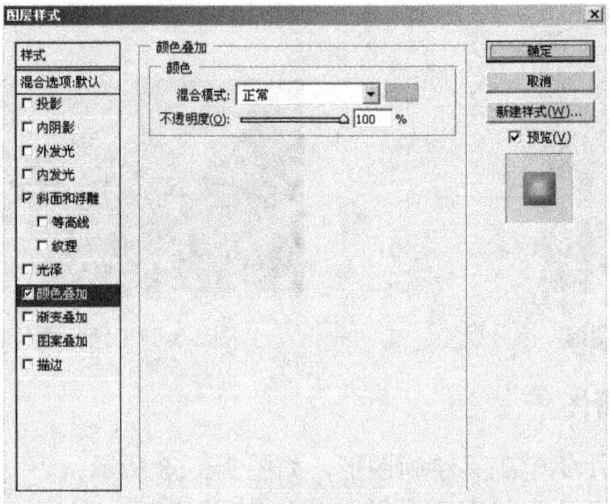

图 2-3-71　颜色叠加参数的设置

（5）用钢笔工具绘制路径，如图 2-3-72 所示。

（6）选择画笔工具设置，其参数的设置如图 2-3-73 所示。

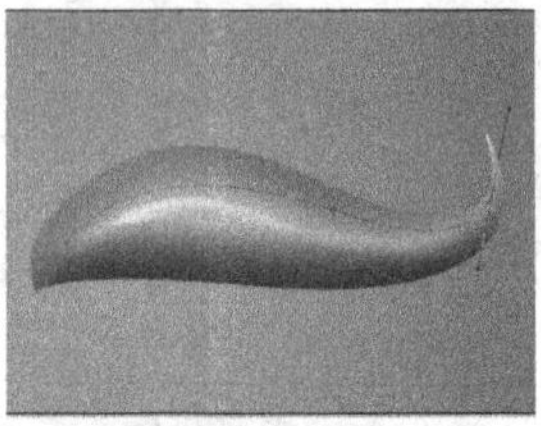

图 2-3-72　绘制路径

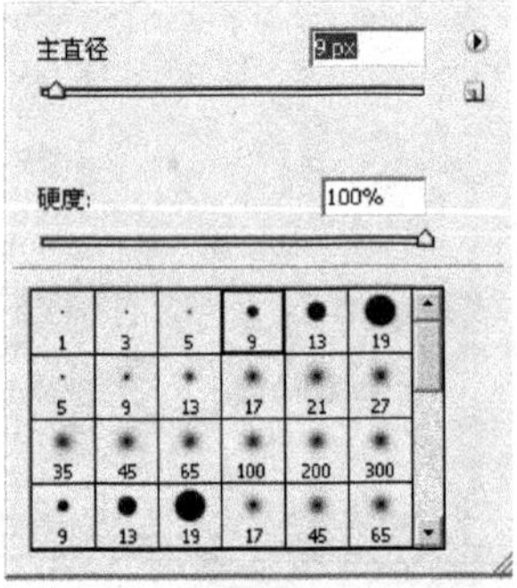

图 2-3-73　画笔工具参数的设置

（7）选择路径。使用鼠标右键描边路径，如图 2-3-74 所示，勾选“拟压压力”选项。

（8）选择“滤镜”→“模糊”→“高斯模糊”选项，打开如图 2-3-75 所示的“高斯模糊”对话框。

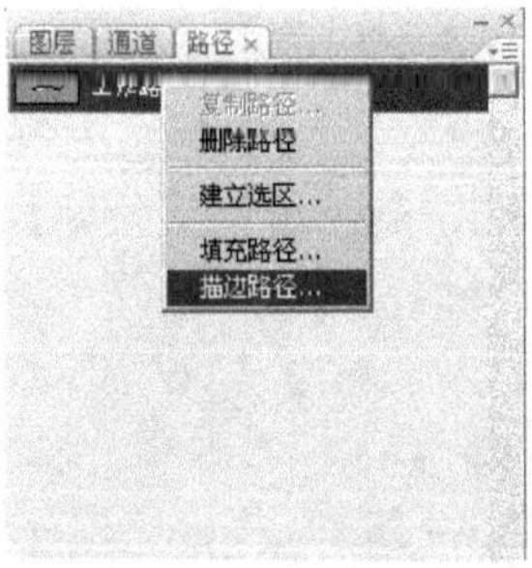

图 2-3-74　选择描边路径

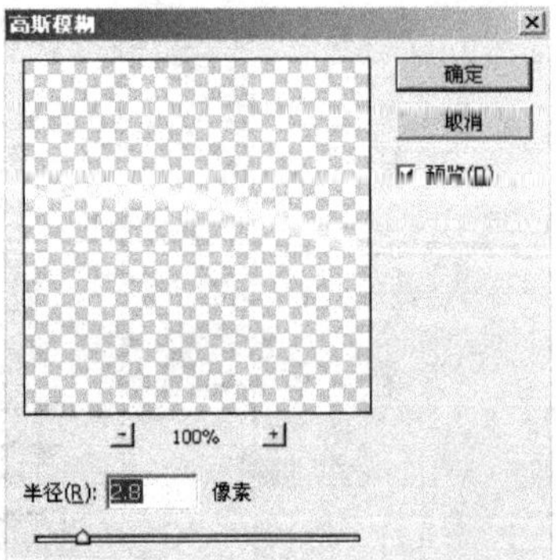

图 2-3-75　“高斯模糊”对话框

（9）新建图层，选择画笔工具，设置如图 2-3-76 所示。

（10）设置形状动态参数，如图 2-3-77 所示。

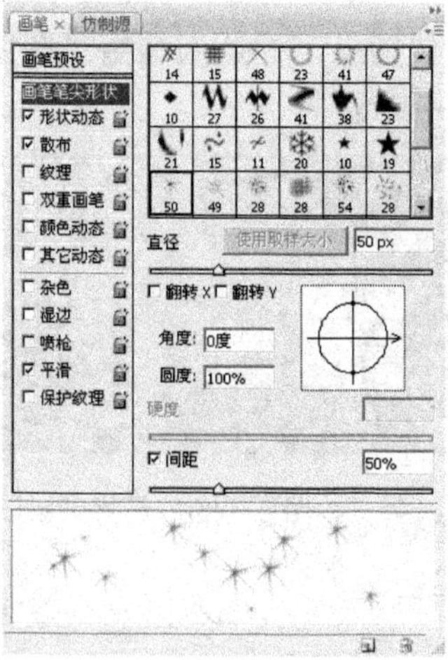

图 2-3-76　画笔参数的设置

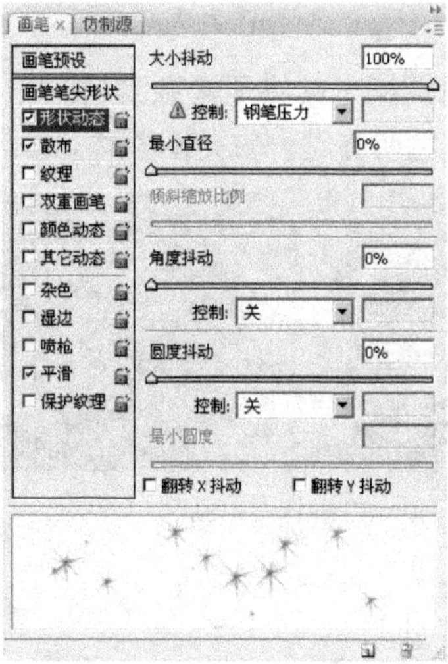

图 2-3-77　形状动态参数的设置

（11）设置散布，如图 2-3-78 所示。

（12）用定义后画笔在牙膏膏体上面画出散布星星效果，如图 2-3-79 所示。

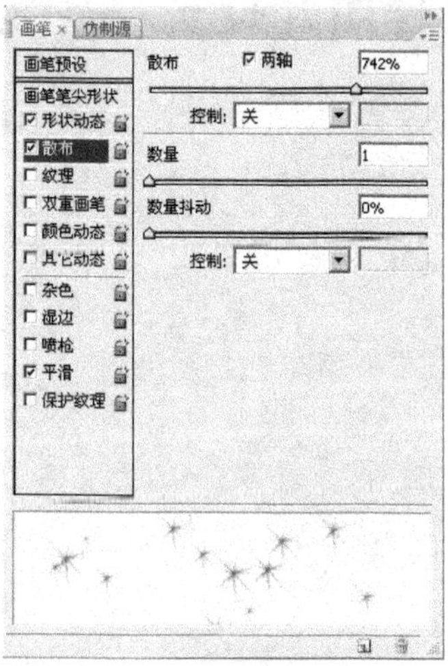

图 2-3-78　散布参数的设置

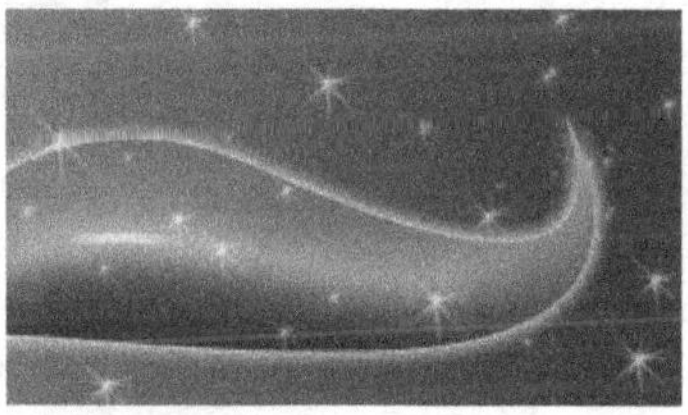

图 2-3-79　绘制散布星星效果

3．绘制渐变图案并输入文字部分，进行组合微调

（1）利用钢笔工具绘制如图 2-3-80 所示，红色渐变形状并复制一层（填充金属颜色）放置于红色图层下方产生金属边，如图 2-3-81 所示。

图 2-3-80　绘制渐变图形

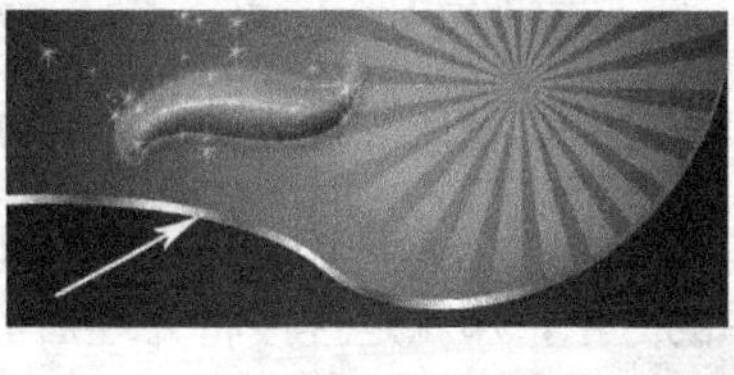

图 2-3-81　使绘制的图形产生金属边效果

（2）将文字信息至于图上并调整颜色、大小、字体，为文字适当加上倒影，如图 2-3-82

所示。

（3）使用钢笔工具将牙膏源素材抠出放置于宣传图上，并适当调整“图像”、曲线等效果，使牙膏颜色明亮符合宣传图整体，如图 2-3-83 所示。

图 2-3-82　添加文字信息

图 2-3-83　最终效果图

应用技术：

1. 钢笔工具
2. 渐变工具
3. 画笔工具

任务七　纸质类塑料类商品宣传图片设计——笔记本

纸质类商品宣传图片设计效果，如图 2-3-84 所示。

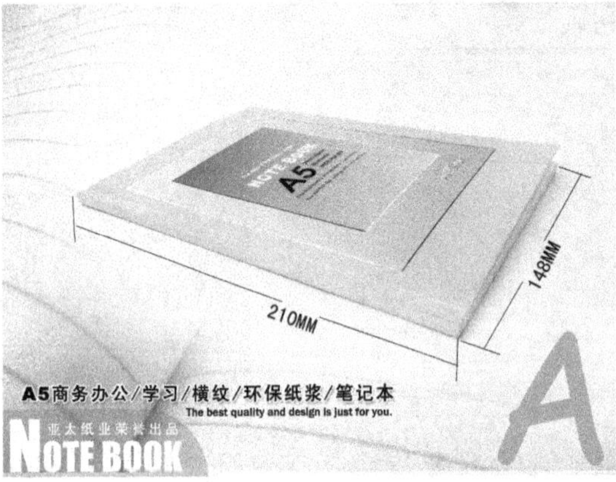

图 2-3-84　宣传效果图

操作提示

（1）绘制宣传图主背景，确定整体画面风格。

（2）添加文字以及图形信息，并进行微调。

1. 绘制宣传图片主背景，确定整体画面风格

由于比赛是有时间限制的，所以有些地方不能过度扣细节，我们在制作宣传图的时候可以采用更简单的方法，那就是直接将处理后的商品素材图片用作背景，也可以达到很好的宣传效果。

（1）打开处理好的商品素材图片（图 2-3-85）当做宣传图主背景。

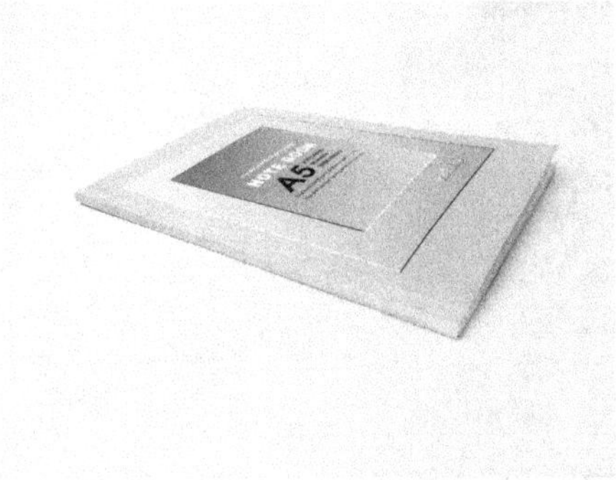

图 2-3-85　商品素材图片 1

（2）打开处理好的商品素材图片（图 2-3-86），将其托至步骤（1）中的图层之上，设置图层混合模式为颜色加深，选用橡皮工具（E）对其进行擦除，效果如图 2-3-87 所示。不透明度为 70%。

注意：步骤（2）中的图片要略微向上，给画面下面留下一道窄窄的矩形，如图 2-3-87 所示。

（3）选择软件中的圆角矩形工具（U），半径为 33cm，图层不透明度为 37%，绘制如图 2-3-88 所示的图形。

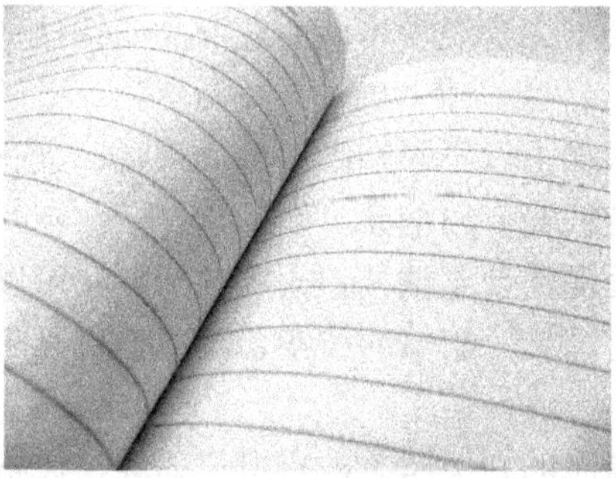

图 2-3-86　商品素材图片 2

图 2-3-87　合并后的效果图

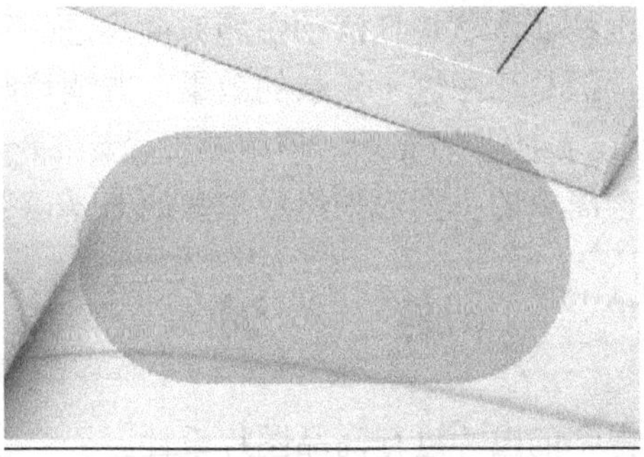

图 2-3-88　绘制图形

2. 添加文字以及图形信息，并进行微调

（1）将绘制圆角矩形托至图片左下角后，新建文字图层输入文字后效果如图 2-3-89 所示。

（2）输入商品信息及装饰性文字图形，如图 2-3-90 所示。

图 2-3-89　输入文字信息后效果

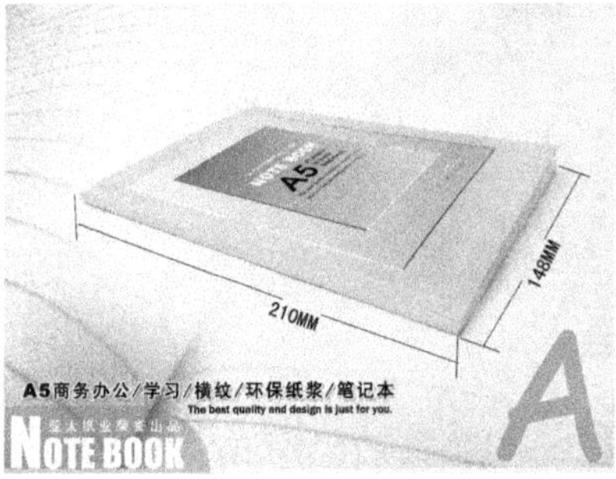

图 2-3-90　最终效果图

应用技术：
1. 钢笔工具
2. 自定义图形
3. 渐变

比 赛 心 得

商品宣传图的制作，赛前可以通过多种方式大量学习优秀的商品宣传图片，选择优点进行学习，在赛前训练过程中形成几套固定的模板，根据大赛现场本队所选商品的特性、卖点制作与其风格相符合的宣传图片。

需要注意的几点是：一定要有比赛规定的水印添加，以不影响画面整体感觉、具有防盗图功能为准，还要具有合理的产品促销信息、商品特征等有用信息。

在制作过程中应避免多种颜色大量使用，要求画面清新整洁，让人眼前一亮，可以选用浅颜色、单一颜色的渐变作为主背景，不能与商品有冲突，简单的线条、图形也可以起到很好的装饰作用。

宣传图片要求：让人一眼就可以清楚地了解该商品的相关信息，有自己的独特风格。充分展现所选商品的颜色、型号、外观、用途等促销信息。

论坛宣传图片的制作要围绕着本队论坛活动主题对商品进行宣传，适当添加一些动态效果也可以让人眼前为之一亮，但是切忌过于繁杂的效果，既浪费时间又得不到很好的效果。

Logo 图片的设计：根据比赛任务书要求，使用中文设计 Logo，可以将店名进行字体的颜色、大小、角度改变并结合简单的小图形来组成本队的 Logo。

实　　训

根据项目二中实训练习得到的图片进行商品图片设计。

第三部分

电子商务平台操作实战

2011—2012 年全国职业院校计算机技能大赛电子商务技术赛项中规定使用《天行健君电子商务模拟教学系统（竞赛版）》,（以下简称“竞争平台”或“系统平台”）比赛规程中网络营销、在线交易和知识测试最终都要通过该系统实现。本部分内容将对比赛时操作的基本流程和技巧进行深入探讨。

项目一　平台基础操作

按照 2012 年全国职业院校计算机技能大赛电子商务技术赛项的比赛要求，参赛选手需要通过《天行健君电子商务模拟教学系统（竞赛版）》来完成比赛的各个环节，该系统提供了一个标准的模拟 C2C 在线交易的网站，还设计了答题平台和论坛版块，答题平台可以提供判断题、单选题、多选题、填空题和简答题等题型的出题、组题和判分的功能，而论坛版块则可以模拟真实论坛的发帖回帖操作等。该竞赛平台还设计了三级的用户权限，包括学生、教师和管理员，参赛选手分为买家、卖家和物流身份以学生权限登录系统，完成知识测验、在线交易和网络营销等操作。

完整的《天行健君电子商务模拟教学系统（竞赛版）》系统使用说明在购买时会随系统附赠，本项目只针对比赛时参赛选手的实际操作步骤和技巧进行讲解。

任务一　登记平台信息

任务描述

比赛开始后各参赛选手分配到各自的账号及密码，选手分别以买家、卖家和物流的不同身份以学生权限登录竞赛平台，并完成注册和初始信息的补全。

任务分析

在参赛选手注册登录时，会根据买家、卖家和物流不同的角色身份填写不同的信息，如店铺信息、网银信息、物流费用信息等基本信息，按照 2012 年全国技能大赛的规则，比赛开始前会留给选手一些时间来完成平台信息的登记，所以笔者认为熟练掌握登记平台信息的操作流程，又快又准的完成信息的初始化是很有必要的。

任务实现

1．卖家注册网银、财付通及填写店铺信息

（1）选手在拿到自己的账号和密码后首先单击 登录 按钮进入注册页面。如图 3-1-1 所示。

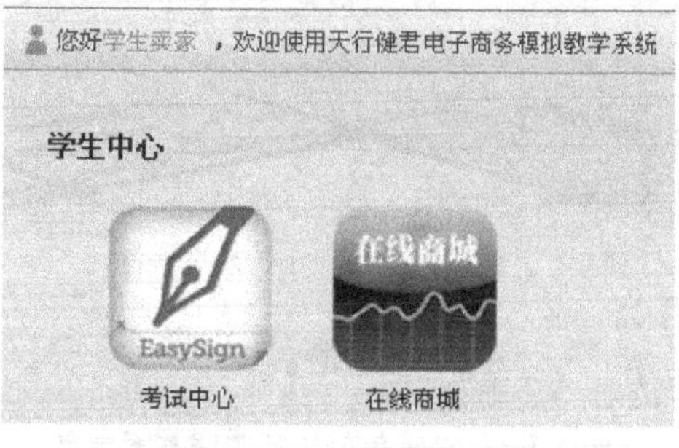

图 3-1-1　选手登录导航页

（2）卖家注册网银账号，如图 3-1-2 所示。

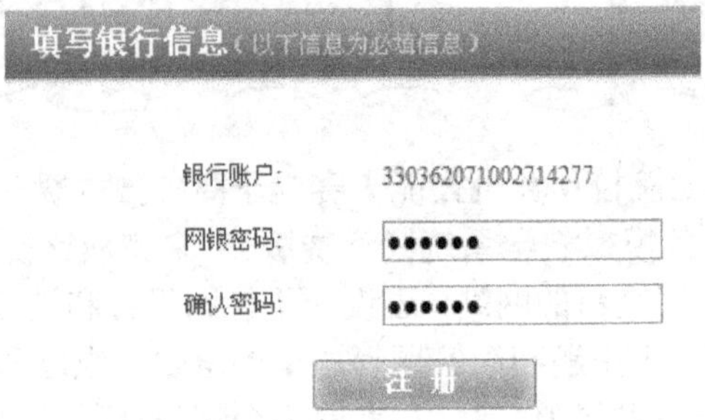

图 3-1-2　注册网银帐号

（3）卖家注册财付通账号，如图 3-1-3 所示。

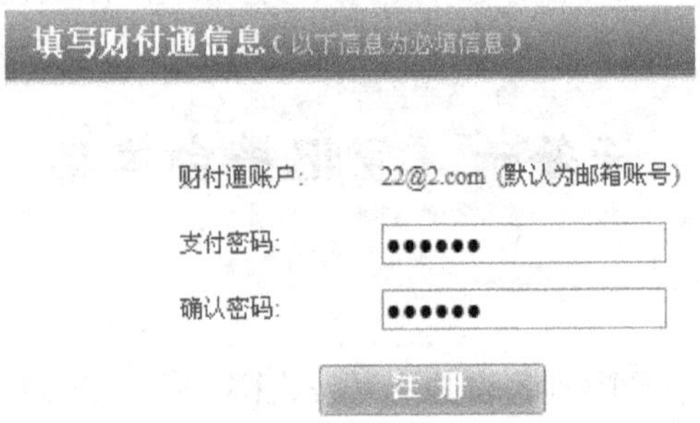

图 3-1-3　注册财付通账号

注意：2012 版竞赛平台中用户注册网银和财付通时，账号都是自动生成的，选手只需要完成密码的填写即可。

小贴士

2011 版竞赛平台要求选手在登录时填写个人信息，如姓名、性别、年龄、联系电话、邮箱和地址等，而比赛规定不允许出现选手真实信息，所以 2012 版竞赛平台已经不允许选手自己修改用户信息，只能在“登录导航页”下的“用户中心”里修改登录密码。如果还在使用 2011 版竞赛平台要特别注意，竞赛平台还设置了基本的校验功能，如年龄必须是数字、联系电话必须是数字且为 11 位等。

（4）卖家填写店铺的基本信息，如图 3-1-4 所示。

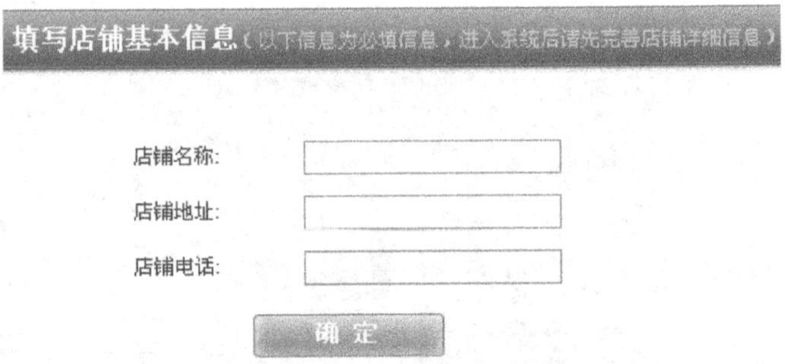

图 3-1-4　卖家角色填写店铺基本信息

（5）卖家通过首页上方导航中的 银行，登录网银为网银充值，如图 3-1-5 所示。

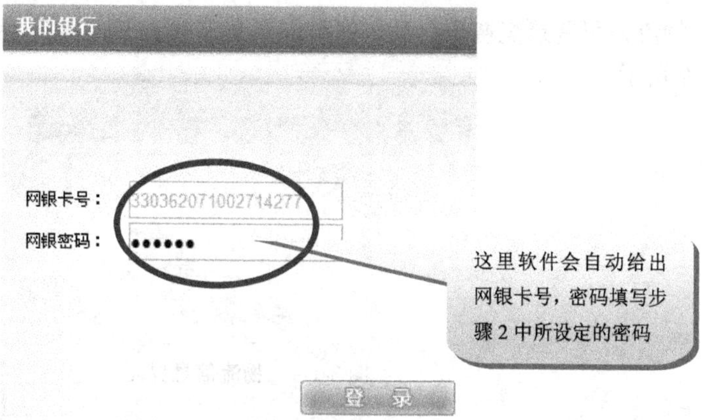

图 3-1-5　网银登录界面

注意：银行账户信息是系统自动给出的，不需要选手填写，选手只填写网银密码即可，如图 3-1-6 所示。

图 3-1-6　网银充值界面

注意：2012 版竞赛平台中规定，网银充值金额为 1～100000 之间。

（6）卖家通过首页上方导航中的 我的财付通，登录财付通完成充值，如图 3-1-7 和图 3-18 所示。

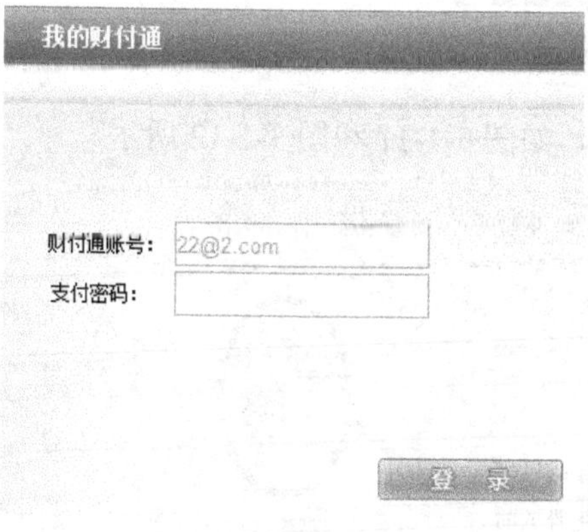

图 3-1-7　财付通登录界面

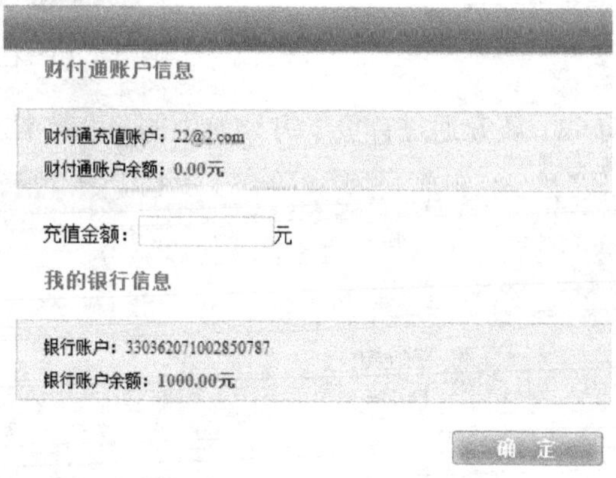

图 3-1-8　财付通充值界面

注意：财付通充值金额不能大于网银的余额。

2．物流公司填写物流信息及注册网银账号

（1）物流公司登录竞赛平台后，在导航页单击“在线商城”，接着填写基本的物流信息，如图 3-1-9 所示。

图 3-1-9　物流信息界面

（2）物流公司注册网银账号，步骤和卖家注册网银的方式一样。

（3）物流公司通过首页上方导航中的银行，登录网银为网银充值，步骤也和卖家为网银充值的方式一样。

注意：2012 版竞赛平台中物流公司并不能开通财付通。

3．买家注册网银和财付通账号

（1）买家登录竞赛平台后，在导航页单击“在线商城”，进入在线商城首页，如图 3-1-10 所示。

图 3-1-10　在线商城首页

（2）买家通过首页上方导航中的银行，注册网银，如图 3-1-11 和图 3-1-12 所示。

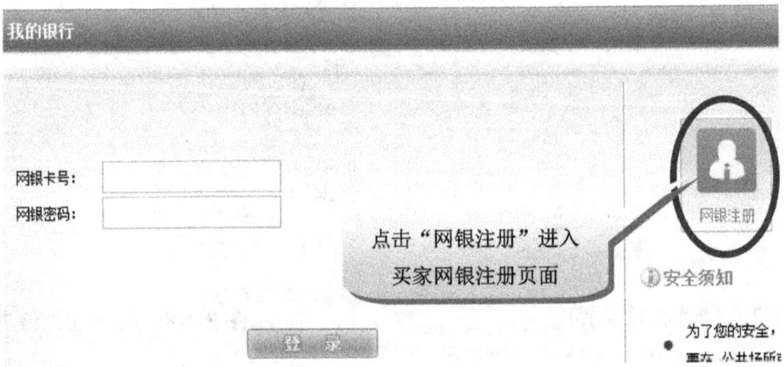

图 3-1-11　网银登录界面

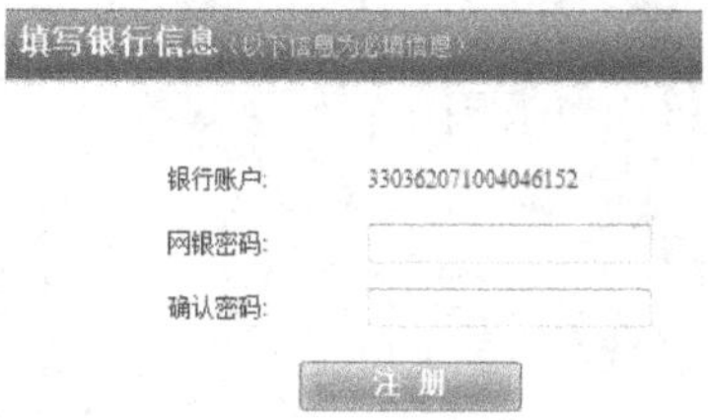

图 3-1-12　网银注册界面

买家填写完网银密码后，转入网银充值页面，步骤和卖家为网银充值的方式一样。

（4）买家通过首页上方导航中的我的财付通，登录财付通完成充值，如图 3-1-13 所示。

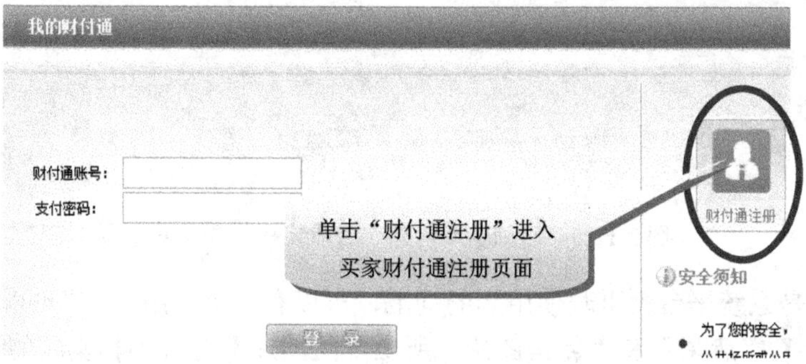

图 3-1-13　财付通注册界面

小贴士

在 2012 版竞赛平台中，第一，卖家和物流公司第一次登录时系统自动要求注册网银，而买家第一次登录时并没有要求马上注册网银，买家可以随时注册网银；第二，财付通只有卖家和买家才能注册，财付通的充值来源于注册的网银，所以卖家和买家既要为网银充值，也要为财付通充值，物流公司只为网银充值即可。

4．卖家补全店铺的详细信息（店铺装修）

（1）卖家登录在线商城后，在左侧“店铺管理”中选择“店铺信息”，在右侧完成店铺基本信息的填写。如图 3-1-14 和图 3-1-15 所示。

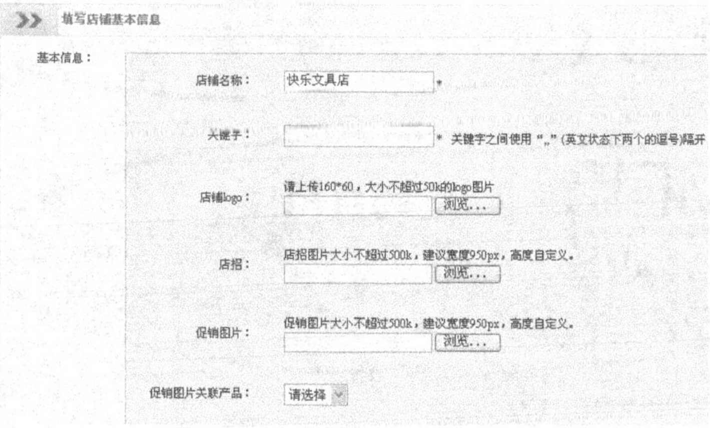

图 3-1-14　店铺基本信息（店铺装修）页（上）

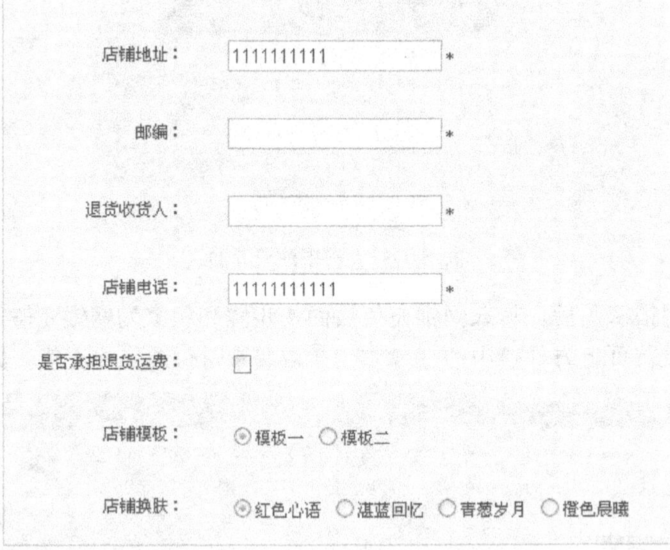

图 3-1-15　店铺基本信息（店铺装修）页（下）

“关键字”是系统平台索引时使用到的词汇，可以有多个，用“,,”间隔。

“店铺 logo”、“店招”和“促销图片”所上传的图片都有大小和宽度的现实，但高度不限。其显示的样式如图 3-1-16 所示。

图 3-1-16　“店铺 logo”、“店招”和“促销图片”在网店中的样式

“促销图片关联产品”是在“促销图片”上添加的链接，当卖家发布商品后，便可以选择一件链接的商品，但是只能链接一件。

（2）完成店铺基本信息的填写后，在下方完成“店铺描述”信息，如图 3-1-17 所示。

图 3-1-17　店铺描述

注意：2012 版竞赛平台中店铺的描述有字数限制，为 100 字。

任务二　C2C 在线交易

任务描述

按照 2012 年全国职业院校计算机技能大赛电子商务技术赛项的比赛要求，在线交易是比赛三个内容之一，在比赛时选手通过《天行健君电子商务模拟教学系统（竞赛版）》完成比赛指定的商品交易。卖家、买家、物流公司的交易分别由组内参赛选手分工完成。

任务分析

本部分内容主要考查选手对电子商务 C2C 流程的理解和操控能力，完成在交易过程中卖家、买家、物流公司的交易活动，最终要体现在《天行健君电子商务模拟教学系统（竞赛版）》上，该平台较真地实模拟了 C2C 的交易流程，选手们通过卖家、买家、物流公司的角色登录系统，分别操作，完成一次 C2C 的交易过程，在 2012 年全国职业院校计算机技能大赛电子商务技术赛项的比赛中还考查了交易的退货流程。笔者认为该内容贴近生活，操作也比较简单，所以比赛时快速准确地完成规定操作是一个比较容易的得分点，训练时应该把重点放在速度和准确度上，值得注意的是 2012 版竞赛平台更加真实地模拟了 C2C 的交易流程，依照退货出现在交易流程阶段的不同，以及处理结果的不同，可以出现多种交易结果。

任务实现

1．买家选购商品并通过网银付费

（1）买家回到首页，在左侧新品推荐中单击商品图片，购买商品，如图 3-1-13 所示。

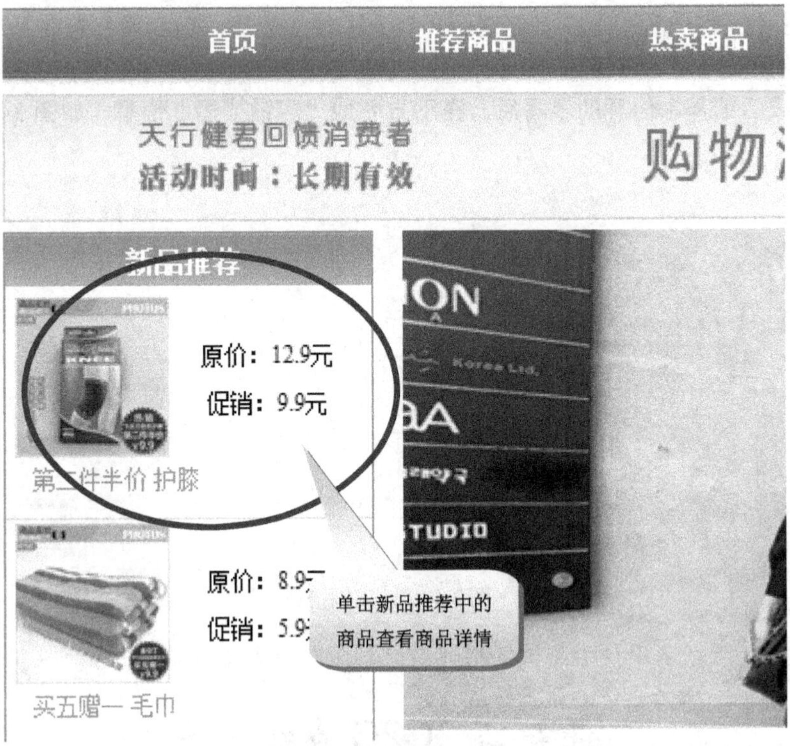

图 3-1-13　在线商城首页

注意：2011 版的竞赛平台会在卖家完成注册店铺后自动生成一件商品，而 2012 版的竞赛平台已经取消了该功能，卖家需要发布商品后，买家才可以正常购买，完成 C2C 的交易。卖家发布商品将在项目二中任务一商品发布中讲解，如图 3-1-14 所示。

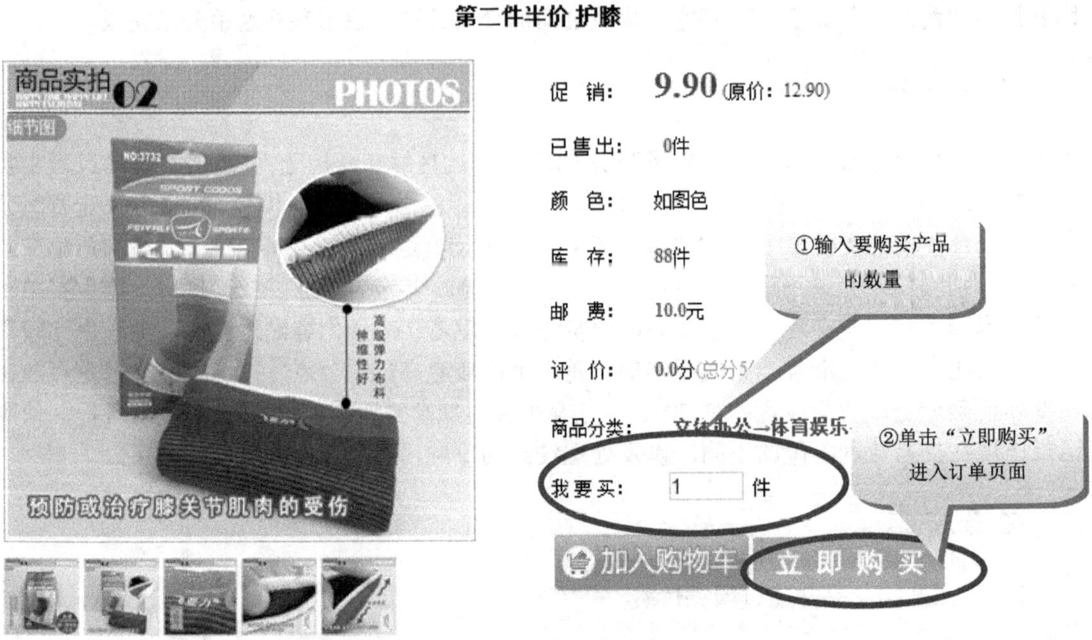

图 3-1-14　商品详情页面

（2）买家在订单页面中填写收货人姓名、收货地址、电话号码和邮编，最后单击右下角“立即购买”，如图 3-1-15 所示。

图 3-1-15 填写订单详情

注意：2012 版的竞赛平台新增了“邮编”。

（3）买家完成订单填写后会进入财付通登录界面，接着完成付款，如图 3-1-16 所示。

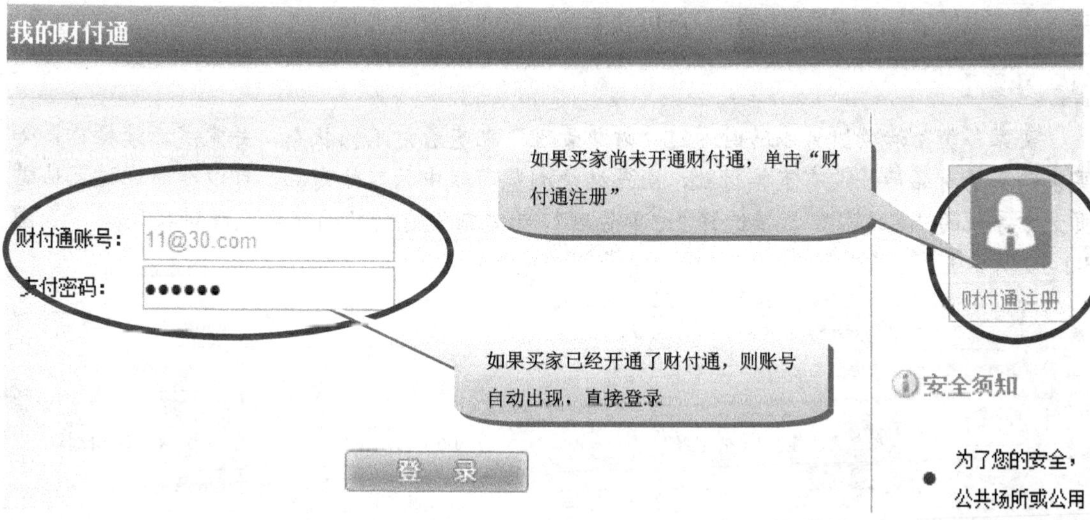

图 3-1-16 财付通登录页面

注意：2012 版的竞赛平台买家默认的支付方式是财付通，这就要求买家为购买的商品支付时必须开通财付通，如果之前已经开通便可以直接登录。

登录财付通后，单击“确定支付”，完成付款，如图 3-1-17 所示。

图 3-1-17　财付通支付页面

支付完成后，买家可以通过商城首页上方导航的“我的家”，直接选择“订单管理”，来查看订单的状态，此时订单状态为“卖家未发货”，如图 3-1-18 所示。

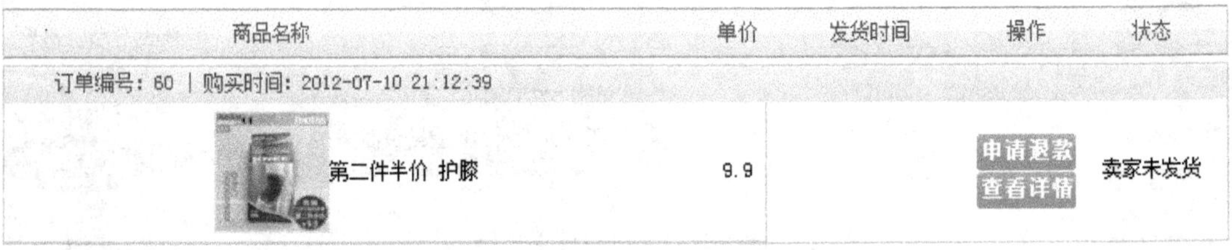

图 3-1-18　查看商品订单（卖家未发货）

注意：2011 版竞赛平台，当买家付款完成后，订单状态是“等待发货”，而 2012 版竞赛平台由于多了对订单的处理操作，所以状态改为了“卖家未发货”。

小贴士

买家、卖家和物流可以随时通过“订单管理”来查看订单的状态，并完成后续操作。如买家购买了商品后并没有直接付款，而是继续浏览商城中的其他商品，可以随时通过商城首页上方导航的“我的家”，直接选择“订单管理”，为之前没有付款的商品完成付款（如图 3-1-19 所示）。

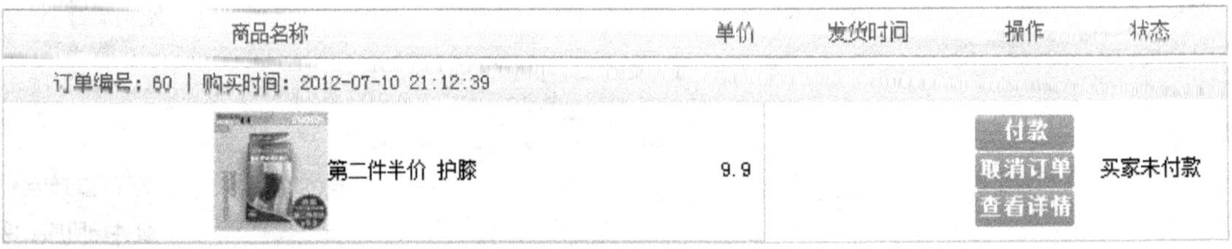

图 3-1-19 查看订单的状态（买家未付款）

注意：买家付款完成后在订单管理中可以查看订单，可以看到此时的订单状态是“等待发货”。

2. 卖家选择物流公司并发货

买家完成商品支付后，卖家需要对订单进行确认，并选择物流公司发货，如图 3-1-20

所示。

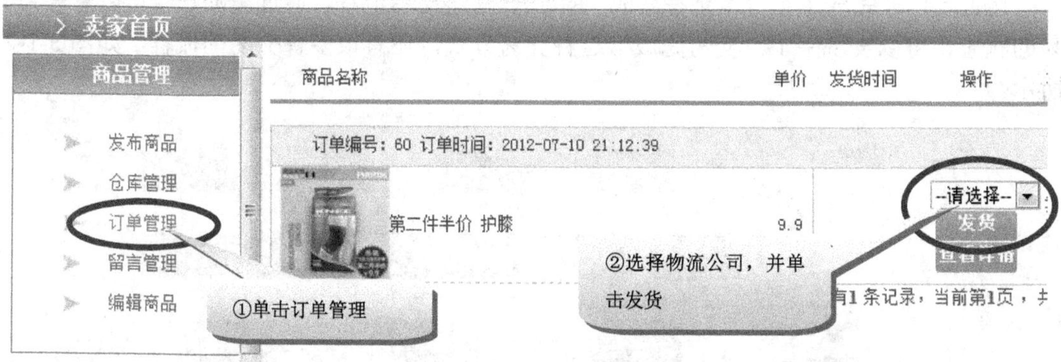

图 3-1-20　卖家订单管理页面

注意：当卖家选择完物流公司发货时，会要求卖家支付物流费给物流公司，2012 版竞赛平台默认支付方式为网银，而不是财付通，所以这里卖家要保证网银中是有足够金额的，完成发货后，买家和卖家都可以看到此时的订单状态是“物流未发货”。

3. 物流公司发货

物流公司登录系统平台后会看到发货订单，单击“发货”，完成货物的模拟发送，如图 3-1-21 所示。

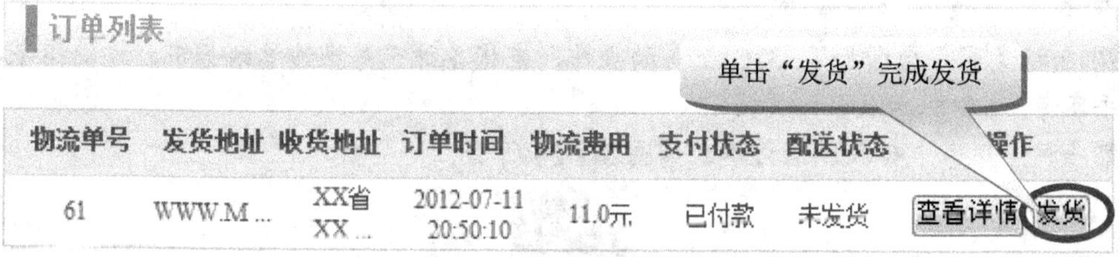

图 3-1-21　物流公司订单页面

注意：当物流公司完成发货后，买家和卖家都可以看到此时的订单状态是“买家未签收”。

4. 买家完成货物签收

买家通过系统平台仓库管理，单击“签收”，完成货物的签收，如图 3-1-22 所示。

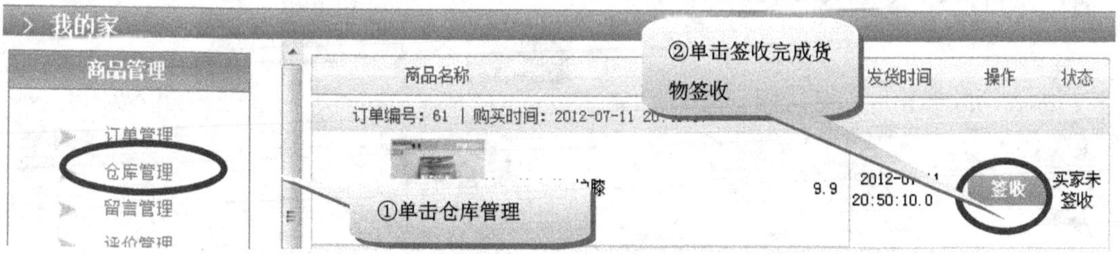

图 3-1-22　买家仓库管理页面

注意：特别注意，买家签收货物是通过“仓库管理”来实现的，而不是通过“订单管理”。

当买家签收货物后，买家和卖家都可以看到此时的订单状态是“交易完成”。

至此，已经完成了一次“交易完成”的C2C在线交易流程，通过教师账号可以查看到交易的状态，可以发现除了“交易完成”这种交易方式，还有很多种交易的流程，如图3-1-23所示。

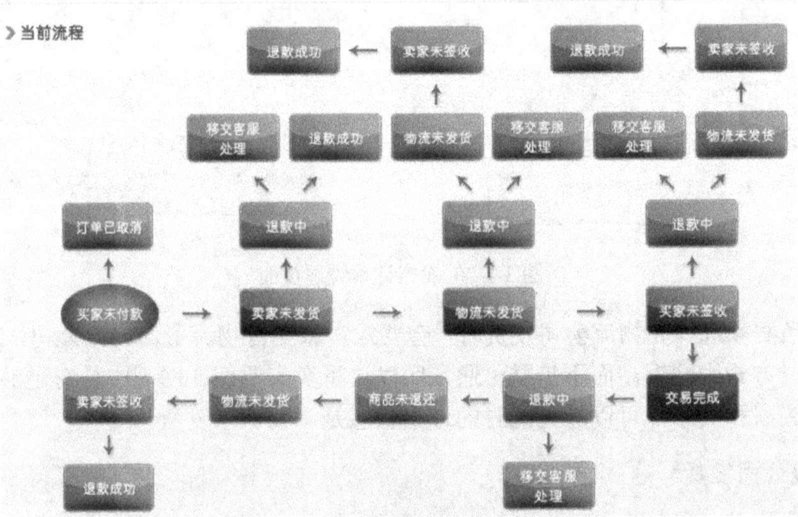

图3-1-23　教师查看到的交易流程

小贴士

2012版竞赛平台增加了C2C交易的操作，先将各种交易操作总结如下，方便指导教师和选手参考。

第一种：买家未付款取消订单，如图3-1-24所示。

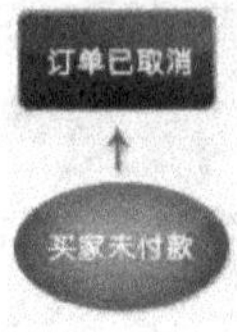

图3-1-24　买家未付款取消订单的交易流程

买家购买商品→买家取消订单。

第二种：卖家未发货退款移交客服处理，如图3-1-25所示。

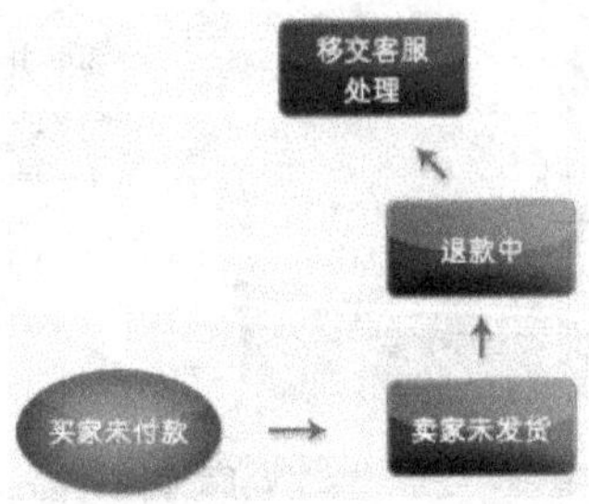

图3-1-25　卖家未发货退款移交客服处理的交易流程

买家购买商品→买家确认支付→买家申请退款→买家填写退款金额/理由→买家提交退款申请→卖家（订单管理）查看退货信息并给出回复→卖家选择“需客服介入”移交客服处理。

第三种：卖家未发货退款成功，如图 3-1-26 所示。

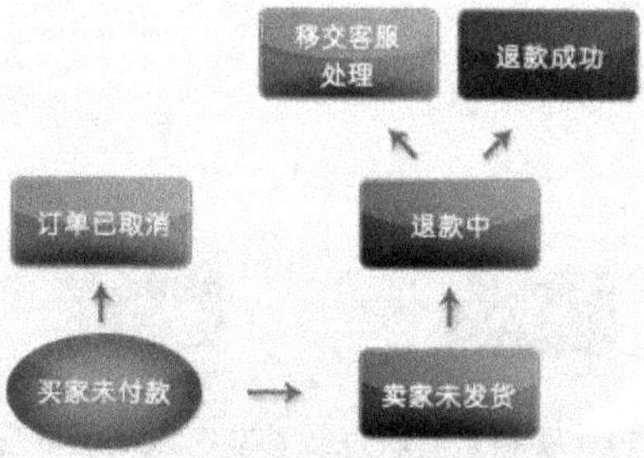

图 3-1-26　卖家未发货退款成功的交易流程

买家购买商品→买家确认支付→买家申请退款→买家填写退款金额/理由→买家提交退款申请→卖家（订单管理）同意申请→退款成功。

第四种：物流未发货退款移交客服处理，如图 3-1-27 所示。

图 3-1-27　物流未发货退款移交客服处理的交易流程

买家购买商品→买家确认支付→卖家选择物流并确认发货→买家申请退款→买家填写退款金额/理由→买家提交退款申请→卖家（订单管理）查看退货信息并给出回复→卖家选择“需客服介入”移交客服处理。

第五种：物流未发货退款成功，如图 3-1-28 所示。

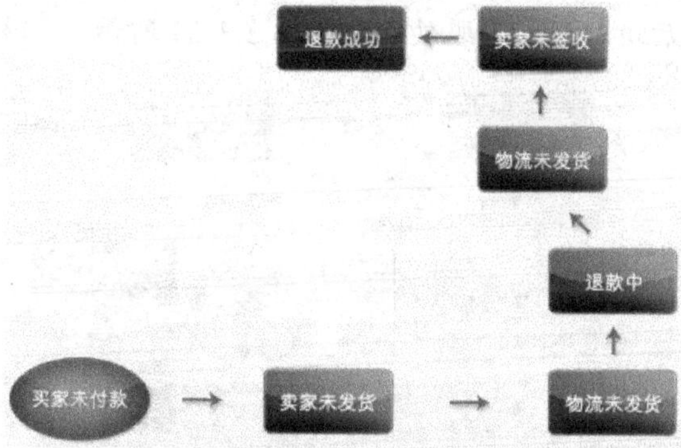

图 3-1-28　物流未发货退款成功的交易流程

买家购买商品→买家确认支付→卖家选择物流并确认发货→买家申请退款→买家填写退款金额/理由→买家提交退款申请→卖家（订单管理）同意申请→退款成功。

第六种：买家未签收退款移交客服处理，如图 3-1-29 所示。

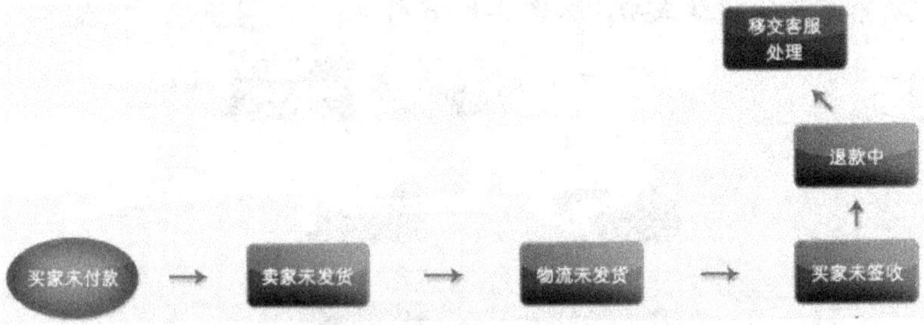

图 3-1-29　买家未签收退款移交客服处理的交易流程

买家购买商品→买家确认支付→卖家选择物流并确认发货→物流确认发货→买家申请退款→买家填写退款金额/理由→买家提交退款申请→卖家（订单管理）查看退货信息并给出回复→卖家选择“需客服介入”移交客服处理。

第七种：买家未签收退款成功，如图 3-1-30 所示。

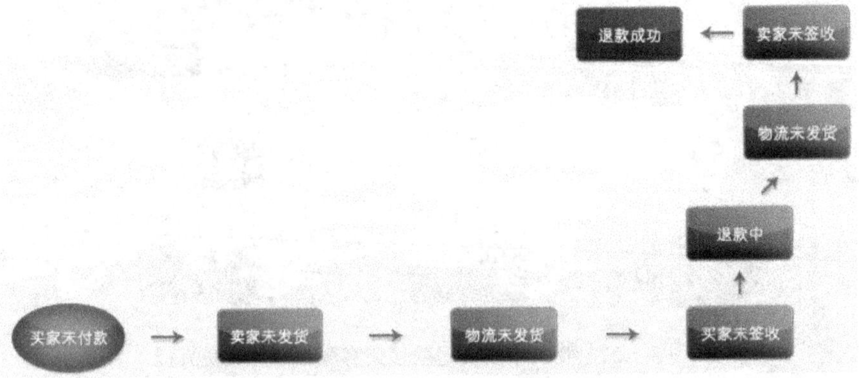

图 3-1-30　买家未签收退款成功的交易流程

买家购买商品→买家确认支付→卖家选择物流并确认发货→物流确认发货→买家申请退款→买家填写退款金额/理由→买家提交退款申请→卖家（订单管理）同意申请→物流向卖家确认发货→卖家退货签收→退款成功。

第八种：买家签收后退款移交客服处理，如图 3-1-31 所示。

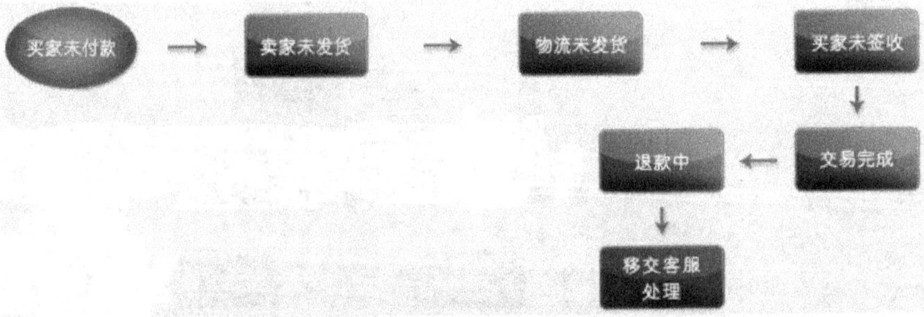

图 3-1-31　买家签收后退款移交客服处理的交易流程

买家购买商品→买家确认支付→卖家选择物流并确认发货→物流确认发货→买家（仓库管理）签收→交易完成→买家（订单管理）申请退款→买家填写退款金额/理由→买家提交退款申请→卖家（订单管理）查看退货信息并给出回复→卖家选择“需客服介入”移交客服处理。

第九种：买家签收后退款成功，如图 3-1-32 所示。

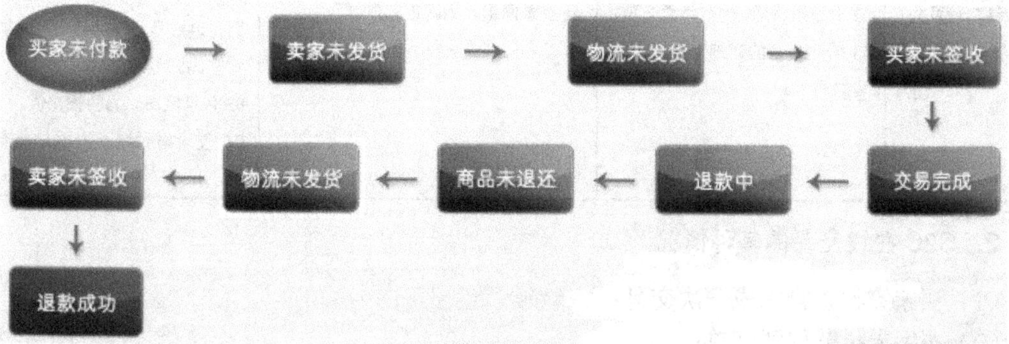

图 3-1-32　买家签收后退款成功的交易流程

买家购买商品→买家确认支付→卖家选择物流并确认发货→物流确认发货→买家（仓库管理）签收→交易完成→买家（订单管理）申请退款→买家填写退款金额/理由→买家提交退款申请→卖家（订单管理）同意申请→买家（订单管理）选择物流并确认发货→物流向卖家确认发货→卖家退货签收→退款成功。

比赛心得

无论是平台信息的登记还是 C2C 在线交易，训练的重点都应该放在速度、熟练度和准确度上。C2C 在线交易还应该注意有多种情况，下面把这两部分操作做以下总结，便于训练时使用。

1．登记平台信息

	卖家	物流	买家
登录软件	在竞赛平台首页输入用户名、密码（初始密码比赛时给定）单击“登录”按钮		
登录商城	在竞赛平台首页导航中，选择“在线商城”		
第一次登录补全信息	01（自动）注册网银信息，网银账号已自动给出，只填写密码。 02（自动）注册财付通信息，财付通账号已自动给出，只填写密码。 03 填写店铺信息，内容包括：店铺名称、店铺地址、店铺电话。 注意：电话 11 位。	01 填写物流信息，内容包括：物流名称、基本邮费（多少公斤以内多少元）、超出部分（多少元/公斤）。 02（自动）注册网银信息，网银账号已自动给出，只填写密码。 注意：物流公司没有财付通注册功能。	无

续表

	卖家	物流	买家
随后需要添加的信息	01 登录网银，为网银充值。 02 登录财付通，为财付通充值。 03 补全店铺的详细信息（店铺装修）	01 登录网银，为网银充值。	01（自动）注册网银信息，网银账号已自动给出，只填写密码。 02（自动）注册财付通信息，财付通账号已自动给出，只填写密码。 03 登录网银，为网银充值。 04 登录财付通，为财付通充值。

2．C2C 在线交易的多种情况

（1）买家签收货物完成一次交易；

（2）买家未付款取消订单；

（3）卖家未发货买家便申请退款（包括移交客服处理和直接退款两种情况）；

（4）卖家已发货但物流未发货，买家申请退款（包括移交客服处理和直接退款两种情况）；

（5）物流已经发货但买家未签收，买家申请退款（包括移交客服处理和直接退款两种情况）；

（6）卖家签收货物后申请退款（包括移交客服处理和直接退款两种情况）。

实　训

指导教师选择“管理员”身份登录《天行健君电子商务模拟教学系统（竞赛版）》，新建立班级和买家、卖家、物流账号，让学生完成平台信息的登记和 C2C 交易流程，可以反复练习以提升速度和准确度。

项目二　商品发布与论坛发帖

按照 2012 年全国职业院校计算机技能大赛电子商务技术赛项的比赛要求，整个比赛分为网络营销、在线交易和知识测验三个部分，商品发布与论坛发帖都属于网络营销部分，参赛选手需要将拍摄的商品图片和制作的宣传图片通过《天行健君电子商务模拟教学系统（竞赛版）》中的在线商城发布出来，并在论坛中完成论坛营销内容。

任务一　商品发布

任务描述

比赛时选手们在对所选商品拍照、处理完成后，卖家角色要将商品发布在自己的网上店铺中，在发布商品的同时不但要上传 5 张商品图片，还要填写完整的商品信息，如名称、类别和售价等。除此之外，还要利用《天行健君电子商务模拟教学系统（竞赛版）》所集成的 HTML 所见即所得编辑工具 FCKeditor 来填写商品的描述部分。

任务分析

商品要发布在卖家身份登录在线商城后自己的店铺中，整个商品的发布流程比较简单，只要按照系统给出的项依次填写便可以了，只是其中包含了许多分值点，如名称的格式、类别是否正确等等，需要选手们格外注意。2012 版竞赛平台新增加了商品的“分类导航”，所以在发布商品前应该先建立“分类导航”。

任务实现

（1）卖家登录在线商城，在“店铺信息”中选择“分类导航”，添加新的导航分类名称，如图 3-2-1 所示。

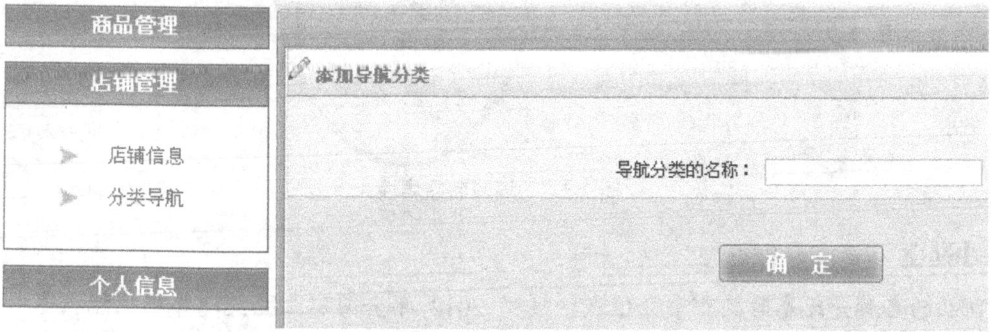

图 3-2-1　卖家首页店铺管理

（2）在“商品管理”中开始发布商品，如图 3-2-2 所示。

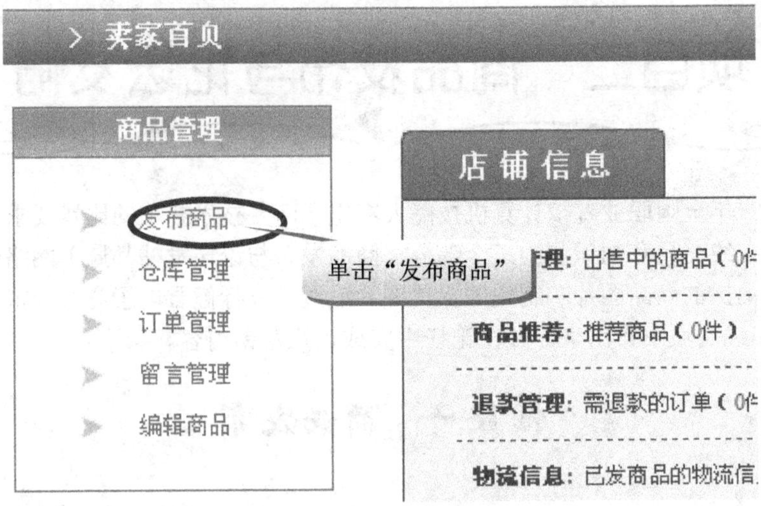

图 3-2-2　卖家首页商品管理

（3）卖家在商品发布页面填写商品属性，如图 3-2-3 所示。

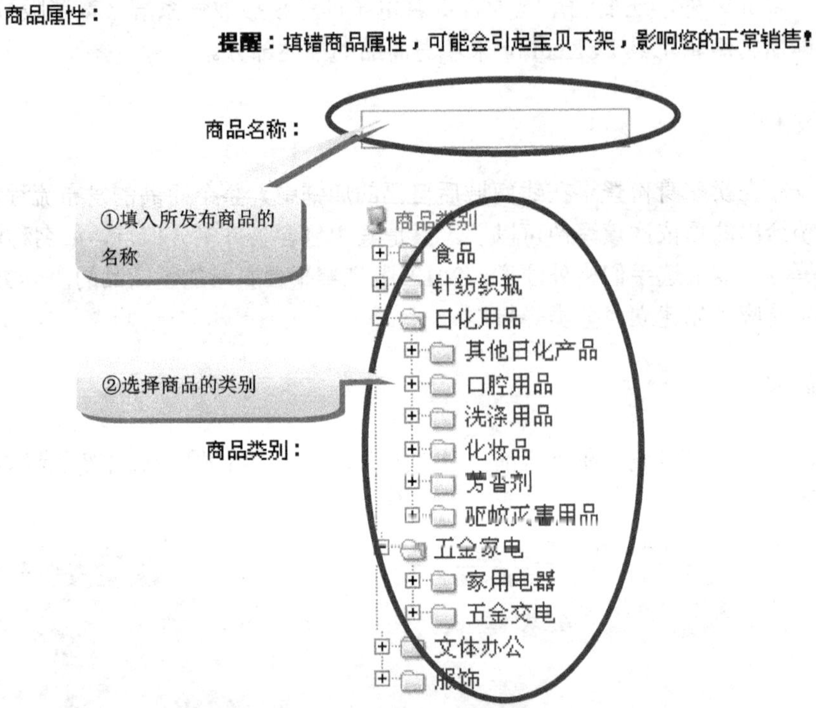

图 3-2-3　填写商品属性

小贴士

商品的名称是比赛时的一个分值点，按照 2012 年全国职业院校计算机技能大赛电子商务技术赛项的比赛要求，商品名称不得超过 30 个字数的限制，其中的关键词应与商品有关联，突出商品的属性、特点和卖点。特别注意商品的名称中不能包含特殊字符。商品类别比赛时会按照规程规定的 7 种材质进行分类，如图 3-2-4 所示。

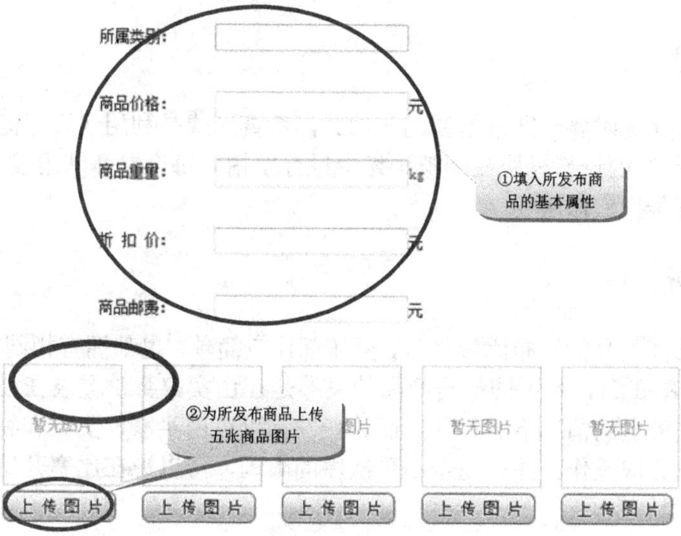

图 3-2-4　卖家发布商品页面

小贴士

这里上传的商品图片共有 5 张，一张主图和四张辅图，每张图片大小为 300px×300px。

（4）卖家在商品发布页面填写商品描述，最后单击“保存”完成商品的发布，如图 3-2-5 所示。

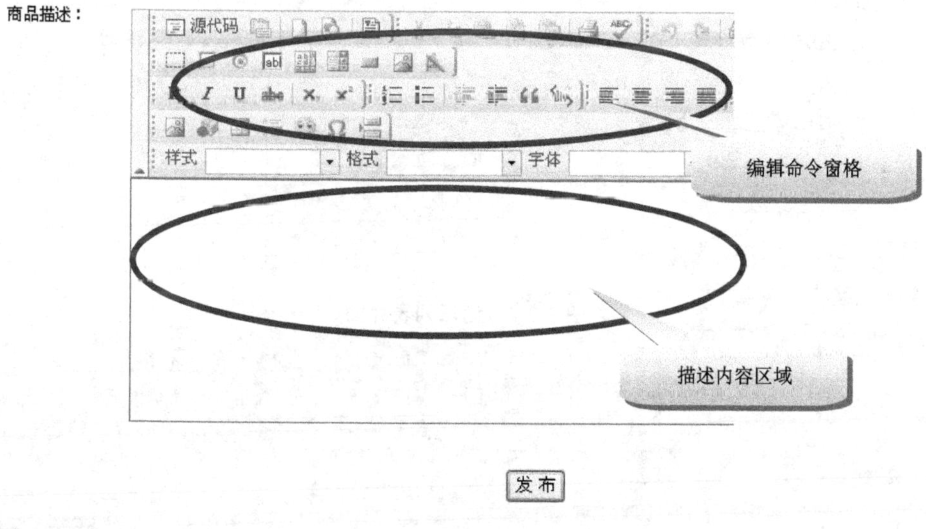

图 3-2-5　卖家发布商品

注意：商品发布的描述部分和论坛发帖部分都使用了一个所见即所得的 HTML 编辑工具 FCKeditor（图 3-2-5），不但可以可视化编辑文字，还可以编辑图片和 Flash，具体操作将在任务三讲解。

任务二　论坛发帖

任务描述

论坛营销在比赛时属于网络营销的一部分，考查形式是利用《天行健君电子商务模拟教学系统（竞赛版）》的论坛模块在虚拟论坛中进行发帖，每个参赛队限发 1 帖，发帖内容应突出对商品的宣传推广作用。

任务分析

论坛的发帖和商品的发布比较类似，操作都比较简单，也都拥有相同的 HTML 所见即所得编辑工具 FCKeditor，所不同的是商品的发布是在由卖家身份登录在线商城完成操作，是在前期商品资料齐全的情况下进行的，而论坛发帖可以由买家、卖家和物流公司角色通过论坛模块登录系统完成操作，并且完全不受次序的限制，可以说在比赛开始后的任何时间都可以完成论坛的发帖。

任务实现

（1）买家、卖家或物流公司都可以登录系统平台论坛模块，通过导航首页右上方的“论坛管理”进入论坛模块，如图 3-2-6 所示。

（2）在论坛列表的右上方单击“发帖”按钮（图 3-2-7），便可以进入编辑页对内容进行编辑了，如图 3-2-8 所示。

图 3-2-6　系统平台导航首页右上方

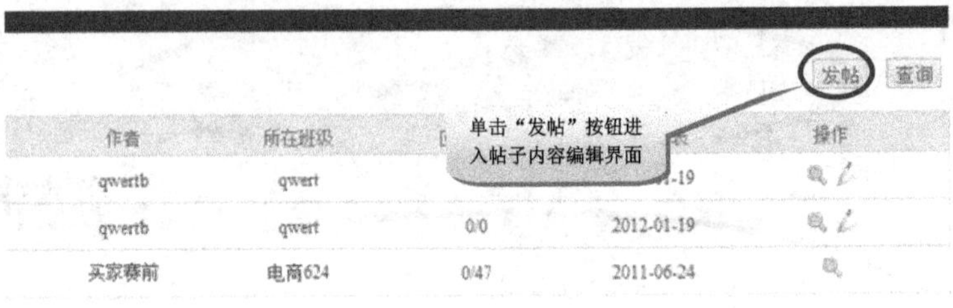

图 3-2-7　论坛列表界面

图 3-2-8　帖子内容编辑界面

注意：商品“发布的描述”部分和“论坛发帖”部分都使用了一个所见即所得的 HTML 编辑工具 FCKeditor，具体操作将在任务三讲解。

任务三　FCKeditor 的应用

任务描述

在发布商品后选手们还要对商品进行描述，采分点包含了商品的图片、宣传广告图、促销信息、支付方式、邮资说明和联系方式，除此之外还包含了图片、动画和文字的编辑排版。论坛发帖也是一样，除了对标题、内容和体现营销的理念有所规定以外，还明确提出了帖子的排版要美观并且图文并茂。那么，在比赛时如何实现排版呢？《天行健君电子商务模拟教学系统（竞赛版）》中集成了一个 HTML 编辑工具，即 FCKeditor（图 3-2-4），正是用来完成这一功能的。

任务分析

《天行健君电子商务模拟教学系统（竞赛版）》中集成的 HTML 编辑工具 FCKeditor 是比赛时最为灵活的一个部分，它实现了对三件商品的描述排版，可以融入选手们自己对商品信息的补充和营销理念，还实现了帖子内容的编辑排版，除了对文字的常规处理之外，添加图片和 Flash 也成为它的亮点。

任务实现

（1）使用 HTML 工具编辑文字，如图 3-2-9 所示。

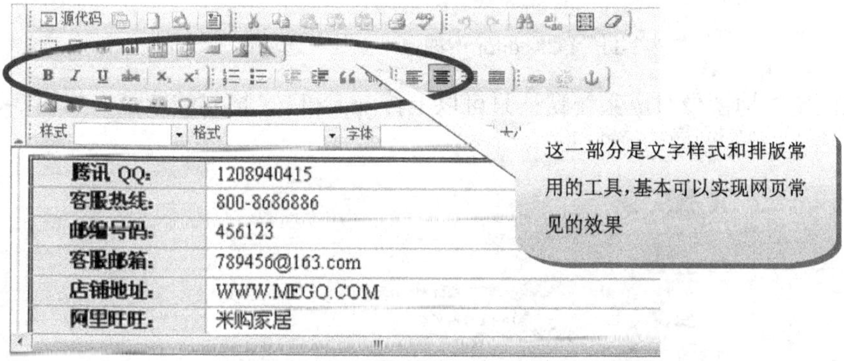

图 3-2-9　FCKeditor 中文字样式与排版工具

小贴士

FCKeditor 编辑工具中第一排第五个命令是从 MS Word 中粘贴，这也提示了选手们，如果这款 FCKeditor 编辑工具用不惯，可以先在 MS Word 中编辑排版，然后在粘贴到这里，格式和样式都不会发生改变。

（2）利用链接工具，添加超级链接，如图 3-2-10 所示。

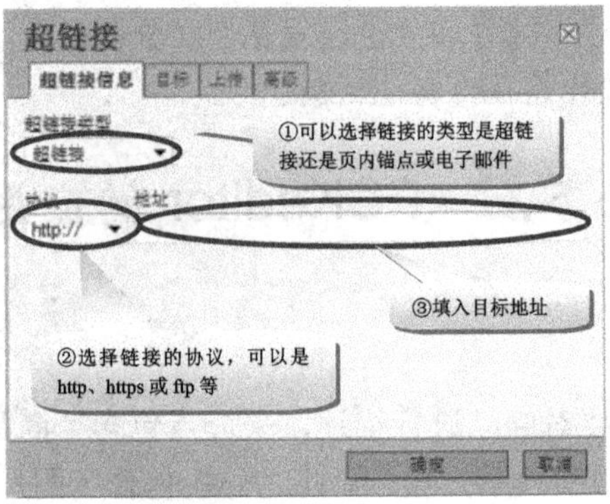

图 3-2-10　FCKeditor 中超级链接工具

注意：在添加超级链接时，还可以指向一个文件，并且文件可以事先上传，更多高级功能请选手们自己尝试。

（3）利用插入图像工具，插入、编辑图像，如图 3-2-11 和图 3-2-12 所示。

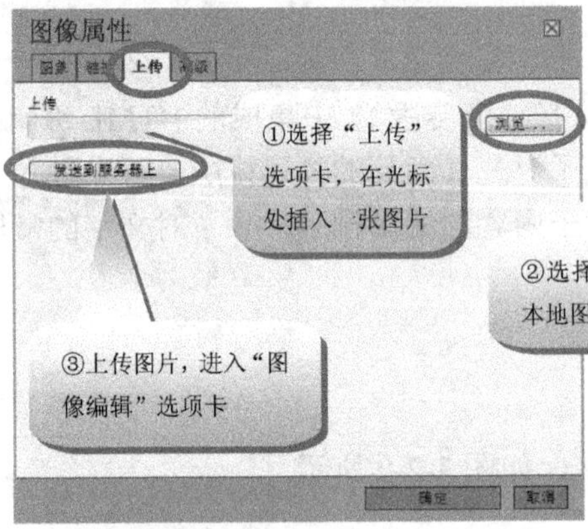

图 3-2-11　FCKeditor 中图像“上传”选项卡

注意：在浏览本地图像时，系统默认只可以上传 jpg 和 gif 格式的图像，如图 3-2-12 所示

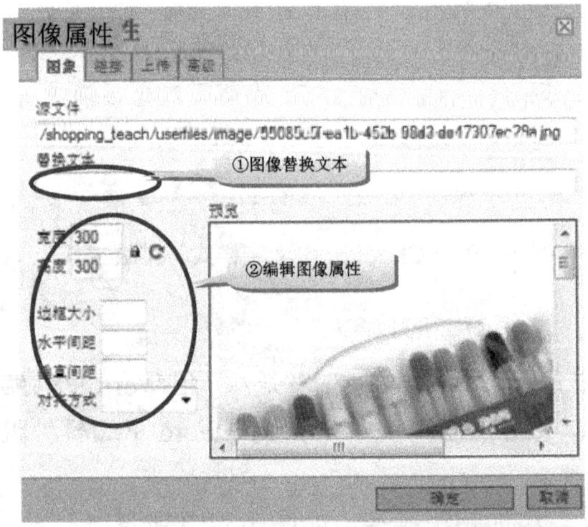

图 3-2-12　FCKeditor 中“图像编辑”选项卡

（4）利用插入 Flash 工具，插入、编辑 swf 文件，如图 3-2-13 和图 3-2-14 所示。

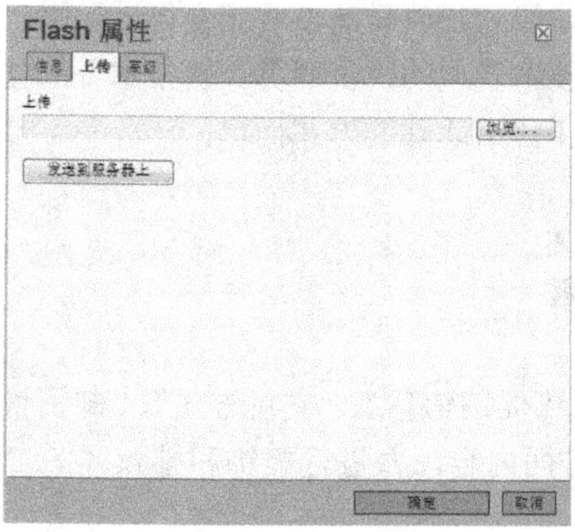

图 3-2-13　FCKeditor 中 Flash“上传”选项卡

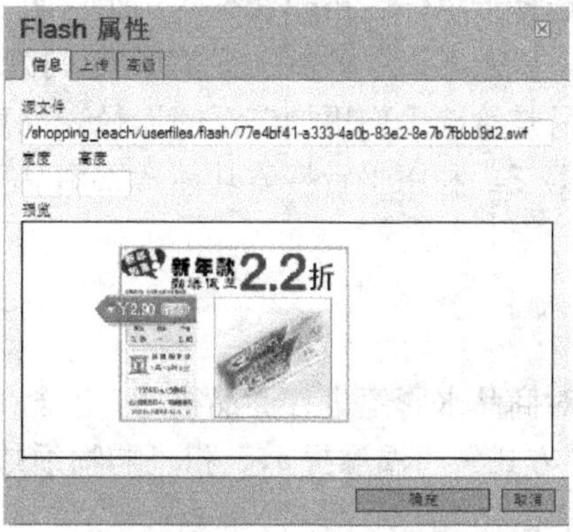

图 3-2-14　FCKeditor 中“Flash 编辑”选项卡

小贴士

2011 版竞赛平台中的 HTML 编辑工具 FCKeditor 并没有开放代码编辑功能，只能在可视图下完成编辑，这就意味着选手们不可以编写一些如 Javascript 的客户端代码，实现的功能也有所限制，而 2012 版的竞赛平台已经开放了代码的编辑功能，同时允许上传 swf 格式的 flash 文件，利用 flash 自身所支持的 Actionscript 实现一些程序的设计，如倒计时、广告的轮换特效等。选手在训练时可以灵活使用，以突出营销的理念为主，更好地辅助商品营销和丰富营销活动的表现方式。

比 赛 心 得

现代的电子商务既有内容又有形式，以内容决定形式，以形式表达内容，二者相辅相成，缺一不可。网络营销凌驾于网络平台之上，表现形式也已经突破了传统的图片、文字，以动画和交互为主的表现形式已经占据了不可缺少的地位。对商品描述、论坛帖子的内容进行高水平的排版是电子商务比赛的一项基本功，也是现代企业要求员工的一项基本职业能力；适当的为商品的营销、活动的策划添加动画与交互以突出营销作用可以更好的突出主题，为比赛取胜增加砝码。

在训练时，应该多模仿、多积累，可以找一些成功的网上销售网站，多学习其对商品描述部分的巧妙构思和排版组织内容。

2012 年全国职业院校计算机技能大赛电子商务技术赛项在平台方面，重点更新了店铺装修、更为丰富的交易流程模拟和开放的 HTML 代码编辑功能三大部分。今后电子商务技术赛项在平台应用方面会有怎样的变化呢？笔者认为：

第一，更为灵活的店铺装修功能，如网店导航的自主设计、网店背景允许上传而不是简单的样式选择等，2012 版竞赛平台虽然已经有了店铺装修的雏形，但功能相对简单且具有较大的局限性，C2C 交易模式下的网店不但是对某件商品进行展示，同时也需要对网店进行展示。现如今 C2C 交易商品趋于集成化、精品化，越来越向着 B2C 交易下的企业化、团队化销售看齐，对于打造有品牌影响力的“网店”也提出了更高要求，网店的设计对品牌营销来说业也显得十分重要，因此很可能在今后电子商务技术比赛中会加入更为灵活的店铺装修功能。

第二，店铺组件的应用，如商品图片滚动组件、倒计时抢购组件、团购组件、商品货号颜色选择卡组件、搭配套餐购买组件等等，但这些功能的开放只是使网店变得易于用户浏览操作，以及丰富了商品的促销形式，按照电子商务技术赛项的“重商务、轻技术”的理念来看，只是给选手们更加广泛的途径表现营销的理念和营销活动的方式而已；

第三，利用平台搜索功能考察商品关键字优化。

实　训

对商品水彩笔进行商品描述，包含“宝贝详情”、“促销信息”、“支付方式”、“邮资说明”、“联系方式”、“温馨提示”和“购物须知”等几个方面内容，并进行修饰和排版（图 3-2-15 和图 3-2-16 给出了参考）。

图 3-2-15　水彩笔商品描述排版（上）

图 3-2-16　水彩笔商品描述排版（下）

第四部分

网络营销操作实战

网络营销（On-line Marketing 或 E-Marketing）是电子商务的重要组成部分，是以国际互联网络为基础，利用数字化的信息和网络媒体的交互性来辅助营销目标实现的一种新型的市场营销方式。简单来说，网络营销就是以互联网为主要手段，为达到一定营销目的而进行的营销活动。

在 2012 年全国职业院校计算机技能大赛电子商务技术项目中，主要涉及的网络营销任务有店铺装修商品拍摄、照片处理、商品描述、照片上传、论坛营销等。本书前几部分中已经介绍了商品拍摄、照片处理、照片上传等内容，本部分主要就店铺装修、商品描述和论坛营销进行操作实战。

项目一　店铺装修

在 2012 年全国职业院校计算机技能大赛电子商务技术项目中，涉及到的店铺装修主要包括：店铺命名、店铺介绍、店铺标志与招牌设计、店铺首页促销区设计等。

任务一　店铺命名

任务描述

对店铺进行命名。

任务分析

店铺命名主要遵循以下原则：

（1）店铺名称要与比赛现场所选商品类型相关。

（2）简单、易记，有吸引力。

（3）可以采取中英文关联命名。

任务实现

1．所选商品为：订书器、水彩笔、记事本
   建议命名：上品文具店、唯美办公用品店。

2．所选商品为：牙膏、毛巾、洗发水
   建议命名：爱乐淘生活馆、买又多日化店。

任务二　店铺介绍

任务描述

对店铺进行介绍。

任务分析

店铺介绍主要遵循以下原则：

（1）店铺介绍在 100 字以内；

（2）应包括店铺发展历程、主营产品、价位区间、产品特色、服务宗旨、售后保障等；

任务实现

爱乐淘生活馆的店铺简介：

在大家的关爱与支持下，爱乐淘生活馆经过几年的努力，已成为家居日用品店铺的领航者。本店主营家居日用品，品质优良、价廉物美，七日内无理由退货。本店秉承真诚待客之道，致力于为客户提供最优质的产品与售后服务。

任务三　店铺标志

任务描述

为店铺设计标志。

任务分析

店铺标志可简称店标或Logo。一个网店的店标可作为一个店铺的形象参考，给人的感觉是最直观的，可以代表着你店铺的风格，店主的品位，产品的特性，也可起到宣传的作用。

该环节重点考察选手的美工设计能力，需要在没有素材的情况下完成Logo的设计。

店标设计主要遵循以下原则：

（1）清晰、美观，有创新意识，有个性。

（2）具有一定的含义，体现店铺的特点。

（3）符合页面整体的色调风格。

（4）建议选取图形与文字或中文与英文结合的方式。

任务实现

店铺标志分别如图4-1-1～4-1-4所示。

图4-1-1　六彩日韩文具店

图4-1-2　优凡文具

图4-1-3　柠檬家居

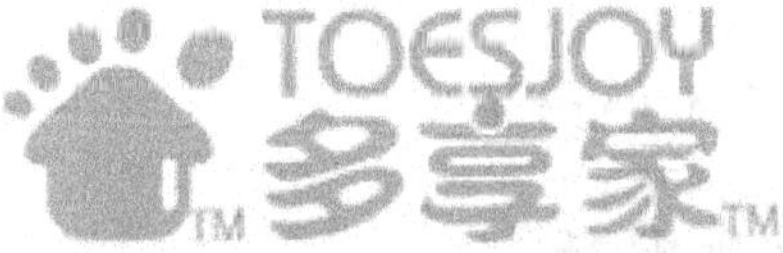

图4-1-4　多享家家居

任务四　店铺招牌

任务描述

为店铺设计招牌。

任务分析

店铺的招牌是用来展示店铺名称和形象的，可以由文字、图案、动画组成，表现方法千变万化，重点考察选手的美工及对软件的应用能力，与 Logo 类似，也是要求在没有任何素材的情况下现场创作完成。

店铺招牌除了遵循一般的美工配色原则外，还应注意以下几点：

（1）效果醒目，具有极强的突出力；

（2）应包含店铺名称、介绍文字、服务信息等；

（3）受制于大赛软件平台的功能，店招图片无法上传 Flash 动画，为了增加动态效果，建议采用 GIF 动画；

（4）店招的风格应符合页面整体的风格；

（5）根据大赛软件平台，建议招牌的大小为 950px*150px 左右。

店铺的招牌可谓千变万化、仁者见仁智者见智，在这里挑选一些不依赖素材的淘宝店招牌以供大家参考学习。

任务实现

店铺招牌如图 4-1-5～4-1-7 所示。

图 4-1-5　米购家居生活馆

图 4-1-6　某商城精品旗舰店

图 4-1-7　心语创意家居生活

任务五 店铺首页促销区

任务描述

在店铺首页促销区针对一件商品设计宣传图片。

任务分析

促销区是在店铺首页醒目位置用来展示商品促销或店铺促销活动的区域，在互联网中多以 Flash 动画的形式，循环展示 3～5 张图片。在全国大赛中，要求针对所选商品中的任意一件进行宣传促销，设计一张宣传图片，并上传至促销区中。

设计宣传图片时建议注意以下几点：

（1）可以通过某个主题对商品进行促销；

（2）宣传图片的布局和色彩搭配要合理；

（3）受制于大赛软件平台的功能，商品宣传图片无法上传 Flash 动画，为了增加动态效果，建议采用 GIF 动画；

（4）宣传图片的风格应符合页面整体的风格；

（5）根据大赛软件平台，建议宣传图片的宽为 950px，高不做限制；

（6）宣传图片中要体现促销主题、促销方式等信息。

任务实现

店铺促销区如图 4-1-8～4-1-10 所示。

图 4-1-8 户外沙滩鞋

图 4-1-9 洁面乳

HOME LIFE 家居生活用品 全场直降2.4折起
折扣风暴 强势来袭
爱我 你就带我回家吧！
美的 Midea
美的落地式电风扇
夏日清凉价
仅售368元
循环送风 健康舒适
清凉一夏
【收藏本店】
BOOK MARK
【新品上市】
NEW ARRIVAL
【特价促销】
HOT SALE

图 4-1-10　电风扇

项目二　商品描述

在网络中做生意，最重要的是准确地向买家传递商品的基本信息。图片传递给买家的只是商品的颜色、形状等视觉信息，而对于商品的属性、功能、产地、使用方法、售后服务等，必须通过文字方面的描述来说明。

商品描述涵盖的内容非常多，网络中卖家为了达到好的营销效果，不断地深入挖掘商品的相关信息。从初期浅显的属性信息描述，逐步发展为集属性信息、促销信息、使用技巧、产品文化、售前售后等一整套商品描述的体系结构。

在 2012 年全国职业院校计算机技能大赛电子商务技术项目中，涉及的商品描述主要包括：商品标题命名、商品详情描述、商品照片描述、促销信息、支付方式、邮资说明、联系方式等。

任务一　商品标题命名

任务描述

对以下七种不同材质的商品进行标题命名：

木质类商品——木质筷子；

金属类商品——金属挂钩；

玻璃类商品——玻璃水杯；

皮革类商品——真皮钱包；

棉织类商品——纯棉毛巾；

塑料类商品——塑料彩笔；

纸质类商品——纸质收纳盒。

任务分析

网络中每天都会有大量的商品发布，如何让自己的商品脱颖而出，快速地被买家找到，标题命名是不可或缺的第一步，而关键字更是其中的核心。

商品标题命名主要遵循以下原则：

（1）商品标题不能超过规定字数（一般为 30 字以内）；

（2）商品标题中的关键词应与商品有关联；

（3）商品标题能突出商品的属性、特点和卖点。

商品标题命名常见组成内容：名称、品牌、型号、促销信息、特性、形容词、关键字、承诺。

任务实现

（1）木质类商品：木质筷子，如图 4-2-1 所示。

高档百搭木质筷子，餐具搭配极品，送礼佳品，24cm。

（2）金属类商品——金属挂钩，如图 4-2-2 所示。

强力金属挂钩，无痕挂钩，粘钩，衣帽钩，反复使用 6 件包邮。

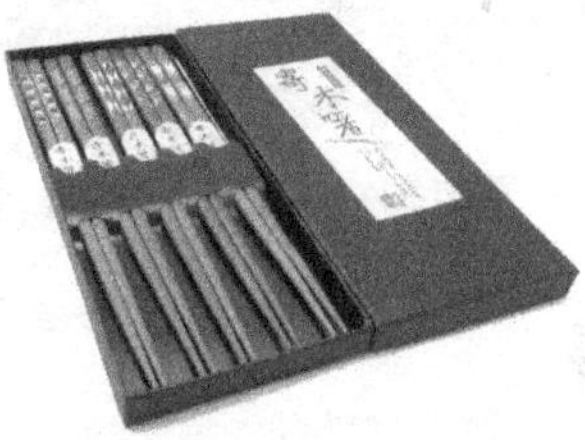

图 4-2-1　木制筷子

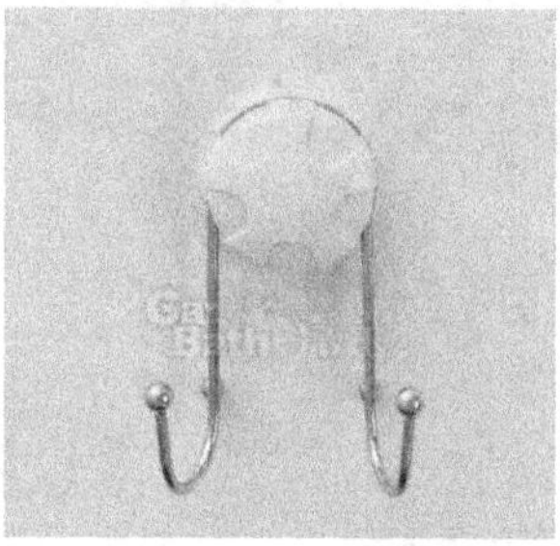

图 4-2-2　金属挂钩

（3）玻璃类商品——玻璃水杯，如图 4-2-3 所示。

韩国进口 Glasslock，乐扣，钢化玻璃杯，水杯，茶杯，PC318。

（4）皮革类商品——真皮钱包，如图 1-4。

正品 七匹狼 男士 黑色 钱包 真皮 钱夹 皮夹 短款

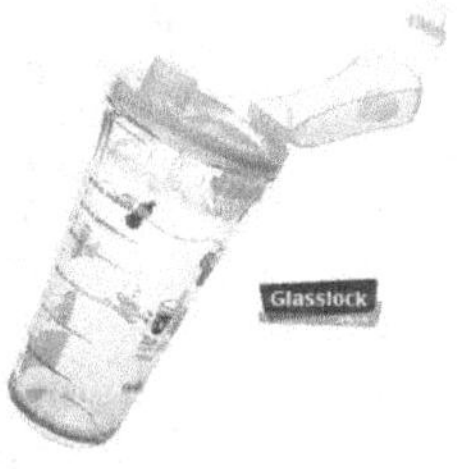

图 4-2-3　玻璃水杯

图 4-2-4　皮质钱包

（5）棉织类商品——纯棉毛巾，如图 4-2-5 所示。

金号 King Shore，纯棉毛巾，全棉面巾，柔软吸水，加厚，棕色。

图 4-2-5　纯棉毛巾

（6）塑料类商品——塑料彩笔，如图 4-2-6 所示。

西瓜太郎 12 色，儿童，水彩笔，彩色笔，安全无毒，保质期 3 年。

（7）纸质类商品——纸质收纳盒，如图 4-2-7 所示。

包邮，韩版新七格，绿色盒子 DIY，纸质桌面，收纳盒，260g。

图 4-2-6　塑料彩笔

图 4-2-7　纸质收纳盒

比 赛 心 得

在给商品标题命名这一环节中，要充分利用软件平台允许的 30 个字符，尽可能的将商品及相关信息用关键字描述出来，切记不可简单地将单一的商品名称与品牌作为标题命名，例如“西瓜太郎水彩笔”，这样的命名是无法获得满分的。

任务二　商品详情描述

任务描述

对以下不同材质的商品进行商品详情描述：

- 牙膏
- 陶瓷碗；
- 真皮钱包；
- 纯棉毛巾。

任务分析

商品详情描述主要指商品的基本属性，一般包括商品的名称、品牌、材质、成分、功能、颜色、尺寸、重量、货号、等级、生产厂家等。

在商品详情描述这一环节中，除了考查文字描述外，对于文字内容的编辑排版也有要求。受大赛所用软件平台功能的限制，排版时不可能像制作网页或在淘宝平台中有那么多的选择，结合比赛软件的功能，建议此处及后面的促销信息、支付方式、邮资说明、联系方式等环节采用表格的方式来进行排版，同时要注意对错别字的检查。

任务实现

（1）牙膏，如图 4-2-8 所示。

图 4-2-8　牙膏

商品详情描述：

产品名称	高露洁牙膏	品　　牌	高露洁
产地	广州	执行标准	GB 8372
功效	防蛀、固齿、美白	净含量	90g
保质期	2 年	香型	清凉薄荷味
生产厂家	高露洁棕榄（中国）有限公司		
主要成分	碳酸钙、山梨（糖）醇、月桂硫酸酯钠、木糖醇、香精等		
注意事项	建议 6 岁及以下儿童每次使用豌豆大小的牙膏，并在成人指导下刷牙，以减少吞咽		

（2）陶瓷碗，如图 4-2-9 所示。

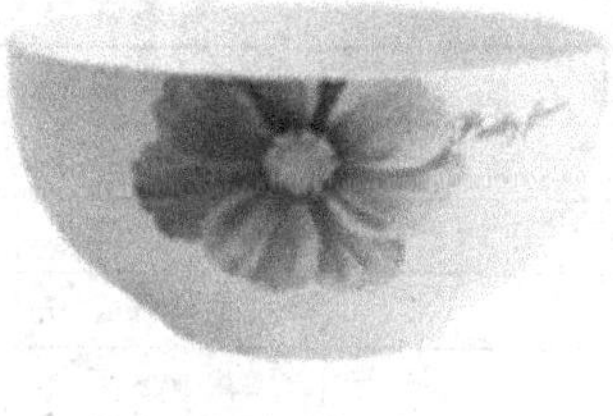

图 4-2-9　陶瓷碗

商品详情描述：

产品名称	白瓷碗	质　　地	优质白瓷
产地	河北省唐山	执行标准	GB/T 13522-92
碗底直径	约 5cm	碗口直径	约 11cm
花纹颜色	粉红色	设计风格	简约、典雅
产品特色	耐高温、抗腐蚀、表面光滑	餐具工艺	釉上彩

（3）真皮钱包，如图 4-2-10 所示。

图 4-2-10　真皮钱包

商品详情描述：

产品名称	钱包、钱夹	质　地	牛皮
品　牌	七匹狼	型　号	2a92006b
款　式	两折短款	尺　寸	115*98mm
产品名称	钱包、钱夹	质　地	牛皮
颜　色	黑色	适用性别	男士
产　地	中国福建		

（4）纯棉毛巾，如图 4-2-11 所示。

图 4-2-11　纯棉毛巾

商品详情描述：

商品名称	金号锻档素印面巾	执行标准	FZ/T62006-2004
产　地	山东	产品等级	B 类 可直接接触皮肤
生产企业	山东金号织业有限公司	质　地	100%棉
颜　色	橘红	主要成分	棉、缎档
风　格	简约时尚	花纹颜色	橙色
存储方法	置于阴凉干燥处	注意事项	请勿曝晒，以免掉色
适用人群	成人	洗涤方式	手洗
产品特色	吸水性强、手感良好、柔软舒适，全面呵护肌肤		

比 赛 心 得

在 2012 年的全国大赛中，对于商品详情描述的考查主要是针对商品的基本属性，这些信息大部分可以通过比赛提供商品的外包装来获得。但有一个需要关注的问题是一些包含信息较多的商品往往拍不出漂亮的效果。在此建议大家挑选商品时，首先选择利于拍照效果的商品，毕竟照片所占的分数要远远高于商品详情描述的分数，不要因小失大。

在比赛中会遇到一些没有文字信息的商品，像陶瓷碗、毛巾等，这些产品几乎没有包装，能够从商品本身获取的信息很少。对于这类商品，需要平时在训练的过程中，多去积累不同商品的描述常识和描述词语，对于常见商品的描述点要熟练掌握，这样在比赛中既节省了时间又避免了描述点的遗漏。

随着大赛的不断发展，建议在训练过程中适当加入一些扩展性描述，例如商品的使用方法、使用技巧、使用体会、注意事项、售前与售后服务、退换货原则等。

任务三　商品照片描述

任务描述

对以下不同材质的商品的照片进行描述：
金属类商品——剪刀；
皮革类商品——真皮钱包；
棉织类商品——百洁布。

任务分析

好的照片配合精美的文字描述可以让照片更加生动、形象。商品照片的描述主要从以下三个方面。

（1）对照片中商品的基本属性说明，如材质、颜色、形状、尺寸等。

（2）对照片中商品的功能演示说明。

（3）对照片中商品的品牌介绍。

商品照片的描述文字可以独立于照片之外也可以在照片本身上。

任务实现

（1）金属类商品：剪刀，如图 4-2-12～图 4-2-15 所示。

图 4-2-12　商品图片 1

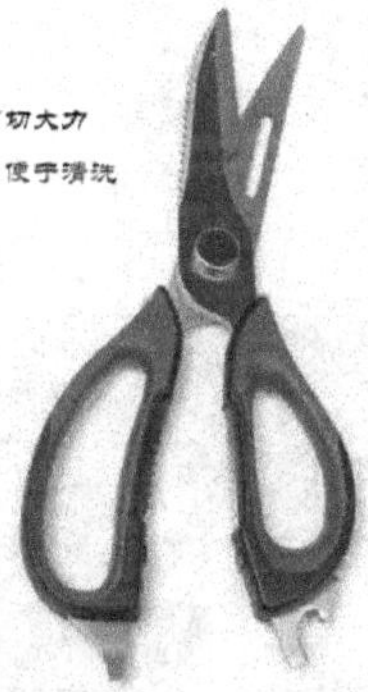

图 4-2-13　商品图片 2

图 4-2-15　商品图片 3

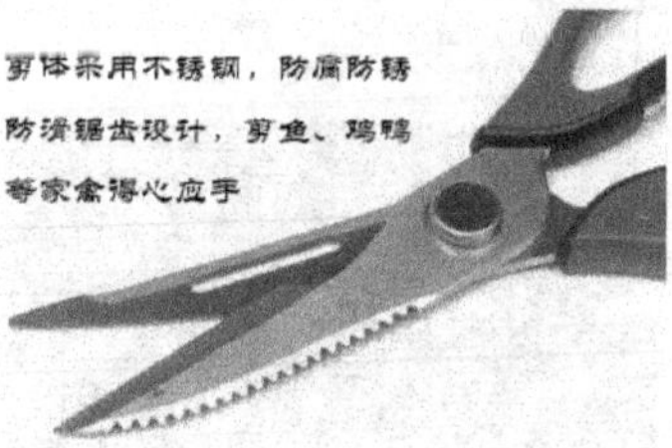

图 4-2-14　商品图片 4

（2）皮质类商品：真皮钱包，如图 4-2-16～图 4-2-19 所示。

图 4-2-16　商品图片 1

图 4-2-17　商品图片 2

图 4-2-18　商品图片 3

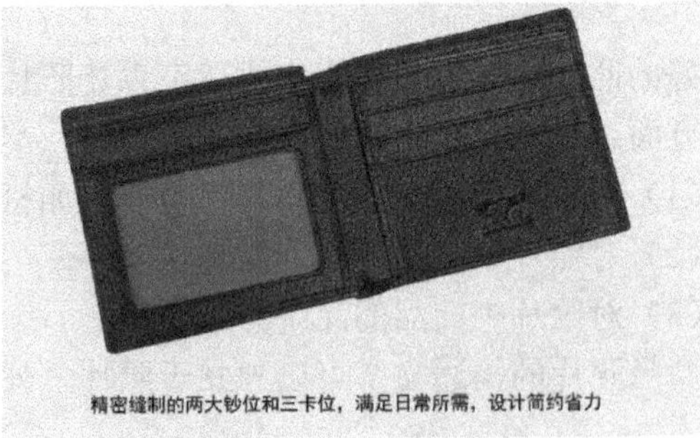

图 4-2-19　商品图片 4

（3）棉织类商品：百洁布，如图 4-2-20～图 4-2-23 所示。

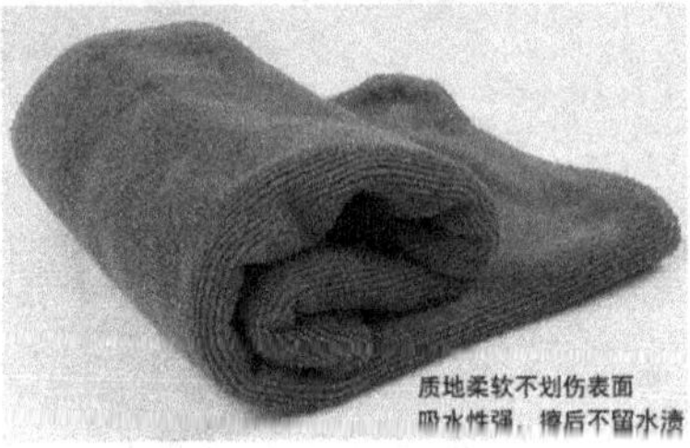

图 4-2-20　商品图片 1

图 4-2-21　商品图片 2

图 4-2-22　商品图片 3

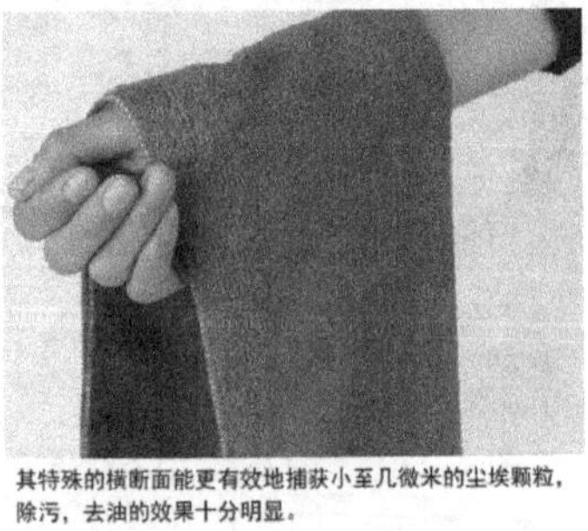

图 4-2-23　商品图片 4

任务四　商品促销信息

任务描述

为以下不同材质的商品设置促销信息：
塑料类商品——塑料彩笔；
棉织类商品——纯棉毛巾；
玻璃类商品——陶瓷碗。

任务分析

商品的促销信息种类繁多，在适当的时候利用促销可以快速地提升店铺的销量和人气。在 2012 年全国大赛中，主要考查选手对于常用促销形式和促销语言的使用，此外对促销信息的数量和排版也有一定的要求。

常见五种促销类型：
（1）满就送促销，例如：满百包邮、满百送礼、满百减十；
（2）买够就送促销，例如：买五送一、买十送三；
（3）限时打折促销，例如：2 月 14 日前 8 折销售、促销 9.9 元仅限本周；
（4）节日促销，例如：情人节“甜蜜二月”全场八折；
（5）套餐搭配促销，例如：真皮钱包（120 元）+真皮腰带（99 元）=200 元。

任务实现

（1）塑料类商品：水彩笔，如图 4-2-24 所示。
（2）棉织类商品：纯棉毛巾，如图 4-2-25 所示。

图 4-2-24　水彩笔促销信息

图 4-2-25　儿童毛巾促销信息

（3）玻璃类商品：陶瓷碗，如图 4-2-26 所示。

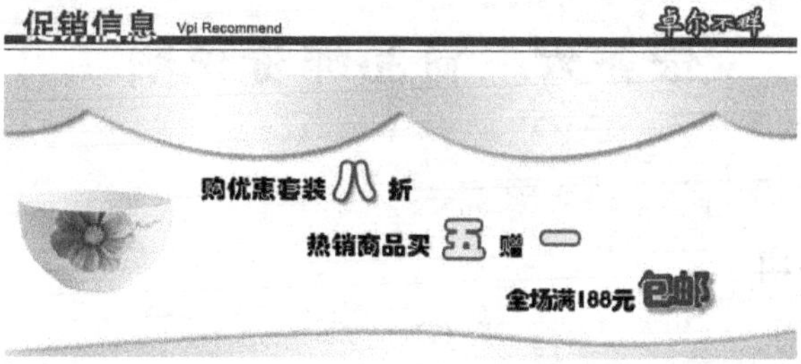

图 4-2-26　陶瓷碗促销信息

比赛心得

在这一环节中，需要注意以下几点：

（1）促销信息的数量至少三条；

（2）促销信息要分别体现出对店铺的促销活动和对某一件商品的促销活动；

（3）建议用图文混排的形式体现促销信息。

随着网络交易平台功能的不断发展，一些购物网站中经常有团购、秒杀等促销方式。这些方式在大赛所用的软件平台中暂时无法实现，建议在训练中将这一类较为流行的促销方式进行总结，同时还要不断发掘新版软件平台的功能，尽可能多地将促销方式呈现出来。

任务五　商品支付方式

任务描述

为商品设置支付方式

任务分析

随着电子商务的发展，支付方式越来越丰富，也越来越便捷。目前不同的商家支付方式也各有不同，总体来说分为三大类：在线支付、货到付款、转账汇款。建议此处采用表格或列表的形式。

任务实现

支付方式	支付说明
在线支付	第三方支付（支付宝、财付通、快钱）、网银支付、信用卡支付
货到付款	快递公司送货上门，客户收单验货后，将货款交付配送员
转账汇款	银行转账（支持工行、农行、建行、招行）、邮局汇款，汇款账号见下方

比赛心得

在这一环节中务必要将三类支付方式都体现出来。有些选手写了很多种，但都属于某一类支付方式，例如：支付宝、财付通、网银支付、信用卡支付。

这样是无法获得满分的。由于三件商品的支付方式是一致的，一旦一件商品的支付方式丢分，都是要乘以 3 倍的，这个分数就很多了。

任务六　商品邮资说明

任务描述

为商品设置邮资说明

任务分析

邮资说明这一环节要求体现出邮寄方式、区域差价、重量差价、到达时间等常识性信息。

任务实现

配送地区	邮寄方式			预到时间
	平邮	快递	EMS	
北京市内	5	5	10	1～2天
其他地区	10	10	20	3～5天
注意事项： （1）本店支持快递中通、申通、圆通，默认快递公司为申通快递。快递无法到达地区发EMS； （2）同城首重5元/kg，续重3元/kg；其他地区首重10元/kg，续重5元/kg； （3）如果您有特殊要求，请与本店客服联系				

任务七　商品联系方式

任务描述

为商品设置联系方式

任务分析

联系方式这一环节要求体现出几种常见的联系方式。

任务实现

联系方式	
客服旺旺	售前一号客服、售前二号客服、售后客服
客服电话	400 888 1234; 13312341234
电子邮箱	Dianzishangwu@sina.com
地址	中国北京　朝阳区

项目三　商品推广

在网络营销的整个过程中，网络营销推广是最为重要的一个环节。通过网络营销推广可以快速地树立和提升企业品牌及产品的知名度和认同度，最终实现提高销售数量为最终目的。

随着互联网的不断发展，网络应用服务不断增加，网络营销推广的方式也越来越丰富，目前常见的网络营销推广方式有博客营销、论坛营销、搜索引擎营销、电子邮件营销、即时通信营销、病毒式营销、RSS 营销等。

对于 C2C 中的卖家来说，网络营销推广一般分为针对店铺的推广和针对某件商品的推广。在 2012 年全国职业院校计算机技能大赛电子商务技术项目中，要求运用论坛营销，发布一个帖子，对店铺中的三件商品进行营销推广。

任务一　了解论坛营销

任务描述

掌握论坛营销的基本概念，了解论坛营销的基本思路

任务分析

论坛营销就是"企业利用论坛这种网络交流的平台，通过文字、图片、视频等方式发布企业的产品和服务的信息，从而让目标客户更加深刻地了解企业的产品和服务。最终达到企业宣传企业的品牌、加深市场认知度的网络营销活动"。

简单地说，论坛营销就是借助人气超高的论坛，通过发布帖子一方面吸引人群的关注，提升品牌知名度。另一方面网友们的观点也成了网民实施购买行为的重要参考依据，所以帖子的内容和吸引力决定了营销的效果。一般来说帖子的内容主要分为硬性广告和软文营销两类。

随着网络的发展，网民的识别能力也在不断提高，单纯的硬性广告帖子已经无法起到好的营销效果，大部分论坛对于有广告嫌疑的帖子都会毫不留情的删帖，甚至是查封账号。目前而言，论坛营销中最主要的方式是软文营销的推广。顾名思义，它是相对于硬性广告而言，用唯美的语言将产品形象化，刺激阅读者的兴趣、进而产生消费的欲望。软文写作的目的就是要将企业的产品和形象通过美丽的文字来进行包装，以达到宣传的效果。

当然，硬性广告并不是无用武之地，一些大型的论坛都会设立专门的广告版块，商业论坛社区中也是允许硬性广告的发布。大部分电子商务平台也都设立了论坛版块，一方面让买家有一个交流的平台，同时也满足了卖家发布帖子进行营销推广的需要。

论坛营销的对象可以是企业、品牌、个人、网络店铺、若干商品。

在全国大赛中，要求对发布的三件商品进行论坛营销，主要考查帖子标题、帖子内容、帖子排版三个方面。至于帖子内容是硬性广告还是软文营销并没有明确的要求，二者都可以采用，但结合目前论坛营销的发展现状，建议首选软文营销。

任务二　发布帖子实战

任务描述

通过发布一个帖子，对商品进行论坛营销

任务分析

（1）帖子标题分析：由于论坛形式的特殊性，用户登录论坛后首先看到的是一系列帖子的标题，如图 4-3-1 所示。

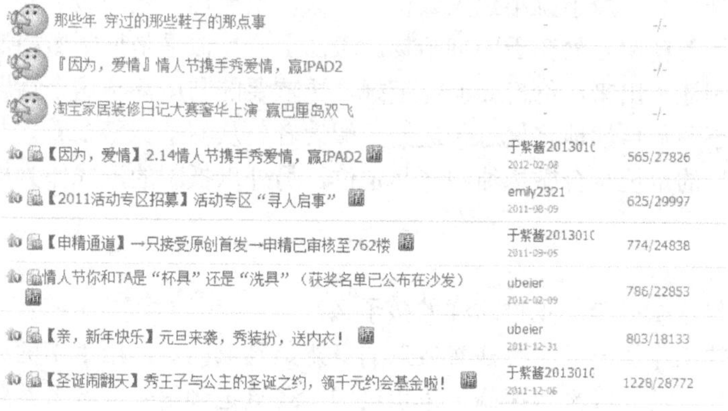

图 4-3-1　论坛帖子的标题

因此，一个好的标题可以吸引更多的人进行单击。设置帖子标题一般应注意以下几点。

① 标题要与正文内容相关联。

② 标题最好带有暧昧、惊奇、悬念或含有新闻事件的色彩，可以让读者发挥联想。

③ 标题中可以适当加入流行网络用语。

标题的撰写方法很多，无论采用何种方法，目的只有一个，引起目标群体的好奇，让用户有兴趣读下去。

（2）帖子内容分析：当用户被一个诱人的标题吸引并进入帖子后，帖子内容的优劣直接决定了营销的效果，因此在撰写帖子内容时，可以把标题中有争议的场景展开，在一个完整的产品使用场景下传达产品对于消费者的重要性。

前面已经提到过，就贴子的内容来说一般分为软文营销和硬性广告。但在实际的论坛营销过程中，对于软与硬的区分并不是十分的明确，完全要看阅读者的自我感受，毕竟再软的帖子它也是广告。传统的硬性广告指的是纯粹的广告，直接的广而告知，而现在的一些软文中包含有商品测评、促销活动、招商宣传、广告文案等，它们都是带有硬广告性质的软文。

在 2012 年的全国大赛中，一般将带有硬广告的软文都归为了硬性广告中，例如策划的促销活动、产品的使用测评信息。相对来说一些故事性的帖子更容易让人接受为软文营销。

另外要注意的是，无论软文营销还是硬性广告的帖子，对商品营销后的目的都是让阅读者进入与商品相关的页面中，例如进入商家的店铺首页或商品页面，这就需要我们在帖子中加入超链接地址。

任务实现

案例一

标题：一个小资的忠告，千万不要用橄榄油！

内容：后悔啊，一年前在一个朋友的怂恿下，一冲动，将家里的食用油改成了橄榄油，用的是西班牙的大品牌皇家贝蒂斯，听说还是在央视做广告的产品。橄榄油的价格虽然贵点，但我心想自己是白领，这点钱还是花得起的，但这半年贷款买了车子和房子，还贷的压力陡然增加，没办法，咱也节衣缩食吧，把用了一年的橄榄油再换成原来的色拉油吧。可没有想到的是，吃惯了橄榄油竟然不习惯色拉油的味道了，加之地沟油泛滥，老婆又计划着要宝宝，健康可是第一位的，没办法，只能咬牙坚持，一再压缩自己的零花钱，再次换回了橄榄油。唉，幸福是一种奢侈品，用了就不想失去了，大家一定要切记我的教训啊！

分析：此案例的精明之处在于明抑暗扬。表面上看，似乎是抵制橄榄油，但却巧妙地把橄榄油的优缺点阐述了出来，价格高但味道好，更重要的利用怀孕这个话题，突出了健康这个卖点，整个故事环节自然地将信息传递给了阅读者。从帖子标题来看，首先与内容紧密联系，其次“小资”的定位符合橄榄油的产品定位，另外以抵制的形式作为标题，更容易吸引人们的关注。

案例二

标题：做父母这么多年，见过这样的孩子么？

内容：辛苦的工作了一天，我拖着疲惫的身躯走到家门口，用手中的钥匙无力的拧开家门，发现地板光亮整洁！我没有多想，迈步进门，径直走到卫生间准备洗脸。当我抬头拿毛巾的时候，却发现原来的那条旧毛巾不见了，取而代之的是一款纯棉的，吸水性强、舒适柔软，擦拭起来很舒适的毛巾。

转身的瞬间发现洗漱台上之前的那支已经干瘪的黑人牙膏不见了，换成了一支新的高露洁牙膏，是珍珠盐白配方，还有效防蛀呢。可是，这是谁干的呢？劳累的我没有太在意洗手间的发现，想要休息一下，径直走进卧室，准备休息，看到孩子在写作业，书桌台上放着一盒彩色笔，旁边还放着一幅画，画的色彩丰富，颜色鲜艳，特别漂亮，是一幅全家福。只见孩子抬起头对我说“妈妈，你们工作太累了，今天我在家做了一次彻底的大扫除，毛巾、高露洁牙膏、彩色笔都是我在淘宝网一家叫×××的商店买的，他们的工作人员服务态度特别好，还教会了我怎么付款呢，快要过元旦了，那家还推出了元旦礼物，我想用零花钱给爸爸妈妈买一份元旦礼物”。“宝贝，你长大了，懂事了，妈妈真开心”。这个家是充满爱的家，是充满温馨充满幸福的家，我爱我的家。

分析：此案例通过一个母亲讲述孩子的经历，将三件商品及店铺信息在不经意间描述了出来，一方面对三件商品的特点进行了简要地叙述，同时还对店铺的信用和服务进行了宣传，可谓一举两得。另整篇故事语言流畅，情节合理，用切身的感受影响着浏览者的购买意向。

案例三

标题：欢乐六月，让我们一起秀童年记忆

内容：童鞋，你还记得你小的时候有什么有趣的故事吗？你愿意将你的趣事与我们一同分享吗？如果愿意，那就来参加我们的活动吧！还有好礼相送哦。

活动时间：2012年6月1日至6月5日

活动内容：凡在本店注册过的童鞋，均可以参加此活动，参与者只需写下自己童年最有意思的一件事，如果还有年幼时的照片，也可以晒一晒哦。每日的下午 16 点至 17 点，将由注册过本论坛的网友们评价最有意思的童年故事，评选出前三名最有意思的童年故事，前三名将获得由爱尚家品店送出的精美礼品！

活动要求：文字字数、照片大小均不限制。但内容一定要真实，照片不能做任何处理，若出现此现象，均即为无效踩贴，不算参赛作品之内。

活动奖励：第一名将获得由爱尚家品店送出的挂壁防水纸巾筒一个+冷酸灵牙膏一个+竹木锅垫一个。

第二名将获得由爱尚家品店送出的挂壁防水纸巾筒一个+冷酸灵牙膏一个。

第三名将获得由爱尚家品店送出的挂壁防水纸巾筒一个。

活动网址：www.aishang.com

分析：此案例通过秀童年记忆的一个活动，来对店铺以及商品进行营销活动。对于这一类案例在互联网中非常多，尤其在一些纯商业性的论坛中，它利用论坛中回帖置顶的原则，通过大量的回帖，延长帖子置顶的时间。同时利用奖品的吸引，让大家完成一个简单的任务，并对任务进行评比，利用一系列的活动，来对店铺和商品进行潜移默化的宣传，已达到营销的目的。

以上三个案例中，相对来说，案例一和案例二属于软文营销，案例三虽然不是纯粹的广告，但属于带有硬广告的软文，所以将其归类为硬性广告。

比 赛 心 得

在论坛营销这一环节中需要注意以下问题。

（1）要求对三件商品进行营销，在数量上一定要达到要求。

（2）帖子内容要体现一定的语文功底，要做到语言流畅、活泼、有亲和力，且不能有错别字。

（3）帖子排版上要充分利用平台所带的功能，做到图文并茂，将营销的三件商品图片与帖子内容混排。也可以适当添加一些活动宣传图片

（4）可以根据帖子的内容设置一些回帖，来响应帖子的内容，达到更好的营销效果。

（5）建议采用软文营销。

在 2012 年的全国大赛中，要求运用论坛这种形式对商品进行营销。在日常的训练中，建议大家要多熟悉常见一些网络营销形式，如博客营销、论坛营销、搜索引擎营销、电子邮件营销、即时通信营销、病毒式营销，熟练掌握它们的概念和营销方式，以满足未来大赛的变化。

第五部分

综合实战

2011—2012 年全国职业院校技能大赛电子商务技术项目比赛由三部分组成。其中知识测试占 20%，网络营销占 60%，在线交易占 20%。首先，每队三位选手独立完成知识测试。在专用（竞赛版）系统上，完成 50 个题目。其中，判断题 20 个，单项选择题 20 个，多项选择题 10 个。测试卷设 A、B、C 三套。在线答题，自动计时与阅卷评分。然后进行网络营销和在线交易项目的比赛，其比赛顺序和分工，由参赛队自行商定，团队合作完成。建议三位选手先将在线交易项目完成。然后分工协作完成网络营销部分的操作。

本部分主要通过模拟测试积累学生的实战经验，提高学生们的技能水平。

模拟测试题一套

一、知识测试部分

应利用本届比赛执委会提供的专用模拟教学系统，完成电子商务基础知识试题的测试。本部分以试题形式出现。

二、在线交易部分

应利用本届比赛执委会提供的专用模拟教学系统，完成比赛指定的在线交易任务（C2C电子商务流程），完整实现买家、卖家和物流公司等角色的交易流程。本部分在第三部分中已经做出详细描述，这里就不重复描述了。

小贴士

在进行在线交易操作中选手们要注意各自操作的得分点：买家占50%，注册网银、充值、下订单付款、签收；卖家占30%，注册网银、充值、发货；物流公司占20%，注册网银、发货。

三、网络营销部分

应利用本届比赛执委会提供的计算机、摄影器材、商品收纳箱、工作台等设备，在“天行健君电子商务模拟教学系统（以下简称模拟教学系统）”上，完成比赛指定的网络营销任务，即商品拍摄、照片处理、商品描述、照片上传、论坛营销等。

网络营销具体任务：选择3件不同材质商品进行拍摄，每件商品拍摄5张照片（主图与辅图）；对每张商品照片进行添加水印（水印由命题组提供）和美化处理；商品描述与上传；论坛营销。在本部分中商品拍摄、商品美化处理、商品描述等内容在前面已经详细介绍，这里就不重复描述了。本部分重点描述在平台中如何进行商品上传、描述及论坛操作。

1．卖家为店铺添加商品导航分类

卖家身份登录系统平台“在线商城”，选择“店铺管理”中的分类导航，并添加三个导航类别“灯泡”、“皮带”和“笔记本”，如图5-1-1所示。

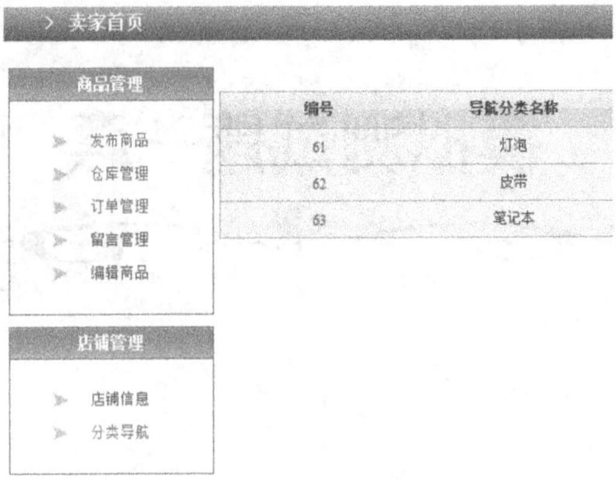

图 5-1-1　商品导航设置

2. 卖家发布商品“球形玻璃装饰灯泡”

（1）卖家身份登录系统“在线商城”，选择“商品管理”中的“发布商品”，在商品发布页中先发布第一件商品“灯泡”，填入商品名称“球形玻璃装饰灯泡 佛山照明”，并选择商品类别为“五金家电” →“五金交电”→“灯具照明”，如图 5-1-2 所示。

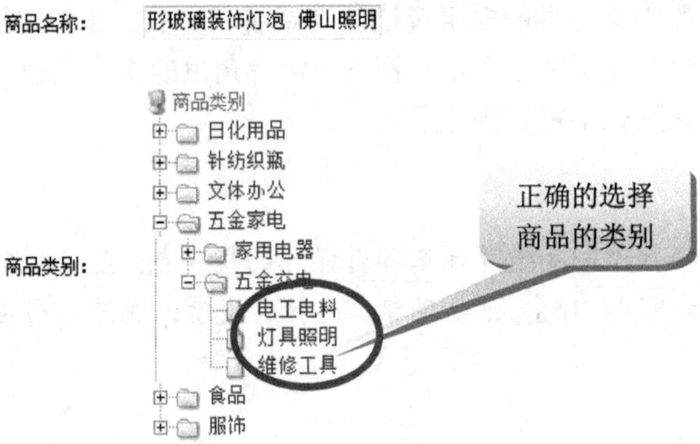

图 5-1-2　商品分类的选择

（2）接着在商品发布页对“灯泡”的其他属性进行描述，如图 5-1-3 所示。

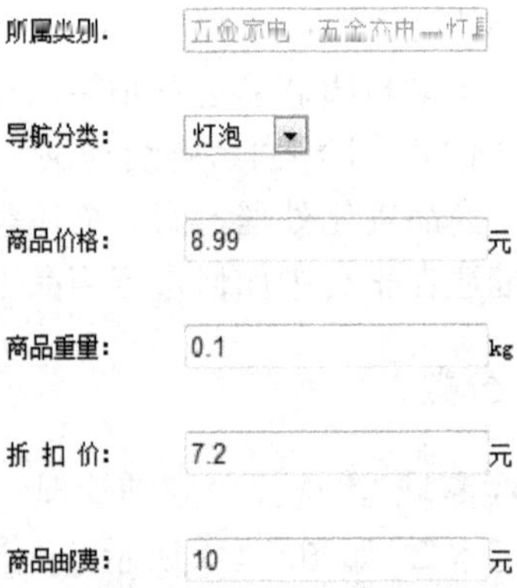

图 5-1-3　商品属性

（3）单击“上传图片”按钮，浏览本地文件，从左到右依次上传“灯泡”的主图和四张辅图，如图 5-1-4 所示。

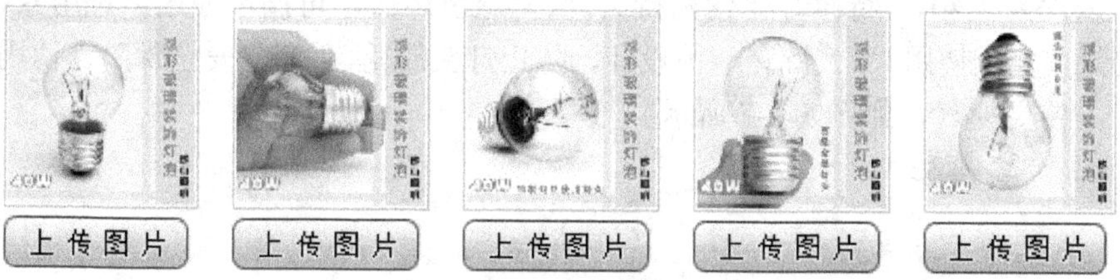

图 5-1-4　商品图片的上传

（4）在商品描述中使用“插入/编辑图像”按钮，插入一张商品的细节图片“玻璃灯泡（辅图 01）”，并在图像属性中删除原片中的宽高限制，如图 5-1-5 所示。

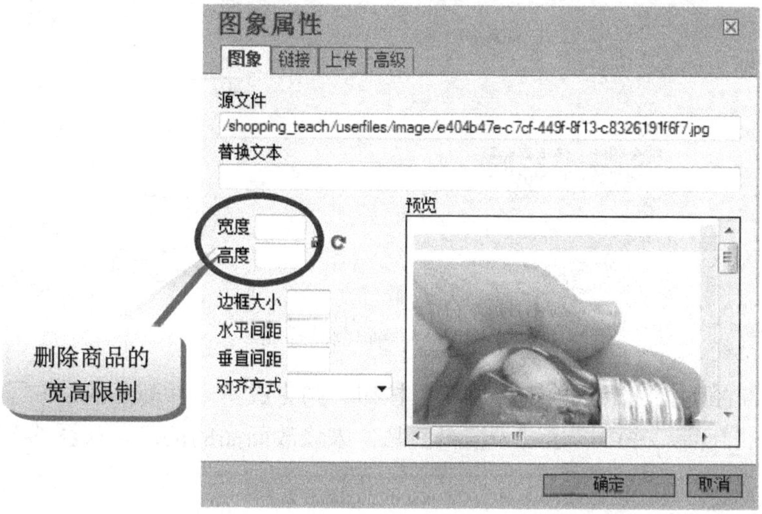

图 5-1-5　FCKeditor 中的图像上传控件

（5）接着在“玻璃灯泡（辅图 01）”下输入对该图片的简单描述，如图 5-1-6 所示。

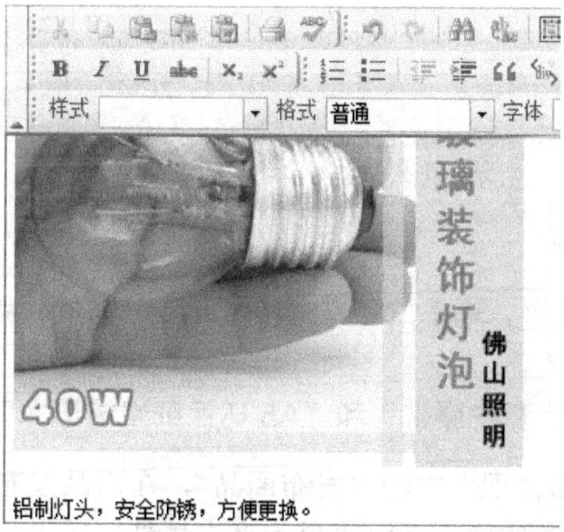

图 5-1-6　编辑商品描述

（6）继续在商品描述编辑中插入图像，依次插入“玻璃灯泡（辅图 02）”、“玻璃灯泡（辅图 03）”、“玻璃灯泡（辅图 04）”和“玻璃灯泡（主图 01）”，再在每一张图片输入对商品图片的描述，依次为“40W 特质灯丝使用持久。”、“绿色环保，可循环使用。选用双端锰乃尔保险丝，防爆，安全使用。”、“特有卡锁设计，防止灯头脱落。”和“安全保险，使用寿命高。安全防修，方便更换。”，如图 5-1-7 所示。

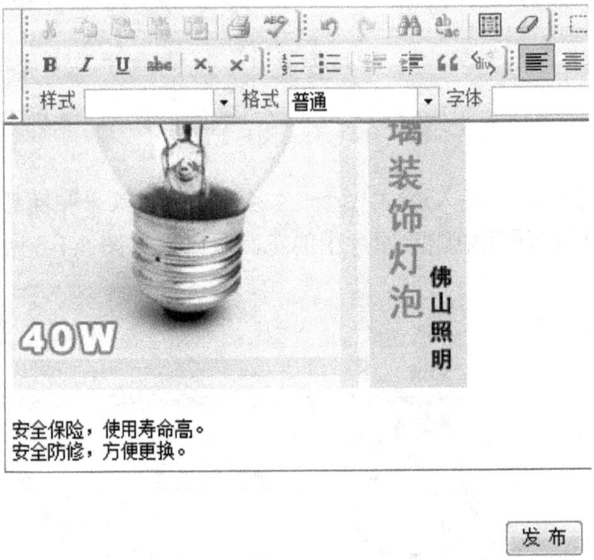

图 5-1-7　编辑商品描述

（7）完成商品的描述后，单击“发布”按钮，则完成第一件商品的发布了。完成后可以看到自己发布的商品，并可以通过“编辑商品”来修改商品的信息，如图 5-1-8 所示。

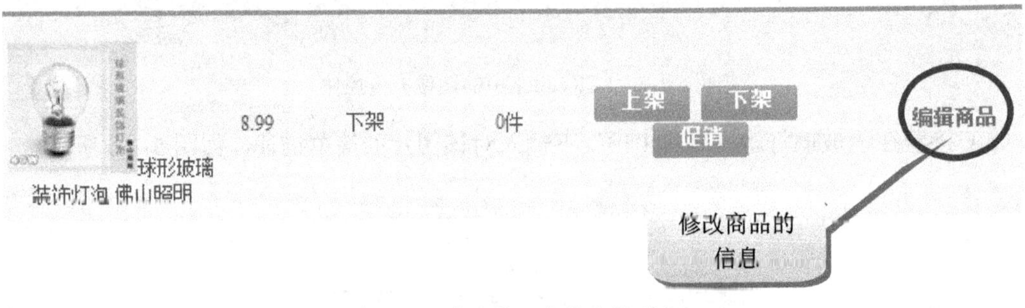

图 5-1-8　仓库管理中的商品列表

小贴士

在编辑商品描述的过程中，选手们可以先插入表格，利用表格布局来规划商品的描述。

3．卖家发布商品“男士真皮腰带”和“A5 环保纸浆笔记本”

（1）卖家继续在“商品管理”中的“发布商品”，在商品发布页中发布第二件商品“男士真皮腰带”，仿照之前发布的商品，为“男士真皮腰带”填入商品的名称并选择商品类别为“服饰”→“配饰”→“皮带”，并填入商品的基本属性，如图 5-1-9 所示。

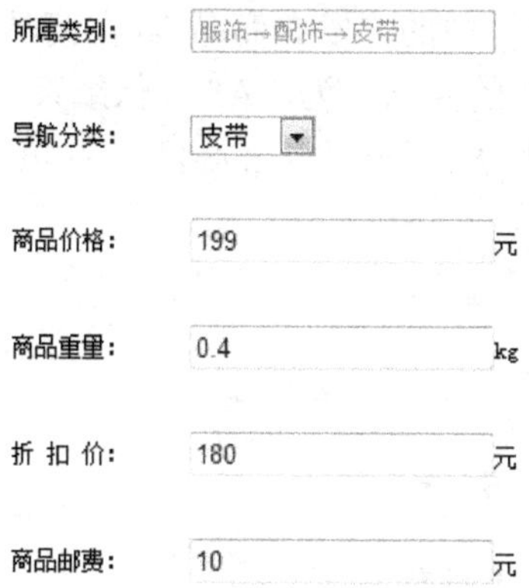

图 5-1-9　商品属性

（2）在商品图片中依次上传一张主图和四张辅图，如图 5-1-10 所示。

图 5-1-10 商品图片的上传

（3）在商品描述中，依次插入商品图片“真皮腰带（辅图 01）”、“真皮腰带（辅图 02）”、“真皮腰带（辅图 03）”、“真皮腰带（辅图 04）”和“真皮腰带（主图 01）”，并在每一张图片后边输入对图片的描述，依次为“一如这夏日的风，舒展而又轻盈，微微牵着绿色季节的气息。”、“一个情趣男人，一定有属于自己个性的东西。”、“经久耐用，无虫蛀，使用年限可达百年之久，而且越用越凉爽、柔顺。”、“情趣不是女人的专利。冰心说：爱在左，而情在友。随时播种，随时开花，踏着荆棘，而不是痛苦，有泪可挥，不觉得悲凉。”和“时尚男人　尊贵之选　多卡位设计　尽显大师风范　选用优质上等的牛皮，做工考究，美观大方，这体现了男人的真诚。”，如图 5-1-11 所示。最后单击“发布”按钮完成该商品的发布。

图 5-1-11　编辑商品描述

（4）卖家继续在“商品管理”中的“发布商品”，在商品发布页中发布第三件商品“A5环保纸浆笔记本”，仿照之前发布的商品，为“A5环保纸浆笔记本”填入商品的名称并选择商品类别为“文体办公”→“文化办公”→“办公器材”，并填入商品的基本属性，如图5-1-12所示。

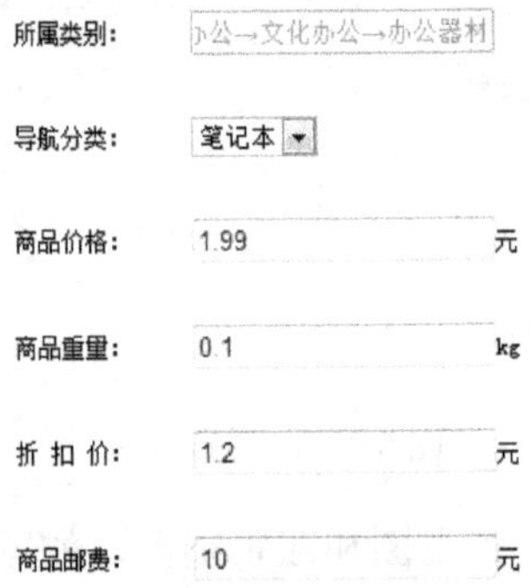

图5-1-12　商品属性

（5）在商品图片中依次上传一张主图和四张辅图，如图5-1-13所示。

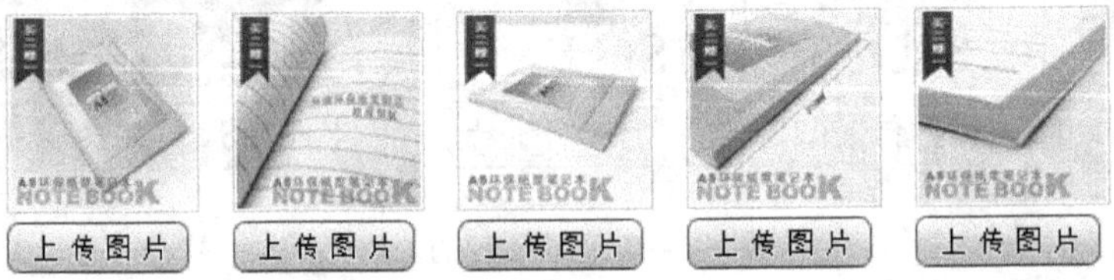

图5-1-13　商品图片的上传

（6）在商品描述中，依次插入商品图片“笔记本（辅图01）”、“笔记本（辅图02）”、“笔记本（辅图03）”、“笔记本（辅图04）”和“笔记本（主图01）”，并在每一张图片后边输入对图片的描述，依次为“书写顺滑，不透油墨，环保纸张，很有原始气息，优质的再生纸制造，8mm单线行间距。”、“环保再生纸，柔软舒适，触感非凡。”、“手感厚实，简约自然，可完全替代原浆纸制品应用于办公、学习及生活当中。”、“色调素雅，缓解视力疲劳，使用后纸张还可进行回收再次制作成再生至尚产品，实现资源循环利用。”和“采用优质再生纸制作，充分贴合低碳、环保的时尚潮流。”，如图5-1-14所示。最后单击“发布”按钮完成该商品的发布。可以看到新发布的两件商品，如图5-1-15所示。

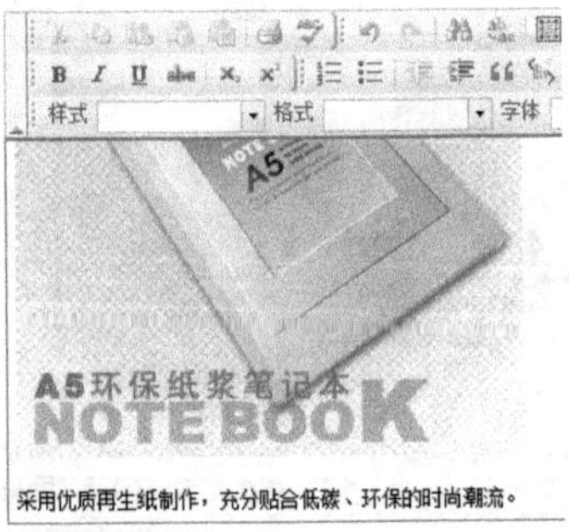

图5-1-14　编辑商品描述

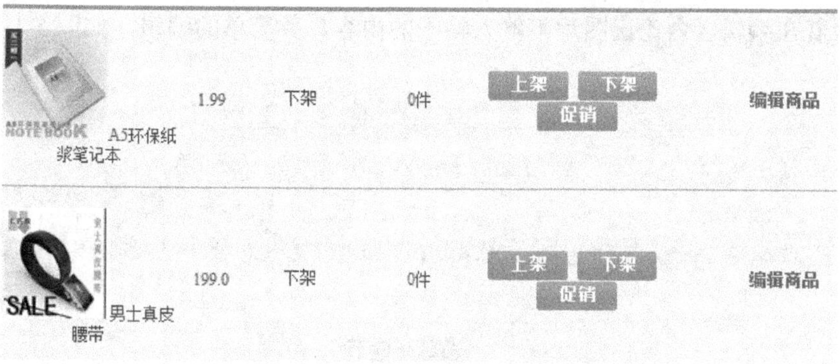

图 5-1-15　仓库管理中的商品列表

4．卖家登录论坛发帖

（1）卖家身份登录系统“论坛”，并单击“发帖”按钮进入帖子编辑页面，输入帖子的标题“温馨圣诞节”，如图 5-1-16 所示。

图 5-1-16　编辑论坛帖子的标题

（2）在帖子编辑区域，插入图片“论坛图片.jpg”，如图 5-1-17 所示。

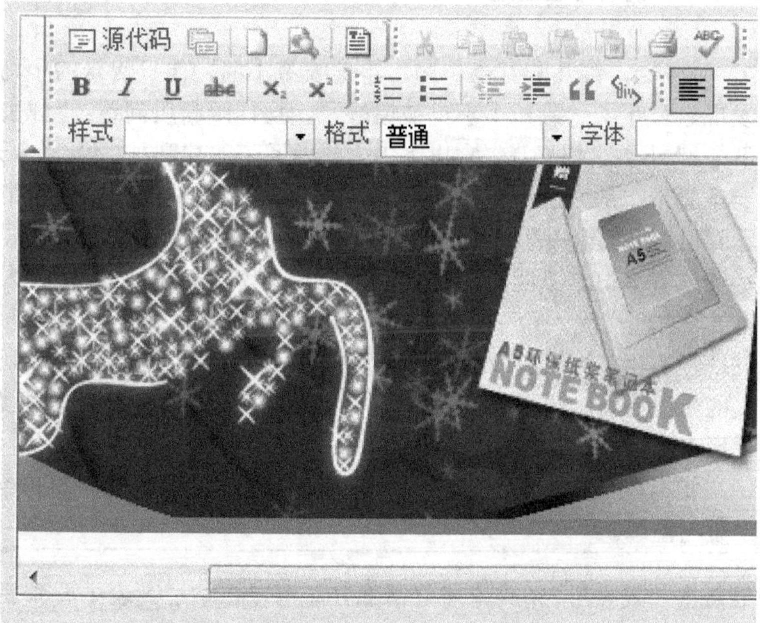

图 5-1-17　在论坛编辑区插入图片

（3）接着在编辑区内论坛图片下输入帖子的内容，并简单的编辑，如图 5-1-18 所示。

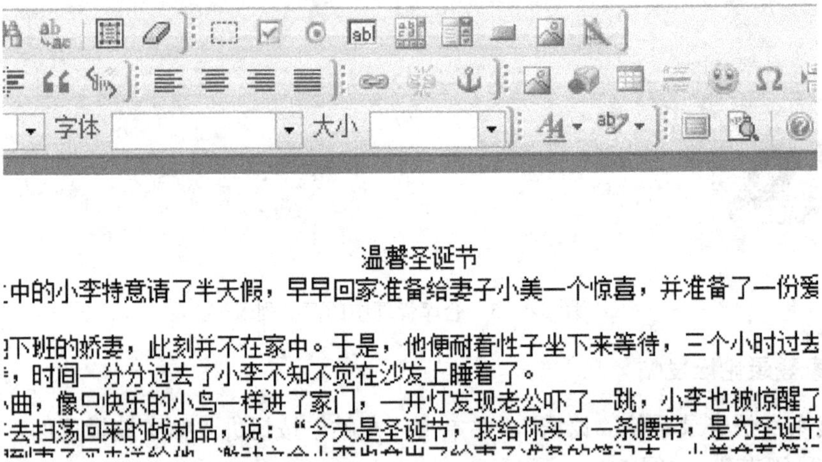

图 5-1-18　编辑论坛活动内容

具体帖子的内容如下：

温馨圣诞节

一年一度的圣诞节又在忙碌中如约而至，百忙之中的小李特意请了半天假，早早回家准备给妻子小美一个惊喜，并准备了一份爱心小礼物，以弥补自己往日工作繁忙而缺少了对妻子关心的愧疚。

当他满心欢喜的回到家中时却发现平日守在家等他下班的娇妻，此刻并不在家中。于是，他便耐着性子坐下来等待，三个小时过去了但还是没见到妻子的踪影，心中有点不快，为了这个惊喜他最终还是选择继续等待，时间一分分过去了小李不知不觉在沙发上睡着了。

“叮叮铛，叮叮铛，铃儿响叮当……”小美哼着小曲，像只快乐的小鸟一样进了家门，一开灯发现老公吓了一跳，小李也被惊醒了，揉揉眼睛质问道：“你去哪了？我在家等了你一下午。”小美又惊又喜，拿出下午去扫荡回来的战利品，说：“今天是圣诞节，我给你买了一条腰带，是为圣诞节出的新款。”小李看到这款式新颖的腰带是自己多天前在广告中看到也喜欢的，没想到妻子买来送给他。激动之余小李也拿出了给妻子准备的笔记本，小美拿着笔记本不明白这是什么意思，小李笑着说，“我每天太忙了，没时间陪你，咱俩更没时间交流，你可以把你的不满，和小愿望写在上面，我会每天看一遍，就可以及时发现我们存在的问题，避免矛盾发生啊。”小美突然想到：“我还给咱家买了个灯泡，它发的光很特别，这样即便你回来得再晚，无论多忙多累，一眼就能看到有一盏灯一直为你而亮着……

小两口幸福相拥在一起，连空气都弥漫着爱的味道，这些小物件却在圣诞节里给相爱的人传递了爱与温馨。

（4）完成后点击“发帖”，完成论坛营销部分，可以在帖子列表中看到新发表的帖子，点击“编辑”按钮，可以对帖子进行修改。

综合实训（一）

一、判断题

1. E-mail 传送的文件是采用共同标准化的格式，这也是 E-mail 广受欢迎的原因之一。（　　）
2. 信用卡是一种可在一定范围内替代传统现金流通的电子货币，具有支付和信贷两种功能。（　　）
3. B to C 市场细分的标准可以包括网民的地理因素、人口因素、心理因素、行为因素。（　　）
4. 传统中间商参与交易活动，需要提供交易场所，但不需要承担物质、资金等的交换。（　　）
5. 企业可以利用 BBS 法、新闻组法、E-mail 法等方法，把收集的网络商务信息发送到互联网上去。（　　）
6. 计算机主频表示 CPU 的外部工作频率，主频越高，表明 CPU 的运算速度越快，性能越好。（　　）
7. EDI 增值网自身的缺陷包括缺乏开放性。（　　）
8. 第三方物流企业不一定要有物流企业能力，也就是说可以没有物流设施和运输工具，不直接从事运输、保管等企业活动，只是负责物流系统设计并对物流系统运营承担责任。（　　）
9. 一般来说带宽越大，信道的容量越大，传输速率也越高。（　　）
10. 虚假信息包含有与事实不符和夸大事实两个方面,夸大事实可能对原有的事实加以粉饰，掩盖其缺点。（　　）
11. 应用网关型防火墙，其逻辑位置是在 OSI 七层协议的应用层上，它主要采取应用协议代理服务的工作方式实施安全策略。（　　）
12. 电子签名人或者电子签名依赖方因依据电子认证服务提供者提供的电子签名认证服务从事民事活动遭受损失，电子认证服务提供者虽不能证明自己无过错的但也不必承担部分赔偿责任。（　　）
13. 随着电子商务的发展对通信技术的要求也不断提高，但目前还没有涉及无线移动通信技术。（　　）
14. 网络商品经营者和网络服务经营者对收集的消费者信息，负有合理使用、限期持有和妥善销毁义务，但可不负责安全保管。（　　）
15. 生产企业的采购物流还包括从销售点回收或采购产品包装用的容器，以及可以重复使用的材料的回收物流。（　　）
16. 买方明知标的物有瑕疵而购买的，卖方对瑕疵不负责任。（　　）
17. 对称密钥可以多次使用。（　　）
18. 蓝牙网络通信是一种基于邻近组网原则的对等通信，即链路级不存在主从关系。（　　）
19. 第三方支付平台的支付是典型的应用支付层架构。（　　）

20. NOR 型与 NAND 型闪存的区别很大，简单地说，NOR 型闪存更像硬盘，有独立的地址线和数据线，但价格比较贵、容量比较小；而 NAND 型更像内存。（　　）

二、单项选择题

1. 麦当劳和肯德基这两个洋快餐，在中国遍地开花，他们采取的目标市场定位策略应该属于（　　）。

A. 针锋相对式定位策略　　B. 填空补缺式定位策略
C. 另辟蹊径式定位策略　　D. 比附定位策略

2. 由于 EDI 必须租用 EDI 网络上的专线，即通过购买（　　）服务才能实现，费用较高。

A. VIN　　B. VAN　　C. VAP　　D. WAP

3. 光纤通信是以（　　）为信息载体，以光纤为传输介质的一种通信方式。

A. 光速　　B. 脉冲波　　C. 电磁　　D. 光波

4. 在下列数据库软件中，属于小型数据库管理系统的是（　　）。

A. Oracle　　B. Access　　C. SQL Server　　D. Windows NT

5. 乙给甲发了一份报文："请于 2010 年 11 月 2 日给丙汇壹万元钱。乙。"报文在转发过程中经过了丁之手，丁就把"11 月"改为"12 月"，这样甲收到后就成了"请于 2010 年 12 月 2 日给丙汇壹万元钱。乙。"结果是丙不能在要求的时间得到这一万元钱。这属于电子商务安全要素中的（　　）。

A. 真实性　　B. 有效性　　C. 保密性　　D. 完整性
E. 不可抵赖性

6. 商业广告应该属于（　　）。

A. 要约　　B. 要约邀请　　C. 还盘　　D. 承诺

7. 网络论坛 BBS 可以提供客户自由发表评论的平台，它的一个特点就是（　　）。

A. 实时在线　　B. 非实时在线
C. 只支持单个人参与话题　　D. 只能由客户参与

8. 在 OSI 模型中，负责在不同的数据格式之间进行转换操作的是（　　）。

A. 传输层　　B. 会话层　　C. 表示层　　D. 应用层

9. 电子商务过程中出现的数据在传输过程中的信息丢失、信息重复或信息传送的次序差异问题属于电子商务的（　　）安全要素问题。

A. 有效性　　B. 机密性　　C. 完整性　　D. 可靠性

10. 下列不属于商业企业的物流活动的是（　　）。

A. 商品采购物流　　B. 企业内部物流
C. 销售物流　　D. 回收物流

11. 在物流中心，通过改变商品的包装形态和发送批量等，可增加商品经济效用中的（　　）。

A. 形态效用　　B. 地点效用　　C. 时间效用　　D. 空间效用

12. 射频识别（RFID）技术是一项利用射频信号通过（　　）实现无接触信息传递并通过所传递的信息达到识别目的的技术。

A. 时间耦合　　B. 空间耦合　　C. 人机交互　　D. 延时交互

13. 基于用户口令的用户身份认证机制属于（　　）。

A. 单因素法　　B. 双因素法　　C. 多因素法　　D. 多因素交叉法

14．域名争议解决机构做出的裁决只涉及争议域名（　　）的变更。

A．使用时限　　B．管理机构　　C．逻辑地址　　D．持有者信息

15．数据电文不适合（　　）文书。

A．收养协议　　B．运输提单　　C．贸易合同　　D．网上信息咨询

16．RAM 中的数据可（　　）读出或写入，用来存放从外存调入的程序和有关数据以及从 CPU 送出的数据。

A．按顺序　　B．按逆序　　C．随机地　　D．按逻辑顺序

17．付款人发出支付授权后，第三方支付平台将付款人账户中相应的资金转移到（　　）。

A．收款人的第三方支付平台账户中

B．收款人的银行账户中

C．自己的账户中

D．销售方银行账户中

18．银行开展电子支付业务应当遵守国家有关法律、行政法规的规定，不得损害（　　）和社会公共利益。

A．银行自身　　B．客户　　C．信用卡中心　　D．国家结算中心

19．POS 系统实际上是（　　）。

A．电子转账系统　　B．自动存款系统

C．自动取款系统　　D．电子汇兑系统

20．网络软件系统包括网络操作系统和（　　）。

A．网络工作站　　B．网络适配器　　C．网络协议　　D．网络数据

三、多项选择题

1．数字证书作为网上交易双方真实身份证明的依据，是一个经使用者数字签名的、包含（　　）等内容。

A．证书申请者个人信息　　B．证书公开密钥的文件

C．证书使用详解　　D．证书使用范围

2．网络购物市场首先必须具备的三个基本条件是（　　）。

A．能聚集相当数量的人，即通常所说的人气

B．能提供值得信赖的产品

C．能有效地沟通人与人之间的联系，即通常所说的交流

D．能聚集大量的信息，即通常所说的能量

3．IP 地址第一组数据中，第一个数是“1”的应该是（　　）IP 地址。

A．A 类　　B．B 类　　C．C 类　　D．D 类

4．货物发运的方式包括下列（　　）三种。

A．零担发运　　B．整车发运　　C．集中发运　　D．包裹发运

5．非对称加密是指加密密钥和解密密钥各不相同，并且不可能由一个密钥推导出另一个密钥，特别是不可能依据所知道的（　　）求解出（　　）。（请按顺序写出答案序号）

A．加密密钥　　B．加密函数　　C．解密密钥　　D．解密函数

6. 在采用公开密钥的电子商务系统中，对文件进行加密传输的过程中，只有（　　）才拥有买方的公开密钥。

A. 买方　　B. 卖方　　C. 认证中心　　D. 第三方支付机构

7.（　　）因素，促成了 EDI 接入的技术和资金门槛的降低。

A. 计算机大幅度降价　　B. 计算机技术迅速普及

C. Internet 迅速发展　　D. 国际贸易商圈地扩大

8.（　　）属于商务性质关系的交易。

A. 工厂建造　　B. 咨询　　C. 工程设计　　D. 许可贸易

9. 网络广告的特征包括（　　）。

A. 传播范围广　　B. 强迫性　　C. 交互性强　　D. 针对性强

10. IC 卡按卡内所装配的芯片不同，可分为（　　）三种。

A. 存储器卡　　B. 只读卡　　C. 逻辑加密卡　　D. 智能卡（CPU 卡）

试题解答

一、判断题

1	2	3	4	5	6	7	8	9	10
×	√	√	×	√	×	√	√	√	√
11	12	13	14	15	16	17	18	19	20
√	×	×	×	√	√	×	×	√	×

【试题解析】

1. E-mail 传送的不是标准化的文件。

4. 传统中间商参与交易活动，需要提供交易场所，也需要承担物质、资金等的交换。

11. 应用网关的物理位置与包过滤路由器一样，但它的逻辑位置是在 OSI 七层协议的应用层上，它主要采取应用协议代理服务的工作方式实施安全策略。

13. EAN-13 条码和 EAN-8 码的前 3 位数字叫“前缀码”，是用于标识 EAN 成员的代码。

14. 网络商品经营者和网络服务经营者对收集的消费者信息，负有安全保管、合理使用、限期持有和妥善销毁义务。

18. 蓝牙网络通信是一种基于邻近组网原则的对等通信，但链路级存在主从关系。

二、单项选择题

1	2	3	4	5	6	7	8	9	10
A	B	D	B	B	B	B	C	C	D
11	12	13	14	15	16	17	18	19	20
A	B	A	D	A	C	C	B	A	C

【试题解析】

1. 针锋相对式定位策略是指把企业的产品或服务定位在与竞争者相似或相近的位置上，同竞争者争夺同一细分市场。

12. 射频识别（RFID）技术是一项利用射频信号通过空间耦合（交变磁场或电磁场）实现无接触信息传递并通过所传递的信息达到识别目的的技术。

14. 域名争议解决机构作出的裁决只涉及争议域名持有者信息的变更。

15. 标记（token）是一种个人持有物，它的作用类似于钥匙，用于启动电子设备。标记上记录着用于机器识别的个人信息。

三、多项选择题

1	2	3	4	5	6	7	8	9	10
AB	ACD	BC	ABD	DB	AC	ABCD	ABCD	ACD	ABCD

【试题解析】

1. 数字证书的证书数据包含版本信息、证书序列号、CA 所使用的签字算法、发行证书 CA 的名称、证书的有效期限、证书主体名称、被证明的公钥信息。

2. 网络购物市场首先必须营造：人气、交流和能量。

9. 网络广告是非强迫性的。

10. IC 卡按卡内所装配的芯片不同，可分为存储器卡、逻辑加密卡和智能卡（CPU 卡）三种。

模拟测试题二套

一、知识测试部分

应利用本届比赛执委会提供的专用模拟教学系统，完成电子商务基础知识试题的测试。本部分以试题形式出现。

二、在线交易部分

应利用本届比赛执委会提供的专用模拟教学系统，完成比赛指定的在线交易任务（C2C电子商务流程），完整实现买家、卖家和物流公司等角色的交易流程。本部分在第三部分中已经做出详细描述，这里就不重复描述了。

小贴士

在进行在线交易操作中选手们要注意各自操作的得分点：买家占50%，注册网银、充值、下订单付款、签收；卖家占30%，注册网银、充值、发货；物流公司占20%，注册网银、发货。

三、网络营销部分

应利用本届比赛执委会提供的计算机、摄影器材、商品收纳箱、工作台等设备，在“天行健君电子商务模拟教学系统（2011版/竞赛版，以下简称模拟教学系统）”上，完成比赛指定的网络营销任务，即商品拍摄、照片处理、商品描述、照片上传、论坛营销等。

网络营销具体任务：选择3件不同材质商品进行拍摄，每件商品拍摄5张照片（主图与辅图）；对每张商品照片进行添加水印（水印由命题组提供）和美化处理；商品描述与上传；论坛营销。在本部分中商品拍摄、商品美化处理、商品描述等内容在前面已经详细介绍，这里就不重复描述了。本部分重点描述在平台中如何进行商品上传、描述及论坛操作。

1. 卖家为店铺添加商品导航分类

卖家身份登录系统平台“在线商城”，选择“店铺管理”中的分类导航，并添加三个导航类别“毛巾”、“电池”和“水彩笔”，如图5-2-1所示。

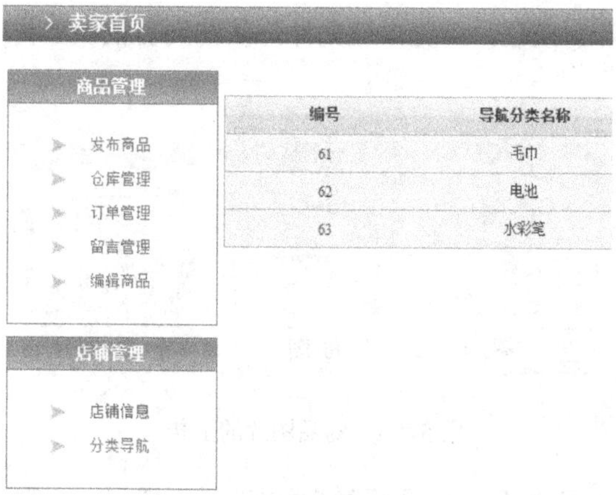

图 5-2-1 商品导航设置

2．卖家发布商品“金号纯棉儿童卡通印花毛巾”

（1）卖家身份登录系统“在线商城”，选择“商品管理”中的“发布商品”，在商品发布页中先发布第一件商品“毛巾”，填入商品名称“金号纯棉儿童卡通印花毛巾”，并选择商品类别为“针纺织品” →“针棉制品”→“毛巾/浴巾”，如图 5-2-2 所示。

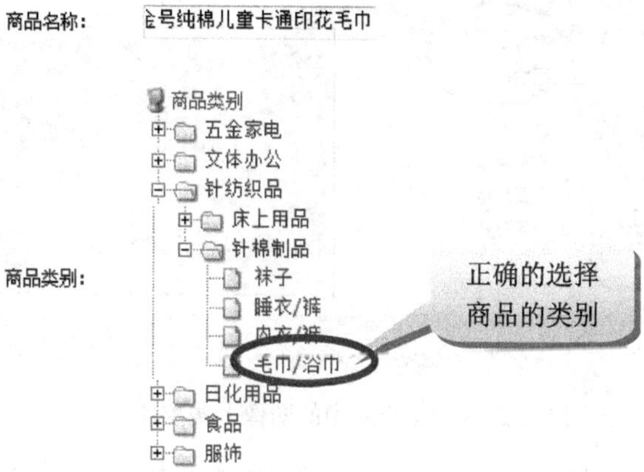

图 5-2-2 商品分类的选择

（2）接着在商品发布页对“毛巾”的其他属性进行描述，如图 5-2-3 所示。

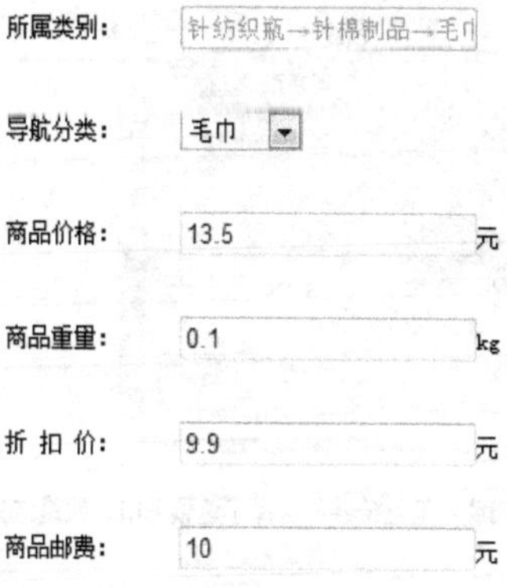

图 5-2-3 商品属性

（3）单击“上传图片”按钮，浏览本地文件，从左到右依次上传“毛巾”的主图和四张辅图，如图 5-2-4 所示。

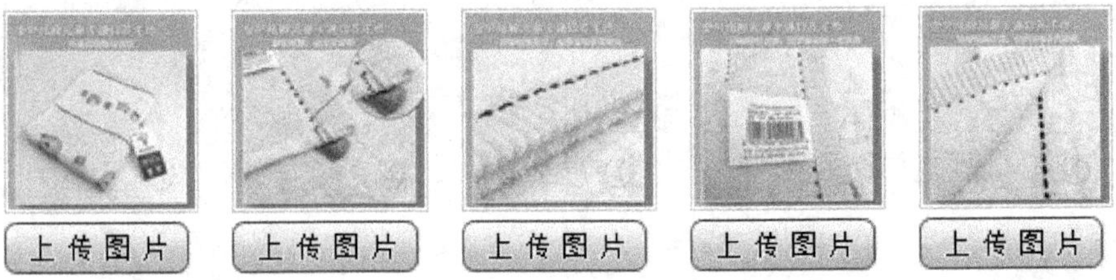

图 5-2-4　商品图片的上传

（4）在商品描述中使用“插入/编辑图像”按钮，插入一张商品的细节图片“棉质毛巾（辅图 01）”，并在图像属性中删除原片中的宽高限制，如图 5-2-5 所示。

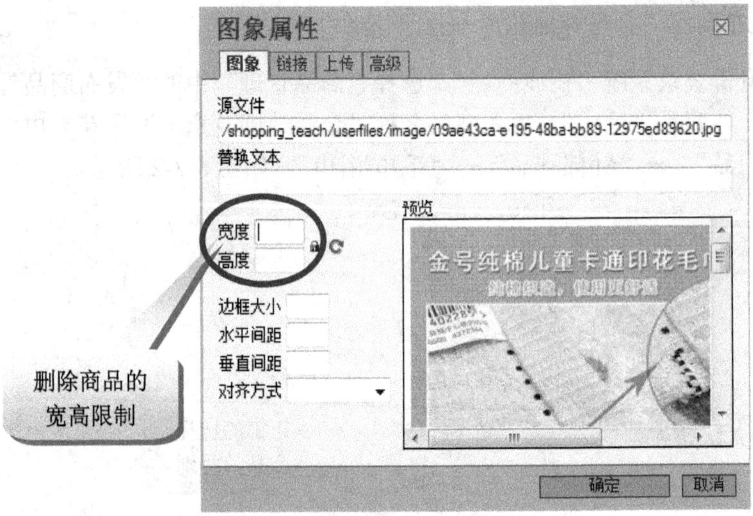

图 5-2-5　FCKeditor 中的图像上传控件

（5）接着在“棉质毛巾（辅图 01）”下输入对该图片的简单描述，如图 5-2-6 所示。

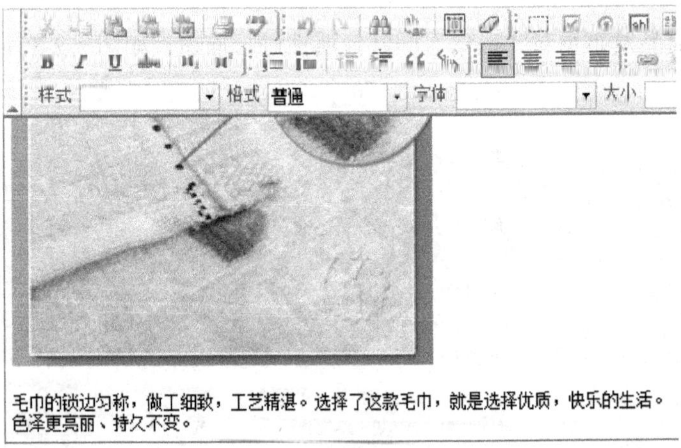

图 5-2-6　编辑商品描述

（6）继续在商品描述编辑中插入图像，依次插入“棉质毛巾（辅图 02）”、“棉质毛巾（辅图 03）”、“棉质毛巾（辅图 04）”和“棉质毛巾（主图 01）”，再在每一张图片输入对商品图片的描述，依次为“采用花边缝合，美观更耐用。精选优质纯棉织造，接触肌肤感觉自然舒适。吸水量是棉毛巾的 1.5 倍,透气性好且容易清洗。”、“检测机构安全检验，让您使用起来更加放心，更加舒心。”、“纯棉材质，质地柔软，吸水性强，使用起来更加舒适。染色均使用无毒、无污染的高档燃料染色，色牢度好，耐洗涤”和“毛巾印有小熊图案，造型设计美观。选择它，让生活多一份美好，多一份快乐。纯棉毛巾手感更舒适、更柔软、如丝般爽滑。”，如图 5-2-7 所示。

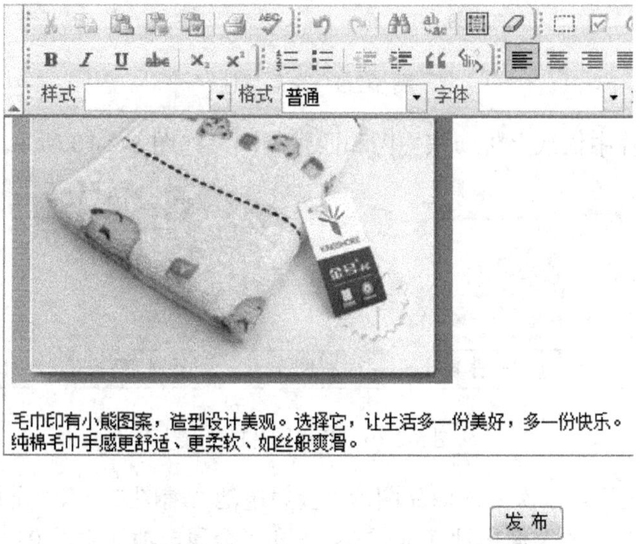

图 5-2-7 编辑商品描述

（7）完成商品的描述后，单击“发布”按钮，则完成第 件商品的发布了。完成后可以看到自己发布的商品，并可以通过“编辑商品”来修改商品的信息，如图 5-2-8 所示。

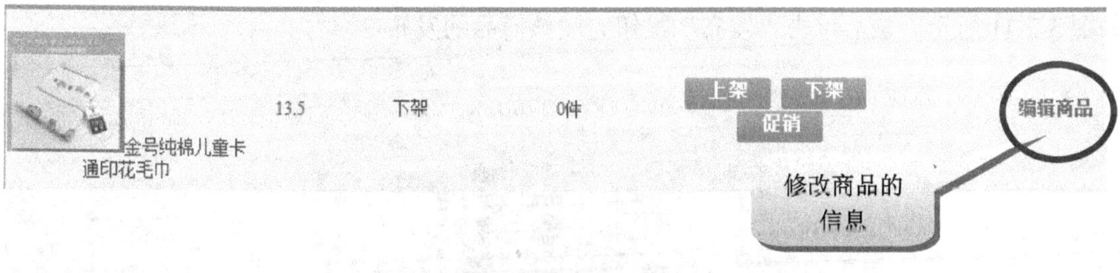

图 5-2-8 仓库管理中的商品列表

3．卖家发布商品“南孚聚能环 AA5 号干电池”和“喜洋洋 12 色儿童水彩笔”

（1）卖家继续在“商品管理”中的“发布商品”，在商品发布页中发布第二件商品“南孚聚能环 AA5 号干电池”，仿照之前发布的商品，为“南孚聚能环 AA5 号干电池”填入商品的名称并选择商品类别为“五金家电” →“五金交电” →“电工电料”，并填入商品的基本属性，如图 5-2-9 所示。

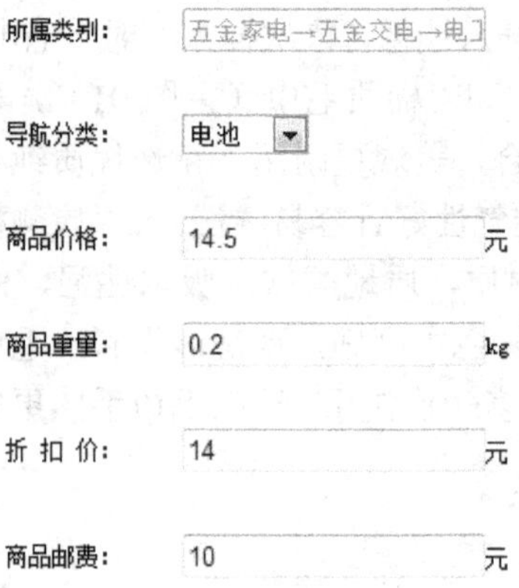

图 5-2-9　商品属性

（2）在商品图片中依次上传一张主图和四张辅图，如图 5-2-10 所示。

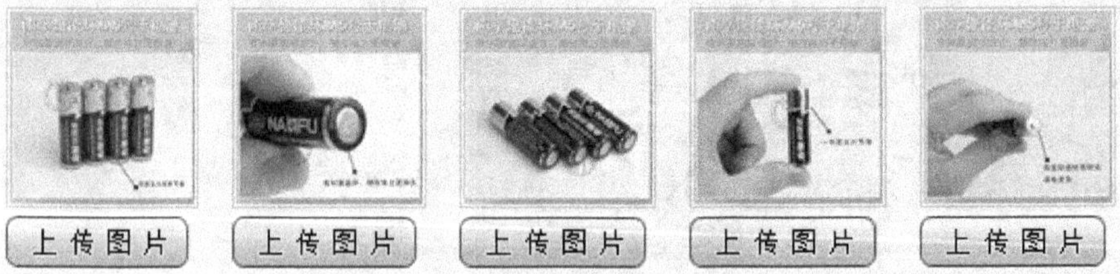

图 5-2-10　商品图片的上传

（3）在商品描述中，依次插入商品图片“金属电池（辅图 01）”、“金属电池（辅图 02）”、“金属电池（辅图 03）”、“金属电池（辅图 04）”和“金属电池（主图 01）”，并在每一张图片后边输入对图片的描述，依次为“南孚聚能环无汞电池采用了全新的聚能环技术，有效锁住更多电量。”、“采用先进的超薄钢壳技术，添加更多活性材料，全面提升电池放电性能，电力更强劲！”、“使用时间更长久经测，电量可达普通电池的 6.6 倍。”、“南孚碱性电池，电力强劲持久。”和“电压 1.5V 尺寸(毫米)14.5 × 50.5　　重量(克) 24±1　　有效期 36 个月”，如图 5-2-11 所示。最后单击“发布”按钮完成该商品的发布。

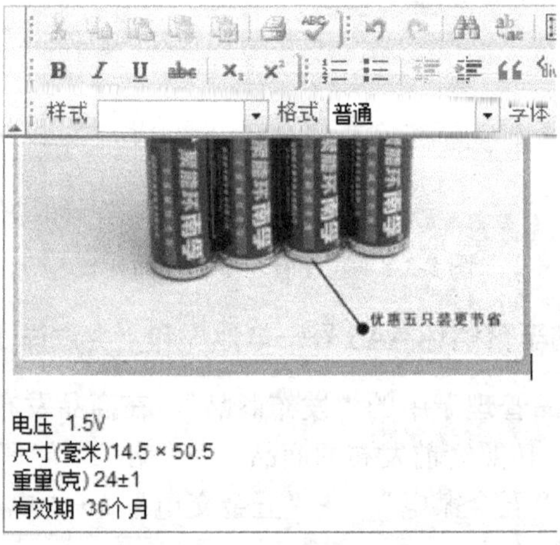

图 5-2-11　编辑商品描述

（4）卖家继续在“商品管理”中的“发布商品”，在商品发布页中发布第三件商品“喜洋洋 12 色儿童水彩笔”，仿照之前发布的商品，为“喜洋洋 12 色儿童水彩笔”填入商品的名称并选择商品类别为“文体办公” →“文化办公” →“办公器材”，并填入商品的基本属性，如图 5-2-12 所示。

图 5-2-12　商品属性

（5）在商品图片中依次上传一张主图和四张辅图，如图 5-2-13 所示。

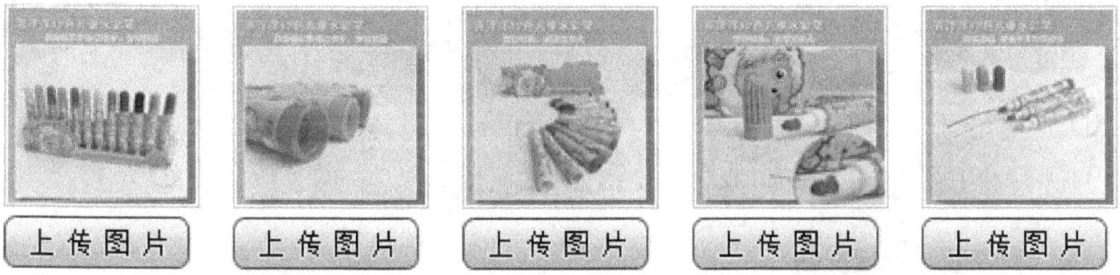

图 5-2-13　商品图片的上传

（6）在商品描述中，依次插入商品图片“水彩笔（辅图 01）”、“水彩笔（辅图 02）”、“水彩笔（辅图 03）”、“水彩笔（辅图 04）”和“水彩笔（主图 01）”，并在每一张图片后边输入对图片的描述，依次为“独特墨水补充口设计，方便灌墨，安全无毒、健康环保。是涂鸦、儿童绘画、幼儿绘画练习的最佳选择。”、“这款喜洋洋水彩笔是送给孩子们最爱的礼物，选一盒水彩笔送给他们，让他们绘制出心中的梦想，绘制出童年的乐趣，绘制出眼中的美好世界。”、“纤维笔头，出水流畅。彩色笔坚固耐用，颜料丰富，使用更长久，让孩子们的快乐也更长久。”、“色彩丰富，颜色多样。彩色笔出水流畅，色彩艳丽，是送给孩子们的首选礼物，选一款送给他们，快乐他们的童年，点缀他们的梦想，绘制他们的世界。”和“喜洋洋水彩笔无毒、环保、安全，儿童值得信赖的好彩笔。”，如图 5-2-14 所示。最后单击“发布”按钮完成该商品的发布。可以看到新发布的两件商品，如图 5-2-15 所示。

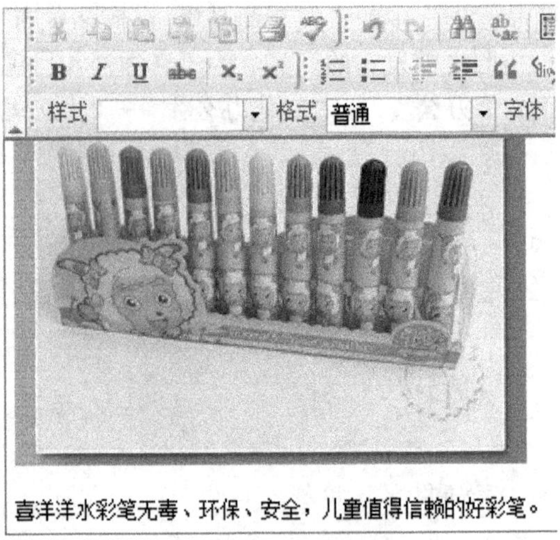

图 5-2-14　编辑商品描述

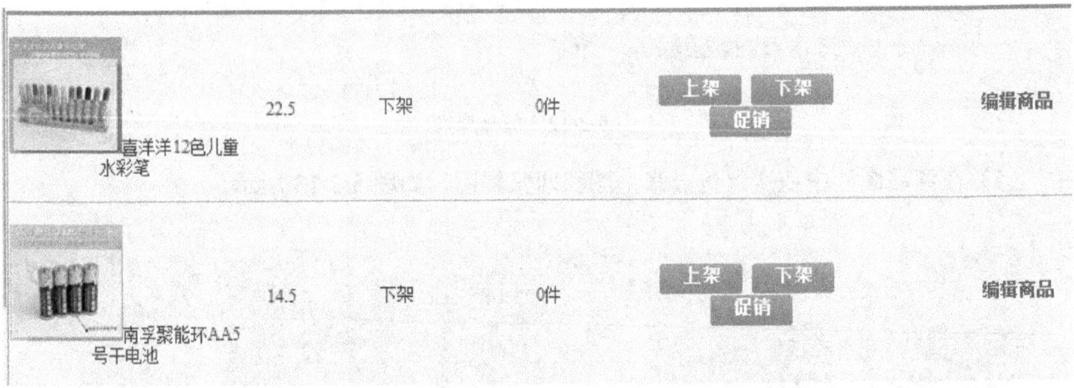

图 5-2-15　仓库管理中的商品列表

4. 卖家登录论坛发帖

（1）卖家身份登录系统“论坛”，并单击“发帖”按钮进入帖子编辑页面，输入帖子的标题“酷爽冬日，让我们一起分享圣诞记忆。”，如图 5-2-16 所示。

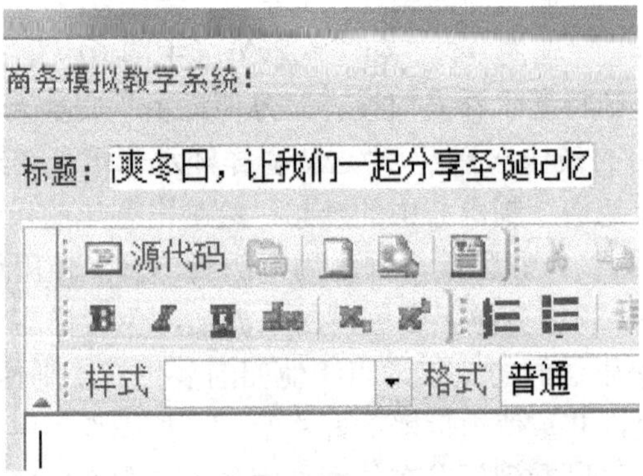

图 5-2-16　编辑论坛帖子的标题

（2）在帖子编辑区域，插入图片“论坛图片.jpg”，如图 5-2-17 所示。

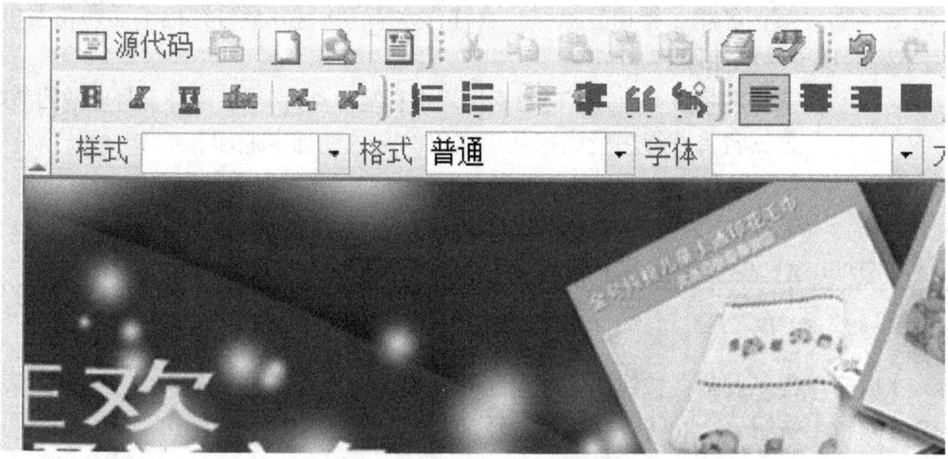

图 5-2-17 在论坛编辑区插入图片

（3）接着在编辑区内论坛图片下输入帖子的内容，并简单的编辑，如图 5-2-18 所示。

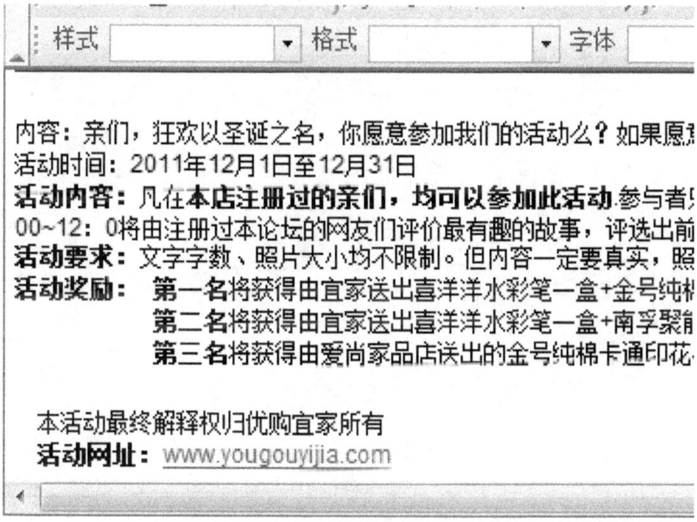

图 5-2-18 编辑论坛活动内容

具体帖子的内容如下：

> 内容：亲们，狂欢以圣诞之名，你愿意参加我们的活动么？如果愿意，那就来参加我们的活动吧！还有好礼想送哦~
>
> **活动时间：2011 年 12 月 1 日至 12 月 31 日**
>
> **活动内容：**凡在**本店注册过的亲们，均可以参加此活动**.参与者只需写下自己在圣诞节最有趣的一件事，如果还有自己的的照片，也可以晒一晒哦~每日上午的 8：00~12：0 将由注册过本论坛的网友们评价最有趣的故事，评选出前三名最趣的故事，前三名将获得由宜家送出的精美礼品！
>
> **活动要求：**文字字数、照片大小均不限制。但内容一定要真实，照片不能做任何处

理，若出现此现象，均即为无效踩贴，不算参赛作品之内。

活动奖励：第一名将获得由宜家送出喜洋洋水彩笔一盒+金号纯棉卡通印花毛巾一条+南孚聚能环五号电池四节。

第二名将获得由宜家送出喜洋洋水彩笔一盒+南孚聚能环五号电池四节。

第三名将获得由爱尚家品店送出的金号纯棉卡通印花毛巾一条。

本活动最终解释权归优购宜家所有

活动网址：**www.yougouyijia.com**

注：超链接的添加可以使用“插入/编辑超链接”按钮来实现。

（4）完成后单击“发帖”按钮，完成论坛营销部分，可以在帖子列表中看到新发表的帖子，单击“编辑”按钮，可以对帖子进行修改。

综合实训（二）

一、判断题

1. EDI的使用对象是非固定格式的业务信息和具有经常性业务联系的单位。（　　）
2. 网络中上传、下载的压缩文件一般有两种类型，即压缩文件格式和自解压文件格式，前者可以直接运行解压，后者必须通过解压软件解压运行。（　　）
3. 在物流设备中，货架是用于集装、堆放、搬运和运输的放置作为单元负荷货物和制物的水平平台装置。（　　）
4. 网络营销就等于是电子商务。（　　）
5. 综合物流是企业外部从供应商到最终顾客各个渠道的整个“物的流动”，追求包含采购、生产、销售、传统物流在内的物流的整体最佳状态，达到使商品的需求和供给互相契合的供需综合平衡。（　　）
6. 手机支付系统的三个基本部分中，应该包括银行消费信息管理系统。（　　）
7. 供应链管理的目标在于提高服务水平和降低总的交易成本，且对这两个目标是分别追求最大值。（　　）
8. 企业与消费者之间的电子商务，这种形式基本等同于电子化的批发，它随着内联网的出现迅速地发展起来。（　　）
9. 卖方在网络上出售有瑕疵的物品，可以选择是否向买方说明。（　　）
10. 网络营销活动可以脱离一般营销环境而独立存在。（　　）
11. 邮件爆炸可以是软件或电子邮件，表面是有用或友好的，但执行一些以破坏为目的的程序或为攻击者提供访问途径。（　　）
12. 物理隔离技术是近年来发展起来的防止外部黑客攻击的有效手段。（　　）
13. 公开密钥的加密技术是指发送方和接收方依照事先约定的密钥进行加密和解密的算法，具加密和解密均使用同一密钥。（　　）
14. 网络交易中心必须是依法设立的企业法人或者事业法人，在工商部门进行登记的。（　　）
15. RAM一般用来存放一些固定的、专用程序或数据。（　　）
16. 网络交易平台在核发证明个人身份信息真实的合法标记时，应将其加载在用户从事商品交易或者服务活动的网页上。（　　）
17. 借记电子支票即债务人向银行发出支付指令，以向债权人付款的划拨。（　　）
18. 在移动支付中，支付者的最大特点就是他们拥有经认可的CA发行的数字证书。（　　）
19. 空气也是传送信息的媒体，属于通信载体的范畴。（　　）
20. 第三方支付平台的风险不包括付款人的银行卡信息将暴露给第三方支付平台的风险。（　　）

二、单项选择题

1.（　　）是指消费者对特定的网站、图标广告、商品产生特殊的信任与偏好，而重复地、习惯性地前往访问并购买的一种动机。

A．理智动机　　B．感性动机　　C．接受动机　　D．惠顾动机

2．在网络安全问题中，最重要的是内部网与外部网之间的（　　）问题，在这个环节上经常发生问题，这也是黑客最容易攻击的地方。

A．连接控制　　B．输送速率　　C．搭线偷听　　D．访问控制

3．不动产的产权交易属于（　　）的情况。

A．有物流而无商流　　B．有商流而无物流

C．有商流也有物流　　D．商流、物流都没有

4．物流中心和工厂的仓库对商品进行必要的运输包装和流通加工等，这种物流行为属于（　　）的范围。

A．采购物流　　B．厂内物流

C．废弃物回收物流　　D．销售物流

5．在电子商务下，物流的运作是以（　　）为中心的。

A．信息流　　B．商流　　C．资金流　　D．商家

6．约定义务一般是指合同当事人的（　　）。

A．默认义务　　B．行业规则　　C．法定义务　　D．债务

7．在商品拍卖时，如果设定为（　　），那么拍卖出价人可多次出价并保留早先竞标的历史，对其他投标者，当前的竞标出价是可以显示的。

A．公开拍卖　　B．隐式拍卖　　C．分类拍卖　　D．搜索拍卖

8．《中华人民共和国计算机信息系统安全保护条例》第 11 条规定："进行国际联网的计算机信息系统，单位报（　　）备案。"

A．县级以上人民政府公安机关　　B．省级以上人民政府公安机关

C．县级以上人民政府财政部门　　D．省级以上人民政府财政部门

9．DES 是一种分组密码，它使用长度为（　　）位的分组。

A．8　　B．16　　C．32　　D．64

10．开展电子支付业务的接收行由于（　　）原因对电子支付指令未执行、未适当执行或迟延执行致使客户款项未准确入账的，应及时纠正。

A．自然灾害　　B．战争　　C．不可抗力　　D．内控制度

11．网上银行的基本特征包括以计算机网络和（　　）为依托,突破传统银行时空的业务操作模式和便捷的企业与个人的金融支付。

A．网页技术　　B．字处理技术

C．表格技术　　D．通信技术

12．NAND 型闪存的基本存储单元是（　　）。

A．Bit　　B．Page　　C．像素　　D．英寸

13．贸易术语又称贸易条件，它使用的是一个简短的概念和英文缩写字母来表明商品的（　　）构成。

A．交易　　B．送货地点　　C．价格　　D．数量

14．在 OSI 模型中，（　　）是最靠近用户的一层，负责为用户的应用程序提供网络服务。

A．物理层　　B．传输层　　C．会话层　　D．应用层

15．（　　）是指电子商务实体之间所从事的，例如询价、报价、转账支付、广告宣传、商品运输等具体的商务活动内容。

A．商流　　B．信息流　　C．交易事务　　D．电子市场

16．在以 EDI 增值网作为中间媒介时，承诺的到达是以它被投入要约人在网络的信箱为准，要约人是否实际阅读不影响到达的成立，这显然属于（　　）。

A．投递主义　　B．到达主义　　C．发送主义　　D．接收主义

17．对讲机的数据通信方式属于（　　）方式。

A．半单工通信　B．单工通信　　C．半双工通信　D．全双工通信

18．自来水公司根据不同用途，把用水分为生活用水和生产用水，并收取不同的费用，这种定价策略属于（　　）策略。

A．低价渗透　　B．免费价格　　C．差别定价　　D．特殊品定价

19．（　　）是指发卡银行给予持卡人一定的信用额度，持卡人可在信用额度内先消费、后还款的信用卡。

A．借记卡　　B．贷记卡　　C．准贷记卡　　D．储值卡

20．通常 IP 地址被分为（　　）类。

A．3　　B．4　　C．5　　D．6

三、多项选择题

1．电子商务认证机构对登记者履行下列（　　）监督管理职责。

A．监督登记者按照规定办理登记、变更、注销手续

B．监督登记者按照电子商务的有关法律法规合法从事经营活动

C．制止和查处登记人的违法交易活动，保护交易人的合法权益

D．保护登记者个人资料不外泄

2．交通运输包括（　　）。

A．铁道货运　　B．汽车货运　　C．水路货运　　D．航空货运

3．由于未经调制的电脉冲信号所占据的频带通常从（　　）开始，因而称为数字基带信号。

A．直流　　B．交流　　C．低频　　D．高频

4．在电子商务的发展中，可以采用的应对策略应该包括（　　）。

A．建立及规范行业自律制　　B．国际合作

C．关注国家安全的保护　　D．争取实现所有商品都在网上交易

5．PKI 是由（　　）等基本部分所共同组成的有机系统。

A．公开密钥密码技术　　B．数字证书

C．认证机构　　D．安全策略

6．安装了蓝牙的设备，可能会遇到（　　）类型的攻击。

A．鉴别攻击　　B．加密攻击

C．通信攻击　　D．跳频攻击

7．网络市场调研可以帮助商家更好地分析市场需求，掌控产品销售，所以一般开展网上市场调研的时候经常会首先从（　　）方面入手。

A．市场生产调研　　B．用户购买行为调研

C．营销因素调研　　D．竞争对手调研

8．计算机系统软件包括（　　）等。

A．操作系统　　B．语言处理系统

C．数据库管理系统　　D．常用服务程序

9．商品的生产和消费是经济活动的主要构成，商品的生产和消费之间存在的间隔有（　　）。

A．社会间隔　　B．场所间隔　　C．时间间隔　　D．人员间隔

10．买方不履行合同义务，卖方可选择（　　）救济方法。

A．要求退货

B．要求买方支付价款、收取货物或履行其他义务，并为此可以规定一段合理额外的延长期限，以便买方履行义务

C．损害赔偿，要求买方支付合同价格与转售价之间的差额

D．解除合同

试题解答

一、判断题

1	2	3	4	5	6	7	8	9	10
×	×	×	×	√	×	×	×	×	×
11	12	13	14	15	16	17	18	19	20
×	√	×	√	×	√	×	√	√	×

【试题解析】

3. 在物流设备中，托盘是用于集装、堆放、搬运和运输的放置作为单元负荷货物和制物的水平平台装置。

7. 供应链管理的目标在于提高服务水平和降低总的交易成本，并且寻求两个目标之间的平衡。

9. 卖方在网络上出售有瑕疵的物品，应当向买方说明。

11. 应该是特洛伊木马。

17. 贷记电子支票即债务人向银行发出支付指令，以向债权人付款的划拨。

二、单项选择题

1	2	3	4	5	6	7	8	9	10
D	D	B	B	A	D	A	B	D	D
11	12	13	14	15	16	17	18	19	20
D	B	C	D	C	D	C	C	B	C

【试题解析】

1. 惠顾动机是指消费者对特定的网站、图标广告、商品产生特殊的信任与偏好，而重复地、习惯性地前往访问并购买的一种动机。

6. 约定义务一般是指合同当事人的债务。

7. 公开拍卖的拍卖出价人可多次出价并保留早先竞标的历史，对其他投标者，当前的竞标出价是可以显示的。

11. 网上银行的基本特征包括以计算机网络和通信技术为依托,突破传统银行时空的业

务操作模式和便捷的企业和个人的金融支付。

13. 贸易术语又称贸易条件，它使用的是一个简短的概念和英文缩写字母来表明商品的价格构成。

三、多项选择题

1	2	3	4	5	6	7	8	9	10
ABC	ABCD	AC	ABC	ABCD	ABCD	BCD	ABCD	ABC	BCD

【试题解析】

5. PKI 是由公开密钥密码技术、数字证书、认证机构和关于公开密钥的安全策略等基本部分所共同组成的有机系统。

7. 网上市场调研的内容一般包括：市场需求调研、用户购买行为调研、营销因素调研、宏观环境调研、竞争对手调研等。

应试指南

一、理论知识

电子商务的理论知识涵盖范围比较广，大家在掌握商务知识的时候要注重两点：①电子商务的特点，如提供便利、价格更优惠等；②电子商务的实现需要多方的协调，如物流、银行等的协作。在知识辨析的过程中，要把握一个基本方向，即电子商务是一种新兴行业，我们看待问题要有发展的眼光，希望大家能综合起来多方面考虑。当然，要有风险意识，电子商务在带来巨大商机的过程中必然会伴生特定的风险，这些风险会影响电子商务的发展速度，这也是大家必须具备的眼光。总之，在掌握电子商务的理论知识时，要牢固掌握基本知识点，并在此基础上注意各知识点的相关性，结合对题干要求的准确分析找到最恰当的答案。

此外，选手在答题过程中，需要仔细阅读题目，对于实在没把握的题目可以用笔在纸上标出，待全部答完再进行思考，以免浪费比赛时间，尽量在仔细审题的前提下快速完成答题，然后对所答题目进行检查，避免由于不仔细导致答错题。

二、网络营销（商品拍摄、美化处理、宣传图片制作）

由于比赛现场场地大、选手多，物品多、环境较乱，因此容易受到干扰，所以比赛时要注意如何降低周边环境对你的干扰。

首先我们要从心理上战胜自己，克服紧张心理，从容面对比赛，仔细阅读比赛任务书，在有限的比赛时间内，熟练运用相关技术完成比赛任务。

赛场摄影棚的搭建对于比赛来说也是至关重要的，合适的自制摄影棚可以起到事半功倍的作用，在选手进场时会拿着自己的工位号，我们在一踏入赛场时就要对赛场的周边环境进行观察、思考，在心中构思摄影棚的搭建问题以及周边环境是否影响你的拍摄。有时候搭建摄影棚背景纸固定不住，我们可以使用大赛拍摄物品密封箱上的胶带进行固定，使得摄影棚更加牢固稳定，由于比赛的操作台跟选手三台计算机桌子是连在一起的，所以选手计算机显示器也可以为自制摄影棚提供支撑作用。总之，我们要充分利用一切赛场内允许使用的材料及工具来让我们的拍摄更加顺手。

相机调试：大赛现场提供的相机为三星 PL200 卡片机，我们在对商品进行拍摄前要对相机进行各项参数的设定，这需要我们平时的积累，要充分掌握这款相机的各项参数设置，在进场后检查设备的时间里，我们就可以对相机进行设置，以此来节省比赛时间，在平时的训练过程中就要掌握好几款拍摄模式的操作设置。

比赛作品制作时要及时地进行保存，避免由于设备故障导致作品消失。

在作图的时候一定要注意，为了节省时间我们可以选用批处理对文件进行大规模的修改。

赛场提供的设备，理论上不会出现故障，但是不排除意外地发生，如果比赛过程中出现设备故障，如鼠标失灵这种情况，我们需要及时向赛场裁判举手示意，裁判会酌情加时比赛，千万不要盲目慌张，自乱阵脚。

三、平台操作

《天行健君电子商务模拟教学系统（竞赛版）》是全国职业技能大赛电子商务技术比赛的指定平台，比赛规程中网络营销、在线交易和知识测试最终都要通过该平台实现。对于平台操作的训练，重点为熟练平台的操作流程，掌握使用时的一些限制，避免在比赛时出错而导致浪费比赛时间。

C2C 交易在 2012 版竞赛平台中有了很大的扩展，除了买家接受商品以完成交易的交易流程外，还包括了 9 中不同的交易订单处理，选手们在训练时一定地全面深入地分析每一种交易，并熟练掌握每一种操作。

店铺装修功能也是 2012 版竞赛平台新开放的一项功能，重点考查了选手们设计网店的能力，其中又包括了店铺 Logo、店招图片、商品促销图片的设计，不但要求了平面设计的能力，还包括了网店营销的理念，如店铺 Logo 就是一种网店品牌的销售。

对于编写商品描述及论坛帖子内容时，有多种操作方法，如使用表格布局、从 Microsoft Word 中粘贴、平台对图片的大小的限制以及各种样式的应用等，选手们在平时的训练过程中，应该不断尝试，总结平台反馈的各种错误，探索符合自己操作习惯的方法，最终达到提升速度和准确度的目标。对于 2012 版竞赛平台开放的源代码编辑功能，不但可以灵活编辑网店的内容，层叠样式等，还可以丰富网页的功能，如悬浮广告、对联广告、在线客服、收藏本店以及引入外部视频等，选手在平时练习时，应时刻把握突出营销理念为主，更好辅助商品的营销和丰富营销活动表现方式，切不可以设计炫丽的效果为主，浪费宝贵的比赛时间，反而舍本逐末。

四、网络营销部分（商品描述和商品推广）

在 2011 年全国职业院校计算机技能大赛电子商务技术项目中，涉及的商品描述主要包括：商品标题命名、商品详情描述、商品照片描述、促销信息、支付方式、邮资说明、联系方式等。

在给商品标题命名这一环节中，要充分利用软件平台允许的 30 个字符，尽可能地将商品及相关信息用关键字描述出来，切记不可简单地将单一的商品名称与品牌作为标题命名。

在商品详情描述这一环节中，除了考查文字描述外，对于文字内容的编辑排版也有要求。受大赛所用软件平台功能的限制，排版时不可能像制作网页或在淘宝平台中有那么多的选择，结合比赛软件的功能，建议此处及后面的促销信息、支付方式、邮资说明、联系方式等环节采用表格的方式来进行排版，同时要注意对错别字的检查。

商品详情描述的考查主要是针对商品的基本属性，这些信息大部分可以通过比赛提供商品的外包装来获得。但有一个需要关注的问题是一些包含信息较多的商品往往拍不出漂亮的效果。在此建议大家挑选商品时，首先选择利于拍照效果的商品，毕竟照片所占的分数要远远高于商品详情描述的分数，不要因小失大。

在比赛中会遇到一些没有文字信息的商品，像陶瓷碗、毛巾等，这些产品几乎没有包装，能够从商品本身获取的信息很少。对于这类商品，需要平时在训练的过程中，多去积累不同商品的描述常识和描述词语，对于常见商品的描述点要熟练掌握，这样在比赛中既节省了时间，又避免了描述点的遗漏。

在商品促销这一环节中，主要考查选手对于常用促销形式和促销语言的使用，此外对促销信息的数量和排版也有一定的要求。需要注意以下几点：

（1）促销信息的数量至少三条；

（2）促销信息要分别体现出对店铺的促销活动和对某一件商品的促销活动

（3）建议用图文混排的形式体现促销信息。

在支付方式这一环节中，主要考查选手对于常见支付方式的熟悉程度。目前不同的商家支付方式也各有不同，总体来说分为三大类：在线支付、货到付款、转账汇款。建议此处采用表格或列表的形式。在这一环节中务必要将三类支付方式都体现出来。有些选手写了很多种，但都属于某一类支付方式，例如，支付宝、财付通、网银支付、信用卡支付。这样是无法获得满分的。由于三件商品的支付方式是一致的，一旦一件商品的支付方式丢分，都是要乘以 3 倍的，这个分数就很多了。

在邮资说明这一环节要求体现出邮寄方式、区域差价、重量差价、到达时间等常识性信息。在联系方式这一环节要求体现出几种常见的联系方式，如电话、网络、在线联系方式等。

在 2012 年的全国大赛中，要求运用论坛这种形式对商品进行营销。

在论坛营销这一环节中需要注意以下问题：

（1）要求对三件商品进行营销，在数量上一定要达到要求。

（2）帖子内容要体现一定的语文功底，要做到语言流畅、活泼、有亲和力，且不能有错别字。

（3）帖子排版上要充分利用平台所带的功能，做到图文并茂，将营销的三件商品图片与帖子内容混排。也可以适当添加一些活动宣传图片

（4）可以根据帖子的内容设置一些回帖，来响应帖子的内容，达到更好的营销效果。

（5）建议采用软文营销。

附　录

“2012 年全国职业院校技能竞赛”中职组 电子商务技术比赛规程

一、竞赛名称

电子商务技术

二、竞赛目的

以电子商务技术比赛为平台，通过大赛营造和优化职业院校电子商务应用人才成长的良好环境，加快高素质应用型电子商务人才的培养，强化公民的电子商务应用意识，扩大和提高各行业电子商务应用的范围和水平，促进职业院校电子商务学科建设，大力推进我国电子商务产业发展。

三、竞赛方式和内容

（一）竞赛方式

电子商务技术比赛用时 3 个小时，为团体赛项目，每代表队限报 1 组，每组参赛选手 3 人（报名时需要指明相应的角色）。分为三项内容：网络营销、在线交易和知识测试。

1. 网络营销。应利用本届比赛执委会提供的计算机、摄影器材、商品收纳箱和工作台等设备，在执委会提供的系统上，完成比赛指定的网络营销任务，即商品拍摄、照片处理、商品描述、照片上传和论坛营销等。

2. 在线交易。应利用本届比赛执委会提供的专用模拟教学系统，完成比赛指定的在线交易任务（C2C 电子商务业务流程），完整地实现买家、卖家和物流公司等角色的交易流程。

3. 知识竞赛。应利用本届比赛执委会提供的专用模拟教学系统，完成电子商务基础知识试题的测试。

（二）竞赛内容

本竞赛分为知识测试、网络营销、在线交易三个竞赛模块。

第一模块：知识测试

比赛时限：20 分钟。

比赛技能：主要考查选手对电子商务基础知识的识记、判别和灵活运用程度，着重考查选手电子商务综合职业素养。

比赛形式：在专用模拟竞赛系统上，完成共计 50 个题目的测试任务。其中，判断题 20 个，单项选择题 20 个，多项选择题 10 个。

命题范围：包括计算机与网络基础知识、电子商务基础知识、电子商务的应用、物流基础知识、电子商务支付体系、电子商务安全基础知识、电子商务法律法规基本知识等。可参考中央广播电视大学出版社出版的《电子商务师国家职业资格培训教程》，但不局限该书范围。相关资料及样题可参考模拟教学系统中的相应内容。

第二模块：网络营销

比赛时限：与第三模块在线交易合并计时 160 分钟。

比赛技能：主要考查选手对计算机应用、网络营销策划和商品推广等方面的技术，着重考查技术应用和业务处理的规范性和创新性，以及实践操作、团队协调和市场应变等方面能力。

比赛形式：比赛执委会提供包含 10 件商品在内的商品收纳箱 1 个，参赛队从中选择 3 件不同材质的商品进行拍摄，每件商品要求拍摄 5 张不同角度的照片；对每张商品照片进行添加水印（水印由命题组提供）和美化处理；在专用模拟竞赛系统上，完成商品描述（商品分类、商品描述等）并上传到网店；完成论坛发帖的操作，发帖内容应突出对商品的宣传推广作用。

第三模块：在线交易

比赛时限：与第二模块在线交易合并计时 160 分钟。

比赛技能：主要考查选手对电子商务 C2C 业务流程的理解、操控能力,完成在交易过程中卖家、买家和物流公司的交易活动。

比赛形式：在模拟竞赛系统上，完成比赛指定的商品交易。卖家、买家和物流公司的交易分别由组内参赛选手分工完成。

（三）竞赛项目指标体系

表 1　网络营销评分标准

序　号	项　　目	权　　重	评分标准（要点）
1	店铺装修	15%	（1）店铺命名能够吸引人 （2）店铺介绍能够准确地描述店铺的经营情况 （3）店铺风格选择上能够和销售的商品风格统一 （4）网店标志和网店招牌清晰、美观 （5）网店商品分类准确 （6）促销主题突出，恰当选取促销商品，促销区布局和色彩匹配合理
2	商品拍摄	20%	（1）同一商品拍摄 5 张图片，图片大小不超过 500Kb （2）照片清晰度高 （3）照片能充分体现商品的属性和特色
3	商品图片处理	20%	（1）水印添加 （2）图片整体效果
4	商品描述与上传	25%	（1）商品分类 （2）商品名称（不超过 30 字） （3）商品描述
5	论坛营销	20%	（1）帖子标题 （2）帖子内容 （3）帖子排版
合计　100 分			

表 2　在线交易评分标准

序　号	项　　目	权重	评分标准（要点）
1	买家	50%	下订单，付款，签收，申请退款
2	卖家	30%	发货到物流，同意退款，签收退还商品
3	物流公司	20%	发货到买家，发货到卖家
合计　100 分			

表 3　知识测试评分标准

序　号	项　　目	权　重	评分标准（要点）
1	判断题（20 题）	40%	每题 2 分
2	单项选择题（20 题）	40%	每题 2 分（在 4 个选项中选 1 个最佳答案）
3	多项选择题（10 题）	20%	每题 2 分（在 4 个选项中选至少 2 个答案，少选或多选不得分）
合计　100 分			

四、竞赛规则

1．选手报到后，不能更换参赛选手。

2．商品收纳箱和工作台进行统一编号，由各代表队领队在赛前抽签决定参赛号。

3．参赛选手必须是符合有关规定要求的中等职业学校电子商务、计算机及商贸类等相关专业的全日制在校生，并且通过当地选拔赛产生。请各地教育行政部门一定要严格把好选手资格审查关，如发现参赛选手资格不符，比赛组委会将取消其参赛资格，对赛后发现者将取消其获奖荣誉并追回奖品和证书，同时对相关责任人员及单位进行通报批评。

五、评分原则及奖项设定

（一）评分方法的制定原则

本次大赛以技能考核为主，兼顾团队协作精神和职业道德素养综合评定。

（二）评分方法

1. 比赛时间：比赛时间共计 3 小时。

2. 项目顺序：首先每一位选手必做知识测试项目；然后进行网络营销和在线交易项目的比赛，其比赛顺序和分工，由参赛队自行商定。

3. 成绩比例：**网络营销占 65%，在线交易占 15%、知识测试占 20%**（按三名选手得分的平均值作为折算依据），分项评分折算加计的总分为团体比赛成绩。

（三）奖项设定

竞赛设参赛选手团体奖，一等奖占比 10%，二等奖占比 20%，三等奖占比 30%。

获得一等奖的参赛队指导教师由组委会颁发优秀指导教师证书。

六、申诉与仲裁

（一）申诉

1. 参赛队对不符合竞赛规定的设备、工具和软件，有失公正的评判、奖励，以及对工作人员的违规行为等，均可提出申诉。

2. 申诉应在竞赛结束后 2 小时内提出，超过时效将不予受理。申诉时，应按照规定的程序由参赛队领队向相应赛项裁判委员会递交书面申诉报告。报告应对申诉事件的现象、发生的时间、涉及的人员、申诉依据与理由等进行充分、实事求是的叙述。事实依据不充分、仅凭主观臆断的申诉将不予受理。申诉报告须有申诉的参赛选手、领队签名。

3. 赛项裁判委员会收到申诉报告后，应根据申诉事由进行审查，6 小时内书面通知申诉方，告知申诉处理结果。如受理申诉，要通知申诉方举办听证会的时间和地点；如不受理申诉，要说明理由。

4. 申诉人不得无故拒不接受处理结果，不允许采取过激行为刁难、攻击工作人员，否则视为放弃申诉。申诉人不满意赛项裁委会的处理结果的，可向大赛高职组赛事仲裁工作组提出复议申请。

（二）仲裁

大赛采用两级仲裁机制。赛项设仲裁工作组，赛区设仲裁委员会。赛项仲裁工作组接受由代表队领队提出的对裁判结果的申诉。大赛执委会办公室选派人员参加赛区仲裁委员会工作。赛项仲裁工作组在接到申诉后的 2 小时内组织复议，并及时反馈复议结果。申诉方对复议结果仍有异议，可由省（市）领队向赛区仲裁委员会提出申诉。赛区仲裁委员会的仲裁结果为最终结果。

“2012年全国职业院校技能竞赛”中职组 电子商务技术比赛技术规范

一、竞赛项目行业、职业技术标准

竞赛命题由组委会按照电子商务行业相应工种职业标准，结合企业生产实际和人才培养要求，统一命制。

二、赛场场地和环境

1. 比赛按40个参赛队准备比赛用物品。选手用电脑120台。单个参赛队场地面积要求，长宽各不低于2.5m（见赛场布置参考图）

2. 配备摄影设备40套。每套包含统一品牌及型号数码相机（卡片机，具备手动功能，500万像素以上，光学防抖，微距小于5cm、存储卡2GB以上、2块充满电的相机电池、数码相机说明书）、数据线、相机三角架，80cm金银反光板一个，2张A4白色打印纸，2张125K对开亚粉纸（白色和蓝色各一张），回转四灯头柔光箱50×70一套（45W色温5500k灯泡四个、灯架一个），2GB以上的U盘一个。(要求请一个专业人士协助购买)

3. 赛场为每参赛队提供一个“商品收纳箱”(非透明)，箱内包括：日化类商品中任意5小类商品10件、一张《比赛用商品清单》。选手用笔3支和练习本3本。箱子密封。（本条要求由命题裁判组在赛前一周协助准备）

4. 赛场为每参赛队提供1张工作台，高0.7m、宽0.7m、长1.2m，工作台编上序号，与“参赛队抽签”序号一致。

5. 计算机软硬件配置

（1）选手用电脑配置

① 硬件配置：

双核1.8 GHz以上CPU, 2GB内存,100 GB硬盘,256 MB以上独立显卡,DVD光驱，USB接口，19寸液晶显示器。

② 软件配置：

Windows XP Professional SP3（中文版）

Internet Explorer 8.0

Adobe Flash CS3 Professional（中文版）

Adobe Fireworks CS3（中文版）

Adobe Photoshop CS3 Extended（中文版）

Microsoft Office 2003 SP3（中文版）

ACDsee3.0（中文版）

WinRAR（中文版）

以上软件均不提供原介质包以外的第三方插件。

（2）服务器配置

赛场具备局域网，配备 2 台服务器 。

① 硬件配置：

至强 5500 以上，4GB 及以上内存，200GB 以上硬盘。

② 软件配置：

Windows Server2003（中文版）

Microsoft Office 2003 SP3（中文版）

WinRAR（中文版）

（3）大赛专用软件

《天行健君电子商务模拟教学系统（竞赛版）》。（本条由比赛专用软件技术支持单位在赛前一周安装）

6. 现场技术支持

北京天行健君国际教育科技有限公司负责比赛软件技术支持。

天津市仪表无线电工业学校负责赛场网络及硬件支持。

7. 赛场拍摄环境

无外射光源（窗帘统一用遮光布）。

8. 赛场网络环境

各个赛场需要组建统一的局域网。不能访问局域网以外的网络。

9. 赛场准备的时间要求

按教育部文件中确定的比赛日期为准，比赛前 1 周考场一切工作准备就绪，比赛前 5 天封闭考场，由比赛执委会检查验收。

10. 大赛专用办公室 1 间，配备打印机 1 台（含 2 盒打印纸），订书机等相关办公设备。

三、赛项技术平台标准

大赛组委会指定专用比赛平台。

天行健君电子商务模拟教学系统（2012 年竞赛版）

比赛内容	功能模块		后台支持
网络营销	电子商务平台	网店命名	选手自拟（限 12 字以内）
		网店介绍	选手自拟（限 100 字以内）
		网店风格	选手自拟
		网店标志	选手自拟
		网店招牌	选手自拟
		网店商品分类	选手自拟
		网店促销区	选手自拟
		商品照片处理	Fireworks、Photoshop
		商品描述	支持文档编辑和常用格式文件插入:jpg、gif、swf 等
		商品发布	支持上传:jpg、gif 等图片文件 选择商品分类和填写商品相关的信息
	论坛平台		支持文档编辑和常用格式文件插入:jpg、gif、swf 等
在线交易	交易流程平台		实现电子商务（C2C）中买家、卖家、物流公司的交易流程
知识测试	标准化试题平台		在线答题，系统自动计时与阅卷评分功能。

“2012年全国职业院校技能竞赛”中职组 电子商务技术赛项须知

一、参赛队须知

1. 按赛项执行组要求准时参加领队会、抽签等会议，并认真传达、落实会议精神，确保参赛选手准时参加各项比赛。

2. 熟悉竞赛流程，妥善管理本队人员的日常生活及安全，与竞赛办公室相关工作小组联系，做好本队人员每天的吃、住、行安排。

3. 贯彻执行竞赛的各项规定，竞赛期间不得私自接触裁判。

4. 参赛队对评判结果如有疑义，可以提出申诉。申诉须在竞赛结束后2小时内提出，比赛成绩公布后仲裁委员会将不受理申诉。

5. 由领队或派一名代表参加抽签活动。

二、指导教师须知

1. 比赛期间要衣着整齐，凭指导教师证参加各项活动。

2. 比赛期间严格遵守比赛规则，不得私自接触评委。

3. 服从管理，遵守纪律，有意见由领队负责向大赛执委会反应，不得以任何理由中断比赛或中途带领选手退场。

4. 本着团结、友爱、互助协作精神，树立良好的赛风，赛出水平、赛出风格，确保大赛顺利进行。

三、参赛选手须知

参赛选手应严格遵守赛场纪律，服从指挥，着装整洁，仪表端庄，讲文明礼貌。遵守赛场纪律，服从大赛执委会的指挥和安排，爱护比赛场地的设备和器材。

1. 选手必须佩带参赛证提前30分钟进入比赛场地，对号入座。

2. 监场裁判核对参赛选手资格，宣读《比赛规则》和《选手须知》，用时10分钟。

3. 裁判统一口令“开始准备”，选手打开“商品收纳箱”，按《比赛用物品清单》核对物品，检查并摆装照相器材等，如有问题，举手示意。

准备时间15分钟。

4. 比赛开始前，选手打开密封的试题袋，认真阅读《比赛任务书》，根据《比赛任务书》的要求，各参赛选手自行商定分工。

5. 比赛顺序

（1）在指定时间内完成知识测试项目。

（2）在规定的时间统一开始进行“在线交易”和“网络营销”。

6. 比赛过程中，每队选手在指定区域进行操作，不得跨越区域干扰到其他队选手比赛，不得大声喧哗。如果裁判员提示注意后仍无效，将酌情扣分，情节严重的终止其比赛。

7. 安全要求。在比赛过程中，如果出现电源问题影响比赛，选手不得自行处理，请举手示意，由赛场工作人员解决。

8. 参赛选手应严格遵守赛场纪律，不得将所有资料、摄像工具、通信工具等带入比赛现场。

9. 参赛选手在比赛过程中不得擅自离开赛场，如有特殊情况，需经监场裁判同意后作特殊处理。

10. 参赛选手在比赛过程中，如遇问题需举手向裁判人员提问；比赛过程中如发生机器故障，必须经监场裁判确认后方能更换机位；故障中断时间不计时。

11. 当听到大赛结束命令时，参赛选手应立即停止所有操作，不得以任何理由拖延比赛时间。离开比赛场地时，不得将比赛有关的物品带离现场。